Sächsische Geschichte im Überblick

Impressum

Umschlagmotiv vorn, oben links: Demo Leipzig 1989, Foto: Ullstein Bild – dpa
Umschlagmotiv vorn, oben Mitte: Frauenkirche Dresden, Foto: Mirko – Fotolia.com
Umschlagmotiv vorn, oben rechts: Göltzschtalbrücke, Foto: Omika – Fotolia.com
Umschlagmotiv vorn, Unterlegung: Duringische und Meisnische Landtaffel, Foto: SLUB Dresden /
Deutsche Fotothek, Regine Richter
Umschlagmotiv vorn, unten: Reiterstandbild Augusts des Starken, Foto: SLUB Dresden / Fotothek, Uwe Gerig

© 2013 Edition Leipzig in der Seemann Henschel GmbH & Co. KG, Leipzig
www.edition-leipzig.de

Die Verwertung der Texte und Bilder, auch auszugsweise, ist ohne Zustimmung des Verlages urheberrechtswidrig und strafbar. Dies gilt auch für Vervielfältigungen, Übersetzungen, Mikroverfilmungen und für die Verarbeitung mit elektronischen Systemen.

Umschlaggestaltung: Lambert und Lambert, Düsseldorf
Layout, Satz, Gestaltung Karten und Grafiken: Jenny Baese, schriftbild, mit Arne Winter, Berlin
Reproduktionen: Bild1Druck, Berlin
Druck und Bindung: Gorenjski tisk storitve, Kranj, Slowenien

Die Publikation stellt keine Meinungsäußerung der Sächsischen Landeszentrale für politische Bildung dar.
Für den Inhalt zeichnen die Autoren verantwortlich. Diese Ausgabe ist nicht für den Verkauf bestimmt.

Printed in Slovenia

Sächsische Geschichte im Überblick
Texte, Karten, Grafiken

Konstantin Hermann
André Thieme

Sonderausgabe
für die Sächsische Landeszentrale für politische Bildung
Dresden/Leipzig 2013

Vorwort 6

Von den Anfängen bis zur Frühen Neuzeit
André Thieme

Frühgeschichte 600–1100
Slawische Siedlung und deutsche Marken 8
    Chronik 10 Slawische Besiedlung und Siedlungslandschaft 16 Marken und Burgwarde 18 Deutsche, Polen, Tschechen – ein Kampf um die Mark Meißen? 20

Hohes Mittelalter 1100–1310
Eine zivilisatorische Aufholjagd 22
    Chronik 24 Die große Kolonisation 34 Reichsburggrafen, Reichsland, Königsland 36 Frühe Stadtentwicklung – ein Prozess! 38

Spätes Mittelalter 1310–1470
Krisen, wettinische Dominanz und herrschaftliche Institutionalisierung 40
    Chronik 42 Wettinisches Familienmanagement 52 Kurwürde, Landesname, Identität 54

Aufbruch zur Neuzeit 1470–1555
Berggeschrei, Reformation, früher Staat 56
    Chronik 58 Die Oberlausitz – ein Sonderfall?! 68 Die Ämter – Verwaltungseinheiten für den frühneuzeitlichen Staat 70

Von der Neuzeit bis heute
Konstantin Hermann

Frühe Neuzeit 1556–1694
Das Kurfürstentum als moderner Staat 72
    Chronik 76 Sachsens Weg zum albertinischen Kurfürstentum 83 Sachsen im Dreißigjährigen Krieg 1618–1648 86 Bevölkerungsverluste 88 Sekundogenituren 90

Barockzeitalter 1694–1763
August der Starke und Polens Krone 92
    Chronik 96 Die sächsisch-polnische Union 100 Barocke Bauwerke und Parks 102 Manufakturen 104 Nahrungsrevolution 106 Siebenjähriger Krieg 108

Sachsens Wiederaufbau 1763–1806
Rétablissement, Schuldentilgung, Manufakturen 110
    Chronik 114 Rétablissement und Manufakturwesen 118 Gelehrte Gesellschaften 120 Kunst im 18. Jahrhundert 121 Der kursächsische Bauernaufstand von 1790 122

Sachsen als selbstständiges Königreich 1806–1870
Mittelstaat im Deutschen Bund 124
    Chronik 128   Kriegsschauplatz in den napoleonischen Kriegen und
    in den Befreiungskriegen 134   Gebietsveränderungen 1815 136   Die Revolutionen
    von 1830/31 und 1848/49 138   Die Verfassung 1831 und andere sächsische
    Verfassungen 140   Fabriken, die von 1800 bis 1830 bestanden 141

Sachsen im Kaiserreich 1871–1918
Ein modernes Ancien Régime 142
    Chronik 146   Bevölkerungsentwicklung 150   Sächsische Ergebnisse
    in den Reichstagswahlen 152   Hochschulen und vergleichbare wichtige
    Lehranstalten 154   Entwicklung des Eisenbahnstreckennetzes
    und der Dampfkesselzahl 157   Sachsens Kriegsopfer im Ersten Weltkrieg 160

Sachsen in der Weimarer Republik 1918–1933
Demokratie und Krise 162
    Chronik 166   Wahlergebnisse 170   Arbeitslosenquoten 172   Auswanderung 174
    Volkshochschulen und Volksbühnen 176   Jüdisches Leben in Sachsen 178

Nationalsozialismus und Krieg 1933–1945
Vom »roten Königreich« zum »braunen Gau« 180
    Chronik 184   Orte der NS-Administration 188   Frühe Konzentrationslager
    und KZ-Außenlager in Sachsen 190   Garnisonen der Wehrmacht in Sachsen 192
    Rüstung 194   Sächsische Städte im Bombenkrieg 196

Nachkriegszeit und DDR 1945–1989
Die neue Diktatur 198
    Chronik 202   Das Land Sachsen 1945 und Auflösung des Landes 1952 206
    Demontagen, Bodenreform, Enteignungen 208   Bezirks- und Kreisgliederung
    von 1952 bis 1990 210   Der Volksaufstand vom 17. Juni 1953 in Sachsen 212
    Wirtschaft und soziales Leben 214

Sachsen seit 1989
Friedliche Revolution und Freistaat 216
    Chronik 220   Bundesland Sachsen 1990 und Kreisreformen 224
    Wahlergebnisse seit 1990 226   Umbau der Wirtschaft 228
    Demografische Entwicklung 230   Zukunft und Hoffnung 232

    Register 234   Literatur 238   Die Autoren 239   Bildnachweis 240

Vorwort

Die »Sächsische Geschichte im Überblick« stellt sich der Herausforderung einer gebündelten, stichpunktartigen Gesamtschau. Dabei werden auch aktuelle Debatten in der Forschung aufgegriffen und es wird auf offene Fragen in der wissenschaftlichen Diskussion hingewiesen. Natürlich haben sich die Autoren mit Blick auf das kompakte Format beschränken müssen; sie hoffen, dass Kürze hier zur Prägnanz geronnen ist. Der Übersichtlichkeit dient auch die klare Konzentration auf das heutige Sachsen bzw. auf die ehemals elbslawische Kulturlandschaft östlich der Saale. Zur Thüringer, zur mitteldeutschen oder Reichsgeschichte wurden nur in Ausnahmefällen Daten aufgenommen, auch wenn damit der bestehende historisch-geografische Zusammenhang gelegentlich vermisst werden wird. Gleiches gilt für die Auswahl der Karten und Grafiken. Hier liegen in jüngeren Publikationen und vor allem im großen Kartenwerk des »Atlas zur Geschichte und Landeskunde von Sachsen« hervorragende Grundlagenarbeiten vor, die schon vom Format her im vorliegenden Buch nicht zu reproduzieren waren. Auf reduzierte Wiederholung wurde wenn möglich verzichtet, hier sind Interessierte ausdrücklich auf die preiswerten Originale verwiesen. Stattdessen liegen neben aktualisierten Umzeichnungen einige erstveröffentlichte Karten, Schemata und Grafiken vor, die die Themen übersichtlich erschließen und Vergleiche unter neuen Gesichtspunkten ermöglichen.

Reichlichen Diskussionsstoff bietet stets die Periodisierung. Prinzipiell ist anzumerken, dass es sich dabei durchweg um historische Konstruktionen handelt. Sie dienen als gliederndes Hilfsmittel und bestimmen zugleich wertend historische Epochen. Keinesfalls sind sie mit Blick auf die hier zwangsläufig in Jahreszahlen erscheinenden Zäsuren als allzu fest definierend zu verstehen. Stärkere periodisierende

Kraft als den historischen Daten kommt deshalb den in den Epochentexten beschriebenen historischen Qualitäten zu; sie sind dem Leser besonders ans Herz gelegt. In der Neuzeit und der Zeitgeschichte sind die Epochen durch die Reichsgeschichte festgelegt, an denen sich die hier vorliegende sächsische Geschichte orientiert.
Bei der Erstellung der hier aufgeführten Chroniken konnten sich die Autoren auf zwei jüngere, als Jahreschronologien aufgebaute Vorlagen stützen: vor allem Günter Naumanns »Sächsische Geschichte in Daten« (1991) und daneben die um 1992 nur im Eigenverlag reproduzierten »Vergleichenden Tabellen zur Deutschen und Sächsischen Geschichte«, die als Handreichung 1 der Friedrich-Gustav-Klemm-Gesellschaft erschienen sind. Der hier vorgelegte chronologische Überblick vermittelt Grundlagen knapp und bewusst ohne tiefere Erläuterungen – schließlich sind heute durch das Internet beste Möglichkeiten geboten, um sich aufgrund der Stichworte schnell ausführliche Hintergrundinformationen verfügbar zu machen. Dafür geben markante Epochentexte eine komprimierte Einführung in die jeweilige Zeit, heben hier besonders auf entscheidende historische Entwicklungen ab und reichen dem Leser damit ein Werkzeug zur wertenden Einordnung der chronologischen Stichpunkte. In Vertiefungstexten werden schließlich wichtige Ereignisse, Personen oder Strukturen näher beleuchtet, besonders dort, wo jüngere Forschungen dies nötig erscheinen lassen. Vor allem aber möchte das Buch durch eingestreute Karten, Grafiken und Bilder den Zugang zur sächsischen Geschichte erleichtern und komplexe Entwicklungen plastisch vermitteln.

Konstantin Hermann und André Thieme

Frühgeschichte 600–1100
Slawische Siedlung und deutsche Marken

»Geschichte« beginnt mit schriftlicher Überlieferung, also durchaus willkürlich. Die ältesten Nachrichten über Land und Leute im Raum östlich der Saale setzen für das 7. und 8. Jahrhundert noch ganz sporadisch ein, fließen dann immer dichter und finden in der Chronik des Bischofs Thietmar von Merseburg (†1018) einen ersten Höhepunkt. Aber es bleiben allesamt Zeugnisse von außen, Berichte über, nicht aus der Region selbst, in der Schriftlichkeit als zivilisatorisches Element noch kaum Einzug gehalten hatte – ein Merkmal dieser frühgeschichtlichen Epoche, die ohne Archäologie und Sprachwissenschaft nicht näher zu fassen wäre.

Für die ausgehende Völkerwanderungszeit, etwa seit Mitte des 5. Jahrhunderts, konstatiert die Archäologie eine erstaunliche Fund- und Siedlungsleere auf dem Gebiet des heutigen Landes Sachsen. Erst mit der vorsichtigen Landnahme westslawischer Stämme seit dem späten 6. Jahrhundert kam es zu einer eingeschränkten Wiederbesiedlung, die im späten 8. Jahrhundert an Kraft und Intensität gewann, trotzdem aber auf die siedlungsgünstigen Regionen beschränkt blieb. Seit dieser Zeit lässt sich ein dichteres Netz elbslawischer Burgen nachweisen, das auf eine stärkere soziale Schichtung der Stammesgesellschaften hindeutet. Die politische Organisation der Slawen zwischen Elbe und Neiße blieb allerdings regional und kleinräumig. Als schlagkräftigere Verbände traten die Sorben im Raum zwischen Weißer Elster und Mulde sowie später die Daleminzier zwischen Mulde und Elbe hervor.

Durch die Grenzlage gerieten die elbslawischen Stämme schon seit dem 8. Jahrhundert stärker in den Einflussbereich des Fränkischen Reiches; das fragile Verhältnis zwischen den ungleichen Nachbarn wurde von Konflikt, Kooperation und kulturellem Austausch bestimmt.

Zeitweise konnte das Ostfränkische Reich seine hegemoniale Hoheit östlich über die Saale ausdehnen. Aber erst die Eroberungsfeldzüge des sächsisch-deutschen Königs Heinrich I. in den Jahren 929 und 932 führten zur dauerhaften Unterwerfung der elbslawischen Stämme zwischen Saale und Neiße. Über eine lockere Oberhoheit, die von wenigen Machtstützpunkten aus kaum nachhaltig stabilisiert wurde, ging die deutsche Herrschaft in den folgenden Jahrzehnten bis etwa 960/965 aber noch nicht hinaus. Erst danach schuf die Einrichtung von Marken, Bistümern und Burgwarden Voraussetzungen, um die elbslawischen Gebiete stärker in die gesellschaftlichen Strukturen des Reiches zu integrieren – ein Prozess, der im 11. Jahrhundert an Fahrt gewann und etappenweise über die Linien von Mulde und Elbe nach Osten getragen wurde.

Aufgrund der fragilen herrschaftlichen Verhältnisse geriet der Saale-Elbe-Neiße-Raum im späten 10. und frühen 11. Jahrhundert in die konfliktreichen Auseinandersetzungen zwischen den miteinander verschränkten Parteien der sächsischen Herren sowie der aufstrebenden böhmischen und polnischen Herzöge. Unterhalb der dünnen, landfremden Herrenschicht bestanden die traditionellen wirtschaftlich-kulturellen Strukturen der Elbslawen fort. Der zivilisatorische Rückstand zu den entwickelten Gebieten des Reiches und Westeuropas blieb gravierend: Die materielle Kultur des Landes änderte sich nur langsam, die kirchliche Durchdringung erscheint oberflächlich und frühe Steinbauten entstanden erst zum Ende der Epoche. Erst im späten 11. Jahrhundert lässt sich die Integration und Assimilation neuer elbslawischer Eliten fassen. Eine neue, nunmehr eingesessene slawisch-deutsche Herrenschicht etablierte sich und wurde zum Motor künftiger Entwicklungen.

600–1100

631/32
Die Sorben fallen unter ihrem Führer (»dux«) Dervanus vom Frankenreich ab und schließen sich dem böhmischen Reich des Samo an.

748
Der fränkische Hausmeier Pippin besiegt die (Nieder-)Sachsen mit Unterstützung von Friesen und Sorben.

766/782
Die Sorben revoltieren gegen die fränkische Oberherrschaft.

789
Die Sorben stellen Kontingente für den Kampf Karls des Großen gegen die Wilzen.

805
Ein fränkisches Heer besiegt die Daleminzier, deren »König« Semela im Kampf fällt.

806
Die Franken gehen gegen die Sorben vor und töten den sorbischen Fürsten Miliduch.

849
Erwähnung eines »limes sorabicus« und eines für den Grenzschutz gegen die Sorben verantwortlichen fränkischen Markgrafen.

um 850
Der »Bayerische Geograf« nennt Stämme und Burgen im Elbe-Saale-Raum: 50 Burgen der Sorben, 14 Burgen der Daleminzier, 30 Burgen der Milzener und zwei Burgen der Besunzanen. Die Zuverlässigkeit der Angaben ist umstritten, eine sichere Identifizierung der Burgen nicht möglich.

892
Sorben besiegen den Markgrafen Poppo am Flüsschen Chemnitz und töten den Bischof Arn von Würzburg.

924
Auf der Flucht vor den Ungarn flieht König Heinrich I. in die elbslawische Burg Püchau. Mit Püchau (»Bichni«) wird erstmals ein Ort im elbslawischen Siedlungsraum östlich der Saale namentlich genannt.

929
Feldzug König Heinrichs I. gegen die Slawen zwischen Saale und Elbe. Heinrich I. belagert, erobert und zerstört die Hauptburg der elbslawischen Daleminzier, die Burg Gana (mutmaßlich bei Hof/Stauchitz, alternativ bei Zöthain gesucht).
An der Elbe begründet König Heinrich I. die Burg Meißen als Vorposten für die Oberherrschaft des Reichs östlich der Saale.

um/nach 932
König Heinrich I. erobert die unweit von Meißen, bei Löbsal, gelegene elbslawische Burg Liubusua.
Von Meißen aus bringt König Heinrich I. die Milzener (siedeln um Bautzen) unter seine Tributherrschaft.

um 950
Erste christliche Missionsversuche zwischen Saale und Elbe durch den Mönch Boso aus dem Regensburger Kloster St. Emmeram.

955
Kontingente der elbslawischen Stämme kämpfen in der siegreichen Schlacht auf dem Lechfeld gegen die Ungarn mit.

um 965

Kaiser Otto I. benötigt die Hilfe des eingesessenen elbslawischen Großen Kuchawiz, um die mutmaßlichen Diebe der Rüstung Herzog Konrads des Roten, Sorben aus der Gegend von Zwenkau, zu stellen.

Einrichtung der Markenverfassung östlich der Saale. Kaiser Otto I. setzt Markgrafen in Merseburg, Zeitz und Meißen ein, mit deren Hilfe die Herrschaft des Reichs stärker zum Tragen gebracht werden soll.

968

Auf Betreiben und durch Stiftung Kaiser Ottos I. erfolgt die Einrichtung des Erzbistums Magdeburg und der diesem unterstellten Bistümer Merseburg, Zeitz und Meißen. Damit beginnt der Aufbau einer Kirchenorganisation östlich der Saale.

973?

Ibrahim Ibn Jakub, Gesandter des Kalifen von Cordoba, reist auf dem Weg von Magdeburg nach Prag durch die Elbe-Saale-Gegend. Sein knapper Reisebericht zählt zu den ältesten Schriftzeugnissen über die Region.

974

Kaiser Otto II. schenkt dem Bistum Merseburg den Burgward und Forst Zwenkau. Diese älteste Erwähnung eines Burgwardes in Sachsen verweist auf die Durchsetzung der Burgwardorganisation östlich der Saale.

981

Auflösung des Bistums Merseburg, dessen Diözese unter den benachbarten Bistümern Meißen und Zeitz sowie dem Erzbistum Magdeburg aufgeteilt wird.

984

Truppen des böhmischen Herzogs Boleslaw II. geleiten das Heer um den aufständischen bayrischen Herzog Heinrich (den Zänker) durch die Gaue Nisan und Daleminzien bis nach Mügeln, erschlagen den königstreuen Meißner Burgkommandanten Rikdag und nehmen zeitweise die Burg Meißen in Besitz.

985

König Otto III. setzt Ekkehard I. als Markgrafen in Meißen ein: Ekkehard steigt zur beherrschenden Macht im Saale-Elbe-Gebiet sowie zu einem der mächtigsten Großen im Herzogtum Sachsen auf.

1002

Markgraf Ekkehard I. unterliegt im Kampf um die Nachfolge Kaiser Ottos III. und wird in Pöhlde ermordet.

Der polnische Herzog Boleslaw Chrobry erobert im Frühjahr mit Unterstützung von Ekkehards Bruder Gunzelin und der ansässigen Vethenici die Burg Meißen sowie Strehla und Bautzen. Auf dem Merseburger Hoftag entgeht Boleslaw knapp einem Mordanschlag, brennt auf dem Rückweg die Burg Strehla nieder und führt viele Einwohner des Landes als Gefangene fort.

König Heinrich II. setzt Gunzelin, Bruder Ekkehards I., als Markgrafen von Meißen ein.

1002–1031

In den sogenannten Polenkriegen wird die Elbe-Saale-Region zu einem Schauplatz der Kämpfe und von durchziehenden polnischen und deutschen Heerscharen schwer in Mitleidenschaft gezogen.

1004
Nach dem Tod Erzbischof Giselhers wird das Bistum Merseburg wiederhergestellt, das allerdings Teile seiner ehemaligen Diözese dauerhaft an die Nachbarbistümer verliert.

1007
König Heinrich II. schenkt dem Bistum Meißen die drei Burgwarde Göda, Doberschau und Dolgowitz, die spätere Keimzelle der bischöflich-meißnischen Herrschaft in der Oberlausitz.

1009
König Heinrich II. setzt im Zuge eines forcierten Vorgehens gegen Boleslaw Chrobry Markgraf Gunzelin ab und an dessen Stelle Hermann, den Sohn Ekkehards I., als Markgrafen in Meißen ein. In der Auseinandersetzung zwischen Gunzelin und Hermann wird die Burg Rochlitz niedergebrannt.

1015
Feldzug von Miezko, dem Sohn Boleslaw Chrobrys, in die Mark Meißen. Meißen wird belagert, die Unterburg niedergebrannt, dann zwingt ein Hochwasser die Polen zum Abzug, sodass sich Miezkos Schwager, Markgraf Hermann, in der Oberburg behaupten kann.

Bischof Eiko von Meißen stirbt. Sein vergeblicher Wunsch, aufgrund der Gefahren nicht in Meißen, sondern im altsächsischen Cölbigk bestattet zu werden, offenbart die geringen Erfolge kirchlicher Durchdringung.

1018
Der Erste Frieden von Bautzen zwischen König Heinrich II. und Herzog Boleslaw Chrobry bestätigt die piastische Hoheit über Bautzen und das Milzener Land, führt aber nur zu einem zeitweisen Waffenstillstand.

Thietmar, seit 1009 Bischof von Merseburg, stirbt und hinterlässt seine »Chronik«, die in großer Ausführlichkeit und mit tiefer Kenntnis auch über die frühe Geschichte des Elbe-Saale-Raums berichtet. Für die kommenden Jahrzehnte fehlen vergleichbare historische Quellen.

1028
Auf Betreiben der Ekkehardinger wird der Bischofssitz von Zeitz nach Naumburg verlegt. In unmittelbarer Nachbarschaft zum ekkehardingischen Stammsitz in Kleinjena soll Naumburg zum Zentrum für die Memoria (die Seelenheil sichernde Erinnerung) des Geschlechts werden.

Kaiser Konrad II. schenkt seinem Getreuen Dirsico vier Königshufen zu Schkeuditz im Gau Chutici. Damit deuten sich erstmals grundherrliche Verhältnisse östlich der Saale an und in Dirsico die neue Schicht lokaler Grundherren.

1031
Der Zweite Frieden von Bautzen beendet die Auseinandersetzungen zwischen den Polen und dem Reich und sichert dem Elbe-Saale-Raum stabilere herrschaftliche Rahmenbedingungen. Das Milzenerland mit Bautzen sowie die Niederlausitz kommen unter die Hoheit des Reichs.

1046
Mit dem Tod Markgraf Ekkehards II. erlischt das die Region bestimmende Geschlecht der Ekkehardinger; die umfangreichen

ekkehardingischen Eigengüter fallen an das Reich zurück, die Herrschaft im Lande wird neu geordnet: Als Nachfolger im Meißner Markgrafenamt wird Wilhelm IV. aus dem Grafengeschlecht von Weimar-Orlamünde eingesetzt, in der Ostmark der Wettiner Dedo II. Die Burgwarde Rochlitz, Colditz, Leisnig, Polkenberg und Grobi (Döben) bestimmt Kaiser Heinrich III. zum Leibgut der Kaiserin Agnes.

1064/65
Kaiser Heinrich IV. schenkt dem Bistum Naumburg die Burgwarde Gröba (1064) sowie Boritz und Strehla (1065) und begründet damit den weltlichen Besitz des Hochstifts Naumburg an der Elbe, der im 12. Jahrhundert erheblich ausgedehnt und ausgebaut werden wird.

1067/68
Als neues Markgrafengeschlecht werden 1067 mit Ekbert I. die Brunonen in Meißen eingesetzt. Nach Ekberts frühem Tod folgt von 1068 bis 1088 der zunächst minderjährige Sohn Ekbert II.

um 1070
Wiprecht, Ziehsohn Markgraf Udos von der Nordmark, erhält Güter um Groitzsch, stößt aber auf den Widerstand ansässiger lokaler Grundherren.

1071
Nach einer zu diesem Jahr gefälschten Urkunde überträgt der freie Slawe Bor im Zuge eines Gütertausches dem Hochstift Meißen fünf Dörfer im Burgward Woz, die er als Lehen getragen hat. Bor und seine Söhne Wichard und Ludger, die deutsche Namen tragen, stehen beispielhaft für die Integration und Assimilation einer neuen, hybriden sorbisch-deutschen Elite.

seit 1073
Sachsenkriege gegen Kaiser Heinrich IV.: Markgraf Ekbert II. schließt sich den Aufständischen an. Wiprecht von Groitzsch und Herzog Vratislav von Böhmen stehen hingegen zum salischen Kaiserhaus.

1075
Kaiser Heinrich IV. steht mit einem Heer in Meißen, überträgt die Markgrafschaft Meißen an Herzog Vratislav von Böhmen und nimmt Bischof Benno von Meißen in Haft.

1080
Schlacht bei Hohenmölsen: Der Gegenkönig Rudolf von Rheinfelden wird tödlich verwundet, die sächsische Opposition bricht zusammen. Auf kaiserlicher Seite nehmen Wiprecht von Groitzsch und Vratislav von Böhmen an der Schlacht teil.

um 1080
Nach einem Ausgleich mit dem Kaiser Heinrich IV. wird Ekbert II. wieder als Markgraf in Meißen eingesetzt. Der böhmische Herzog Vratislav erhält die Gaue Milska und Nisan (1081), die damit faktisch aus der Mark Meißen ausscheiden.

1084
Wiprecht von Groitzsch, der Heinrich IV. in Italien unterstützt hat, erhält vom Kaiser u. a. die Burgen Leisnig und Colditz und beginnt seinen herrschaftlichen Aufstieg östlich der Saale.

1085
Wiprecht vermählt sich mit Jutta, der Tochter Vratislavs von Böhmen, und erhält die Gaue Nisan und Milska als Hochzeitsgut.

1086
Markgraf Ekbert II. opponiert gegen Kaiser Heinrich IV. und wird geächtet. Wiprecht und Vratislav gehen gegen die Gegner des Kaisers in der Region vor: Wiprecht befestigt seine Burg Groitzsch neu und errichtet zwei steinerne Türme (1086). Vratislav verlegt die Burg Guozdec (Niederwartha) als Vorposten gegen Meißen (1087/88).

1088
Förmliche Absetzung Ekberts II. als Markgraf von Meißen durch ein Fürstengericht. Ekbert II. steigt zu einem Führer der Opposition gegen Heinrich IV. auf und wird 1090 ermordet.

1089
Kaiser Heinrich IV. setzt den Wettiner Heinrich I. von Eilenburg, Schwager Ekberts II. und seit 1081 bereits Markgraf der Ostmark, als Markgrafen von Meißen ein. Die Wettiner, die bislang vor allem im nördlichen Markenraum östlich der Saale etabliert und begütert sind, stoßen damit herrschaftlich nach Süden vor.

1091/1096
Wiprecht von Groitzsch stiftet das Kloster Pegau für zwölf Brüder aus Kloster Schwarzach (1091). 1096 wird das Kloster geweiht, es ist das erste östlich der Saale. Unter Abt Windolf, der 1101 aus Kloster Corvey nach Pegau kommt, erlebt das Kloster eine frühe Blüte.

Ruine der Wiprechtsburg Groitzsch mit dem nach 1086 errichteten Turm und der Rundkapelle

Marken und Bistümer um 970
und die Burgwardorganisation des späten 10. Jahrhunderts

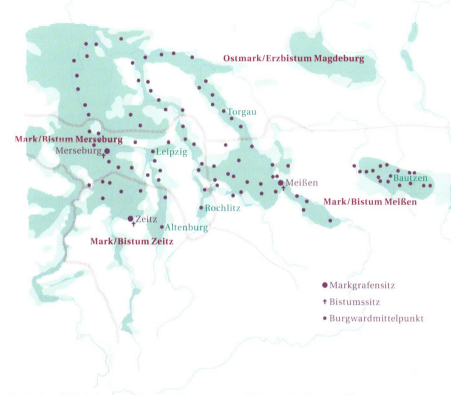

Nach der sächsisch-deutschen Eroberung von 929 wurde die neue Herrschaft erst im letzten Drittel des 10. Jahrhunderts gefestigt. Markgrafschaften, Bistümer und Burgwarde bildeten nun das strukturelle Rückgrat der durchdringenderen Hoheit des Reichs.

Slawische Besiedlung und Siedlungslandschaft

Die lange Zeit gängigen nationalen Interpretationsmuster haben auch die Vor- und Frühgeschichte mit Trugbildern überzogen. Zu Recht bestehen heute große Vorbehalte dagegen, die archäologisch fassbaren materiellen Kulturen dieser Zeit voreilig ethnisch zuzuschreiben. Gerade für die Jahrhunderte der Völkerwanderung ist festzuhalten: Bei den oft nur rudimentär schriftlich überlieferten »Völkerschaften« und »Stämmen« wie den Goten, Franken oder Sachsen handelte es sich durchweg um heterogene Gruppen mit stetig wandelnder Zusammensetzung und fließender Identität. Das dürfte auch für die seit dem späten 6. Jahrhundert fassbaren Einwanderer zwischen Saale und Neiße gelten!

Fest steht, dass die ältere, »germanische« Kultur der römischen Kaiserzeit seit Mitte des 5. Jahrhunderts ausdünnte. Bis auf vereinzelte Plätze scheint das Land verlassen worden zu sein. Erst mit dem späten 6. Jahrhundert und im 7. Jahrhundert begegnet uns, auf wenige Fundorte beschränkt, eine neue materielle Kultur, die sich durch Brandbestattungen und Keramik des sogenannten Prager Typs auszeichnet und die aufgrund von böhmischen und schlesischen Bezügen als »slawisch« interpretiert wird. Diese erste Einwanderungswelle erschloss die älteren Siedlungsräume wohl noch nicht flächig, sondern blieb an der Elbe und im Leipziger Raum punktuell. Es liegt nahe, in diesen ältesten slawischen Einwanderern jene »Sorben« zu identifizieren, die sich 631/32 unter ihrem Führer Dervanus von den Franken abwandten und dem Reich des Samo anschlossen.

Seit dem späten 8. Jahrhundert und im 9. Jahrhundert lassen sich neue slawische materiell-kulturelle Einflüsse und wohl auch Einwanderungen ausmachen. Die älteren vorgeschichtlichen Siedlungsgebiete wurden spätestens jetzt wieder flächiger aufgesiedelt, von nun an kontinuierlich immer weiter erschlossen, ausgebaut und mit Burgen dichter bestückt. Die westslawische Siedlungslandschaft zwischen der Saale (auch westlich darüber hinaus) und der Neiße formte sich aus und kann seit dem 9. Jahrhundert in Stammes- und Siedlungsräume differenziert werden.

Die Besiedlung beschränkte sich allerdings immer noch auf die siedlungsgünstigsten Gebiete mit guten Böden und auf Einzugsgebiete größerer Flüsse. Das gesamte Erzgebirge mit seinem Vorland, die Sächsische Schweiz, weite Teile der nord- und mittelsächsischen Heidelandschaft und der Oberlausitz blieben bis ins 12. Jahrhundert siedlungsleer. Wie Inseln lagen die Altsiedellandschaften in einem weithin noch von tiefen Wäldern dominierten Sachsen. An diesem Gesamtbild konnte auch der zunächst genuin westslawische Siedlungsausbau an den Rändern der Altsiedelgaue nichts ändern, der über die Zäsur der deutschen Herrschaft hinweg anscheinend ohne Bruch fortgesetzt wurde. Vom späten 8. Jahrhundert bis in das späte 11. Jahrhundert hinein erscheint das Siedlungsbild in den frühkolonialen Grenzen dennoch erstaunlich dynamisch. Die ältere Siedelfläche des 7./8. Jahrhunderts wurde erheblich erweitert, und die Zahl der Siedlungen und der Einwohner erhöhte sich fortlaufend. In den slawischen Ortsnamen, die sich in diesen Altsiedelgebieten weithin erhalten haben, ist diese frühe historische Epoche bis heute lebendig geblieben.

Slawische Besiedlung und Siedlungserweiterung zwischen Saale und Neiße vom 7. bis zum 11. Jahrhundert

Die slawische Landnahme erfasste zunächst nur die siedlungsgünstigsten Gebiete und blieb inselartig. Bis zum 11. Jahrhundert erfolgte ein kontinuierlicher Ausbau an den Grenzen der Siedlungskammern.

Marken und Burgwarde

Nach der sächsisch-deutschen Eroberung im Jahr 929 blieb die Herrschaft der Deutschen in den von der Saale entfernteren Gebieten zunächst auf wenige Punkte beschränkt und kristallisierte sich in der neu errichteten Landesburg Meißen. Wie lose und vorläufig die deutsche Herrschaft dort in den ersten Jahrzehnten blieb und wie stark sie von der Kooperation mit den elbslawischen Führungsschichten abhing, belegt der von Bischof Thietmar von Merseburg berichtete und mutmaßlich auf das Jahr 965 zurückgehende Fall um die gestohlene Rüstung Herzog Konrads des Roten (siehe Chronik).

Erst in seinen letzten Herrschaftsjahren versuchte Kaiser Otto I., das slawische Gebiet zwischen Saale und Elbe/Neiße dauerhafter und fester in die Strukturen des Reiches einzubinden. Wohl um 965 richtete der Kaiser südlich der älteren Ostmark/Lausitz die Marken Merseburg, Zeitz und Meißen ein. Drei Jahre später, 968/969, erreichte Otto I. die Gründung des Erzbistums Magdeburg und der diesem unterstellten, sich an die Markenorganisation anschließenden Bistümer Merseburg, Zeitz und Meißen. In Zeitz und Merseburg lassen sich nur für die ersten beiden Jahrzehnte Markgrafen nachweisen, danach dominierten die ekkehardingischen Markgrafen von Meißen den Gesamtraum.

Vom Begriff her meint »Mark« einen zunächst lose zugeordneten Grenzraum an der Peripherie des Reiches. Die Markgrafen sollten hier anstelle des Königs die Herrschaft des Reiches durchsetzen und behaupten. Dazu wurden sie mit weitreichenden militärischen und gerichtlichen Befugnissen ausgestattet und mit Einnahmen aus den ihnen unterstellten Gebieten begabt. Die Markgrafen selbst entstammten während dieser Zeit durchweg einflussreichen Familien der benachbarten thüringischen und altsächsischen Regionen. Im Saale-Elbe-Raum agierten sie mehr oder weniger sporadisch und als Gewalten von außen. Die Wirksamkeit der markgräflichen Macht nahm dort bis in das 11. Jahrhundert hinein nach Osten über die Mulde- und die Elblinie noch deutlich ab.

Einen festeren Zugriff auf die elbslawischen Gebiete östlich der Saale erlangten die Markgrafen mit der Durchsetzung der Burgwardorganisation seit dem letzten Drittel des 10. Jahrhunderts. Mit dem aus dem Magdeburger Raum übernommenen System der Burgwarde drang die sächsisch-deutsche Herrschaft direkt auf die lokale Ebene der elbslawischen Siedlungen vor. Burgwarde formten sich aus einem Bezirk von ca. zehn bis fünfzehn slawischen Siedlungen um einen befestigten Burgwardmittelpunkt. Von dort aus beherrschte man die Kleinregion, übte Gericht, forderte Abgaben und Dienste. Das dicht gespannte Netz der Burgwarde erstreckte sich seit dem 11. Jahrhundert fast lückenlos über das elbslawische Siedelgebiet.

Schon im 11. Jahrhundert setzte eine zunehmende Erosion von Marken- und Burgwardorganisation ein. Durch königliche Schenkungen im Markengebiet gelangten Dörfer und ganze Burgwarde mit Gericht, Diensten und Abgaben als Eigentum (Allode) an Kirche und Herren und wurden damit dem amtlichen Zugriff der Markgrafen entzogen, der flächendeckende hoheitliche Anspruch des Markgrafenamtes ging verloren. Das System der Burgwarde geriet erst seit dem fortgeschrittenen 11. Jahrhundert stärker unter Druck. Mit den neuen feudalen Strukturen, mit Lehnrecht und Grundherrschaft, lösten sich die alten Bindungen der Burgwarde von innen her auf.

Frühe Kirchen in den Bistümern Meißen, Merseburg und Naumburg um 1100

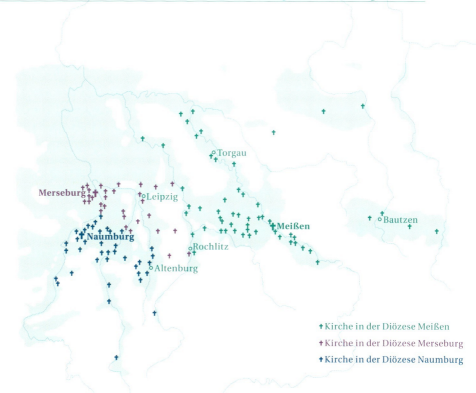

† Kirche in der Diözese Meißen
† Kirche in der Diözese Merseburg
† Kirche in der Diözese Naumburg

Bis an das Ende des 11. Jahrhunderts hatte sich das Netz früher Kirchen über das gesamte besiedelte Gebiet ausgedehnt und verdichtet. Das 1004 wieder eingerichtete Bistum Merseburg hatte Teile seiner alten Diözese verloren und reichte im Osten nur noch bis an die (Zwickauer) Mulde. Der Sitz des Bistums Zeitz war 1028 nach Naumburg verlegt worden.

Qualitätsstufen der Herrschaft des Reichs östlich der Saale

um 965	spätes 10./frühes 11. Jh.	spätes 11./frühes 12. Jh.
Markgrafschaften	Burgwarde	Grundherrschaft
↓	↓	↓
elbslawische Siedlungslandschaften (Gaue)	Einzelsiedlung und Siedlungsgemeinschaft	einzelnes Bauerngut und einzelner Bauer

Deutsche, Polen, Tschechen – ein Kampf um die Mark Meißen?

Über das 10. und 11. Jahrhundert hinweg wurde der Markenraum östlich der Saale immer wieder von Gewalt und kriegerischen Auseinandersetzungen heimgesucht. Die ältere Geschichtsschreibung hat dieses Ringen als »Grenzlandkampf« zwischen Deutschen, Polen und Böhmen interpretiert. Doch hinter der Fassade ethnisch bestimmter Konkurrenz offenbart sich ein vielschichtiges Bild einander durchdringender Parteiungen, eine Verflechtung familiärer Kooperation über die ethnischen Grenzen hinaus.

Seit der Einrichtung von Markgrafschaften und Bistümern dominierten sächsisch-thüringische Herren den Raum herrschaftlich und stellten die wesentlichen Amtsträger. Alte familiäre Konkurrenzen und Rivalitäten importierten sie hierbei in den Markenraum östlich der Saale, allen voran die Feindschaft zwischen den einflussreichen Walbeckern, die im ausgehenden 10. Jahrhundert den Markgrafen der Nordmark stellten, und den mächtigen Ekkehardingern, Markgrafen von Meißen. Durch Familienbündnisse und über Verwandtengruppen formierten sich größere Parteiungen, die sich in dieser Konstellation auch in übergreifenden Konflikten positionierten.

Mit den seit dem frühen bzw. späten 10. Jahrhundert christianisierten und herrschaftlich zentralisierten tschechischen und polnischen Herzogtümern erwuchsen bis zur Jahrtausendwende weitere, militärisch potente und politisch aufstrebende benachbarte Mächte. Diese polnischen und böhmischen Herzöge waren mit den entscheidenden sächsischen Machtträgern eng versippt und verschwägert. Sie griffen deshalb ganz folgerichtig in die Machtkämpfe der Region ein und liebäugelten durchaus mit der Möglichkeit, selbst Markgrafen zu werden oder ihre deutschen Verbündeten durchzusetzen – so wie die sächsischen Großen ihrerseits nachdrücklich Interessen in Böhmen und Polen zu wahren suchten.

So erfolgte der Angriff des böhmischen Herzogs Boleslaw auf die Burg Meißen im Jahr 984 als Teil eines koordinierten Aufstandes Herzog Heinrichs des Zänkers gegen den minderjährigen König Otto III. Nach dem Tod seines kaiserlichen Förderers, desselben Ottos III., und seines meißnischen Vertrauten Ekkehard I. suchte der polnische Herzog Boleslaw Chrobry im Jahr 1002 zunächst die Annäherung an den bayrischen Königskandidaten Herzog Heinrich, den späteren König Heinrich II. Erst als dieser Parteienwechsel auf dem Merseburger Hoftag 1002 spektakulär gescheitert war, etablierte sich Boleslaw als zentraler Gegenspieler des neuen Königs und damit des Reiches: Gegenseitig überzog man sich in den folgenden drei Jahrzehnten mehrfach mit Krieg – ohne dass die sächsisch-polnischen Verwandtschaftsbündnisse zum Erliegen gekommen wären. Jahrzehnte später stieß der böhmische Herzog Vratislaw II. in den Jahren 1087 und 1088 nach Meißen vor. In den Wirren von Investiturstreit und Sachsenaufstand gegen Kaiser Heinrich IV. agierte der Böhme hier auf kaiserliches Geheiß gegen den aufständischen Markgrafen Ekbert II. von Meißen.

Raum für nationale Interpretationen bietet die meißnisch-sächsische Frühgeschichte bei näherer Betrachtung also kaum, sie liefert jedoch das Modell eines lebendigen ostmitteleuropäischen Gesamtraumes zwischen Integration und Abschließung, kulturellem Transfer und Konflikt.

Die Ekkehardinger und die Parteiungen im östlichen Sachsen und im östlichen Mitteleuropa um das Jahr 1000

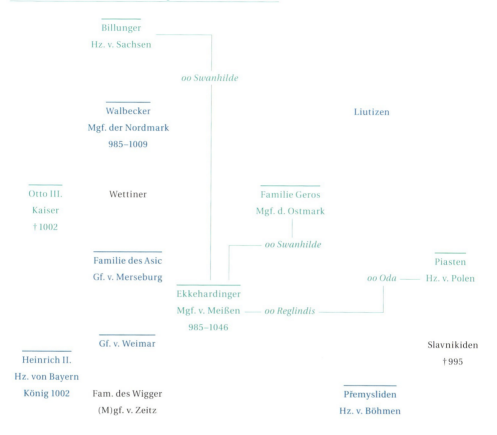

Bestürmung der Burg Meißen im Jahr 1015 durch Herzog Mieszko I. von Polen. Wandbild von Anton Dietrich in der Albrechtsburg Meißen, 1879

Hohes Mittelalter 1100–1310
Eine zivilisatorische Aufholjagd

Die sporadischen Neuanfänge des späten 11. Jahrhunderts mündeten im 12./13. Jahrhundert in eine äußerst dynamische gesamtgesellschaftliche Entwicklung, mit der das Land zwischen Saale und Neiße nicht nur an den zivilisatorischen Stand des Altreichs Anschluss fand, sondern zu einem Innovationsraum aufstieg, der seinerseits kulturelle, wirtschaftliche und herrschaftliche Impulse nach außen vermittelte.
Die großen feudalen Neuerungen des Westens, Grundherrschaft und Lehnswesen, wurden in der ersten Hälfte des 12. Jahrhunderts auf breiter Front aufgenommen und gestalteten die herrschaftlichen Strukturen des Landes vollkommen neu. Miteinander konkurrierend trieben die Herren des Landes vor allem in der zweiten Hälfte des 12. Jahrhunderts die agrarische Erschließung der großen Waldgebiete rasant voran; schon um 1200 erreichte diese große Kolonisation die Kammregionen des Erzgebirges. Durch die aus dem Reich angeworbenen bäuerlichen Migranten vervielfachte sich die Bevölkerung binnen weniger Jahrzehnte. Die agrarische Wirtschaft wurde bis in das 13. Jahrhundert hinein auch in den Altsiedelgebieten modernisiert: Dreifelderwirtschaft, eiserner Pflug und Weizenanbau hielten Einzug. Seit dem fortgeschrittenen 12. Jahrhundert kamen Stadtwerdung und Stadtentwicklung etwa in Altenburg, Leipzig, Zwickau, Dresden, Meißen, Görlitz und Bautzen forciert voran. Durch eine zweite und dritte Welle der Stadtentstehung im 13. Jahrhundert verdichtete sich das Städtenetz östlich der Saale noch einmal erheblich, was zu einem enormen Aufschwung von arbeitsteiligem Handel und Handwerk führte.
Besonders begünstigt wurde diese Entwicklung durch die Silberfunde bei Freiberg 1165, die einen bis ins 14. Jahrhundert anhaltenden Bergbauboom in der Region auslösten. Vom Montanwesen und den sich

anschließenden Gewerken ging erhebliches Innovationspotenzial aus. Der Silberreichtum beförderte überdies die vollständige Durchsetzung der Ware-Geld-Wirtschaft und die Ausmünzung wertstabiler Brakteatenwährungen.

Kolonisation, Stadtentstehung und die massenhafte Zuwanderung christlicher Migranten gaben auch der Christianisierung und Verkirchlichung einen entscheidenden Schub. Zahlreiche Kirchen und Klöster entstanden, die Kirchenverfassung differenzierte sich aus. Das Christentum rückte identitätsprägend in die Mitte der Gesellschaft und bestimmte jetzt auch für die breite Masse der Bevölkerung Alltag und Feiertag. Mit der Auflösung von Markenverfassung und Burgwardorganisation öffnete sich seit dem späten 11. Jahrhundert Raum für eine dynamische herrschaftliche Entwicklung. Neben den Wettinern rangen das Reich selbst, die Reichsburggrafen und Bischöfe sowie die Klöster und Herren erfolgreich um herrschaftliche Teilhabe. Erst im fortgeschrittenen 13. Jahrhundert erreichten die Wettiner erneut eine hegemoniale Vormachtstellung, die am Ende des 13. Jahrhunderts durch das Reich noch einmal grundsätzlich infrage gestellt wurde. Parallel formte sich aus einer im 12. Jahrhundert heterogenen mindermächtigen Schicht abhängiger Herrschaftsträger über das 13. Jahrhundert ein niederer Adel. Die herrschaftliche Entfaltung wurde durch die vordringende Schriftlichkeit begleitet und abgesichert. Die Ausstellung, Ausfertigung und Archivierung von Urkunden vervielfachte sich, wurde alltäglich und steuerte im fortgeschrittenen 13. Jahrhundert auf einen Höhepunkt zu. Großartige steinerne Bauwerke, Kirchen und Burgen, entstanden jetzt allerorten und symbolisierten die gewaltige herrschaftliche und kulturelle Neuprägung der vormals rückständigen und peripheren Region.

1100–1310

1103
Markgraf Heinrich I. von Meißen fällt im Kampf gegen Slawen an der Neiße. Die Markgrafschaft geht an seinen postum geborenen Sohn Heinrich II. über.

1105
Wiprecht holt mainfränkische Siedler ins Land und lässt gezielt neue Siedlungen zwischen Groitzsch und Colditz/Leisnig anlegen. In Lausick entsteht eine Zelle des Klosters Pegau.

1112/13
Wiprecht geht zur sächsischen Adelsopposition gegen Kaiser Heinrich V. über. Königliche und böhmische Truppen belagern Groitzsch. Wiprecht gerät wenig später in kaiserliche Gefangenschaft und verliert seine Besitzungen.

1114
Bischof Herwig von Meißen gründet das Kollegiatsstift Wurzen und befördert damit auch die weltliche Herrschaft des Hochstifts Meißen um Wurzen.

1115
In der Schlacht am Welfesholz siegt die sächsische Opposition. Wiprecht kommt wenig später frei und kämpft mit seinem gleichnamigen Sohn, Wiprecht III., um die Rückgewinnung der alten Besitzungen im Markenraum. In Nisan und Bautzen können sich die Böhmen mit ihren Ansprüchen zumindest teilweise behaupten.

1118/1122
Weihen der Gaukirchen St. Marien in Osterwin bei Zwickau (1118) und St. Johannis in Plauen (1122). Früheste Zeugnisse kirchlicher und herrschaftlicher Durchdringung im Südwesten Sachsens.

1119
Bischof Dietrich von Naumburg stiftet das Kloster Riesa. In der Meißner Diözese gelegen, bekräftigt das Kloster die Ansprüche des Hochstifts Naumburg auf die Elbregion um Strehla und Boritz.

Zu Torgau wird ein »locus mercatus«, ein (Fern-)Händlermarkt erwähnt.

1123/24
Nach dem Tod Markgraf Heinrichs II. (1123) belehnt Kaiser Heinrich V. den älteren Wiprecht mit der Markgrafschaft Meißen. Wiprecht kann sich aber gegen den von Herzog Lothar von Sachsen gestützten Konrad von Wettin nicht durchsetzen.

1124
Wiprecht tritt in das Kloster Pegau ein und stirbt im selben Jahr.

1125
Der neue König Lothar III. belehnt den Wettiner Konrad förmlich mit der Markgrafschaft Meißen.

1135/36
Heinrich, Sohn und Erbe Wiprechts von Groitzsch und seit 1131 Markgraf der Ostmark, stirbt (1135). Auf das Erbe erheben Heinrichs Nichte Mathilde, das Reich, Böhmen und die Wettiner Ansprüche: Nisan und Bautzen fallen 1135 an den böhmischen Herzog. 1136 wird Markgraf Konrad von Meißen auch Markgraf der Ostmark.

1136
König Lothar III. stiftet das Kloster Chemnitz und bekräftigt damit die herrschaftlichen Ansprüche des Reichs im Osten.

1143/44
Vergleich König Konrads III. und Markgraf Konrads von Meißen: Markgraf Konrad erhält den Gau Rochlitz als Allodialgut und die Vogtei über das Reichskloster Chemnitz sowie die Hoheit über die bisher böhmischen Gaue Milska, Zagost und Nisan.

König Konrad III. stiftet das Kloster Remse (1143) und erteilt dem Kloster Chemnitz ein Marktprivileg (1143).

Reichsburggrafen werden in Meißen (1143) und in Dohna (1144) eingesetzt, vor 1150 auch in Altenburg.

um 1150/1160
Beginn der hohen Kolonisation: Unter Leitung eingesessener herrschaftlicher Gewalten erfolgt eine dynamische Besiedlung der weiten Waldgebiete.

1154
Bischof Gerung von Meißen siedelt Flamen in Kühren an. Der frühe Ansiedlungsvertrag ist das einzige direkte schriftliche Zeugnis zur hohen Kolonisation in Sachsen.

Markgraf Konrad beteiligt sich an einer erfolglosen Verschwörung gegen König Friedrich I. Barbarossa und verliert dessen Gunst.

1156
Markgraf Konrad teilt seine Herrschaft (auf kaiserlichen Druck?) unter den Söhnen auf und rettet seine Ehre, indem er in das Chorherrenstift auf dem Lauterberg bei Halle eintritt. Dort stirbt er im Februar 1157.

1158
Kaiser Friedrich I. Barbarossa entzieht den Wettinern die Oberlausitz, die an Herzog Vladislav von Böhmen fällt, und die Vogtei über das Reichskloster Chemnitz.

Otto (der Reiche) erscheint erstmals förmlich als Markgraf von Meißen.

Im Zuge eines umfassenden Tauschgeschäfts kommen Leisnig und Colditz an das Reich. Die Leisniger Burggrafen steigen zu Reichsburggrafen auf.

1162
Markgraf Otto (der Reiche) von Meißen stiftet das Kloster Altzelle als neues Hauskloster der wettinischen Markgrafen und stattet es mit 800 Hufen Land aus. Nach Schwierigkeiten mit der Ansiedlung ziehen die ersten Mönche aus dem Zisterzienserkloster Pforte erst 1175 in Altzelle ein.

1165
Kaiser Friedrich I. Barbarossa hält in Altenburg Hof, stiftet das Augustiner-Chorherrenstift bei Altenburg (Bergerkloster) und bringt die Formierung des Reichslandes Pleißen (weiter) auf den Weg.

1168
Auf dem Stiftungsgebiet des Klosters Altzelle wird Silber gefunden. Der massenhafte Zustrom von Bergleuten setzt ein und die Stadtentstehung von Freiberg beginnt.

Graf Dedo V. (der Fette) von Groitzsch und Rochlitz stiftet das Augustiner-Chorherrenstift Zschillen (Wechselburg).

vor 1170
Mutmaßliche Verleihung des ersten Stadtrechts an Leipzig durch Markgraf Otto (den Reichen) von Meißen.

1172
Hugo von Wartha wird als Landrichter des Pleißenlandes genannt.

1182
Kaiser Friedrich I. Barbarossa erweitert die Stadt Altenburg und novelliert das ältere Stadtrecht.

1185
Mutmaßliche Verleihung des Stadtrechts an Freiberg durch Markgraf Otto (den Reichen) von Meißen. Seit etwa 1180 wird die Oberstadt planmäßig angelegt; Freiberg steigt innerhalb weniger Jahrzehnte zur bedeutendsten Stadt in der Markgrafschaft Meißen auf.

1190
Markgraf Otto (der Reiche) von Meißen stirbt. Die Markgrafschaft Meißen übernimmt der ältere Sohn Albrecht (der Stolze), der jüngere Dietrich (der Bedrängte) wird Graf von Weißenfels. Zwischen den Brüdern entbrennen in den folgenden Jahren kriegerische Auseinandersetzungen.

1192
Stiftung des Zisterzienserklosters Buch durch die Burggrafen von Leisnig.

1193
Stiftung des Prämonstratenserklosters Mildenfurth durch Vogt Heinrich II. von Weida.

1195
Markgraf Albrecht (der Stolze) stirbt. Kaiser Heinrich VI. behält die Markgrafschaft Meißen als erledigtes Reichslehen ein.

1198
Nach dem Tod Kaiser Heinrichs VI. (1197) setzt sich Dietrich (der Bedrängte) in der Markgrafschaft Meißen durch.

vor 1200
Der Rabbiner Isaak ben Moses (Isaak Or Sarua) erwähnt eine Synagoge in Meißen. Das ist der älteste Hinweis auf eine jüdische Siedlung im späteren Sachsen.

1205
Gründung des Augustiner-Chorherrenstifts St. Afra zu Meißen durch Bischof Dietrich II. von Meißen.

1206
Markgraf Dietrich (der Bedrängte) schlichtet einen Streit zwischen den Burggrafen von Dohna und dem Bischof von Meißen und befiehlt, die burggräfliche Burg Thorun (Pesterwitz) zu schleifen. Dresden wird hier erstmals schriftlich erwähnt und erscheint 1216 dann als Rechtsstadt (»civitas«).

1212
Markgraf Dietrich (der Bedrängte) bringt die reichsländische Stadt und Vogtei Zwickau (zeitweise) in seine Hand, gründet bzw. verlegt ein Kloster und befiehlt die Ummauerung der Stadt.

1213
Gründung des Augustiner-Chorherrenstifts St. Thomas zu Leipzig durch Markgraf Dietrich (den Bedrängten) von Meißen.

1214
König Friedrich II. schenkt dem Deutschen Orden das Hospital zu Altenburg.

1215
Erster Ministerialenaufstand in Leipzig gegen Markgraf Dietrich von Meißen. Nach einem Ausgleich im Jahr 1216 setzt sich Dietrich (der Bedrängte) durch und lässt (1217) drei Zwingburgen in der Stadt errichten.

1221
Markgraf Dietrich (der Bedrängte) stirbt. Ihm folgt der minderjährige Sohn Heinrich (der Erlauchte), der zunächst unter der Vormundschaft Landgraf Ludwigs IV. von Thüringen steht.

1224
Die Vögte von Weida und Gera übertragen dem Deutschen Orden die Johanniskirche zu Plauen.

1225
Bernhard II. von Vesta, Stammvater der Herren von Kamenz, verlegt die Stadt Kamenz und dotiert die dortige Kirche.

1228
Erster Nachweis eines Landdings (Landgerichts) im Land Bautzen.

1232
Nach jahrelangem Streit zwischen den Reichsministerialen von Mildenstein (bei Minkwitz?) und dem Bistum Meißen belagert, erobert und zerstört Markgraf Heinrich (der Erlauchte) die Burg Mildenstein. Das Reichsland Pleißen wird geschwächt und territorial beeinträchtigt.

Eine Schenkungsurkunde Kaiser Friedrichs II. an den Vogt Heinrich von Weida ist das älteste erhaltene Schriftstück des vögtischen Archivs und zugleich ältestes Zeugnis weltlicher Urkundenarchivierung im meißnischen Raum.

1233
Erste Erwähnung eines Freiberger Stadt- und Bergrechts in der sogenannten Kulmer Handfeste.

Gründung des Klosters Geringswalde durch den Reichsministerialen Hermann von Schönburg.

1234
Gründung des Klosters Marienthal durch die Königin Kunigunde von Böhmen.

1237
Vogt Heinrich IV. von Gera und Plauen resigniert seine weltliche Herrschaft und tritt in den Deutschen Orden ein.

1241
Die Oberlausitzer Grenzurkunde trennt die Herrschaftsbereiche des Königs von Böhmen und des Hochstifts Meißen.

1241/1244
Erste Erwähnung der Freiberger Sächsstadt (1241), des Stadtteils der sächsischen Bergleute, und der wohl in die zweite Hälfte des 12. Jahrhunderts zurückreichenden Freiberger Münzstätte (1244).

1243
Verlobung zwischen Albrecht (dem Entarteten), dem Sohn Markgraf Heinrichs (des Erlauchten), und der Tochter Kaiser Friedrichs II., der den Wettinern für die Mitgift das Reichsland Pleißen verpfändet.

Eventualbelehnung zwischen den Landgrafen von Thüringen und Markgraf Heinrich (dem Erlauchten) von Meißen.

Die Urkunde ist das älteste erhaltene Schriftstück im wettinischen Archiv.

1247
Nachdem Landgraf Heinrich Raspe kinderlos stirbt, beansprucht Markgraf Heinrich (der Erlauchte) das ludowingische Erbe, um das ein jahrzehntelanger Erbfolgekrieg beginnt.

1248
Die Herren von Kamenz gründen das Kloster Marienstern.

1249
Im Weißenfelser Vertrag erkennen die Grafen und Herren in Thüringen die Herrschaft Markgraf Heinrichs (des Erlauchten) an und ebnen den Weg für die dauerhafte Integration der thüringischen Teile des ludowingischen Erbes in den Machtkomplex der Wettiner.

1250
Ausgleich zwischen Markgraf Heinrich (dem Erlauchten) und dem Bistum Meißen. Der Markgraf erkennt Hochstiftsrechte um Mügeln, Stolpen und Wurzen und damit eine eigenständige bischöflich-meißnische Landesherrschaft an.

1253
Mit Privilegierungen für das Bergerkloster und das Deutschordenshaus zu Altenburg nimmt Markgraf Heinrich (der Erlauchte) das Pleißenland herrschaftlich in Besitz. – 1256 bestätigt er das Altenburger Stadtrecht.

um/nach 1253
König Ottokar II. von Böhmen verpfändet die Oberlausitz an die askanischen Markgrafen von Brandenburg, die 1262 erstmals urkundlich dort auftreten. – Das Land Zittau bleibt bei der Krone Böhmens; die Stadt Zittau wird 1255 durch Ottokar II. privilegiert, befestigt und zur königlich-böhmischen Stadt erhoben.

1254
Die Vögte von Weida, Gera und Plauen schließen einen Beistandspakt mit Markgraf Heinrich (dem Erlauchten) und nennen ihre Herrschaft eine »terra nostra«.

Beim Leipziger Thomaskloster wird die erste städtische Schule auf dem Gebiet des späteren Sachsens genannt.

1259
Nach heftigen kriegerischen Auseinandersetzungen beschränkt Markgraf Heinrich (der Erlauchte) im Vertrag von Seußlitz die Herrschaft des Hochstifts Naumburg an der Elbe um Strehla.

1263/64
Markgraf Heinrich (der Erlauchte) siegt in der Schlacht bei Beesenstedt über Herzog Heinrich von Braunschweig (1263) und setzt sich im thüringischen Erbfolgekrieg endgültig militärisch durch. Der Frieden wird 1264 formal geschlossen.

1264
Markgraf Heinrich (der Erlauchte) teilt die wettinischen Herrschaften: Heinrich behält sich die Markgrafschaft Meißen vor, der ältere Sohn Albrecht (der Entartete) erhält die Landgrafschaft Thüringen, die Pfalzgrafschaft Sachsen und das Pleißenland, der jüngere Dietrich die neu aus Teilen von Ostmark und Mark Meißen zusammengefügte Mark Landsberg.

1265
Markgraf Heinrich (der Erlauchte) erlässt eine Judenordnung und privilegiert damit die Stellung der jüdischen Gemeinden.

1268
Markgraf Otto IV. von Brandenburg teilt die Oberlausitz in die Länder Bautzen und Görlitz. Als oberste Verwaltungsbeamte erscheinen künftig sogenannte (Land-)Vögte in Bautzen (1272) und Görlitz (1285).

1268/1273
Die Stadt Leipzig erhält durch Markgraf Dietrich von Landsberg ein Handelsprivileg (1268) und das Münzrecht (1273).

1271
Die Stadt Dresden kauft den Marktzoll von Markgraf Heinrich (dem Erlauchten).

1278
Markgraf Heinrich (der Erlauchte) überträgt das Kloster Zschillen (Wechselburg) dem Deutschen Orden, der dort ein Deutschordenshaus einrichtet.

1283
Mit der Krämer-Innung zu Freiberg wird die erste Innung im späteren Sachsen erwähnt.

1284
Markgraf Heinrich (der Erlauchte) und Bischof Withego von Meißen vergleichen sich über die Gerichte im Wurzener Hochstiftsgebiet, die dem Bischof zugesprochen werden und die eigenständige bischöflich-meißnische Landesherrschaft bestätigen.

1285
Nach dem Tod Markgraf Dietrichs von Landsberg tritt dessen Sohn Friedrich Tuta die Nachfolge an.

1286
Der Judenberg (Jüdenberg) zu Meißen wird urkundlich erwähnt. Der Berg dient der jüdischen Gemeinde nach späteren Quellen von 1455/1457 als Friedhof.

1288
Markgraf Heinrich (der Erlauchte) stirbt. Um das Erbe beginnen heftige Streitigkeiten. Als Markgraf von Meißen und der verkleinerten Mark Landsberg setzt sich Friedrich Tuta durch, Diezmann wird Markgraf der wiedereingerichteten, auf die Niederlausitz verkleinerten Ostmark, Friedrich (der Freidige) erhält einige Städte in der Mark Meißen und die Aussicht auf das Erbe Landgraf Albrechts (des Entarteten).

1289/90
König Rudolf von Habsburg belehnt Burggraf Dietrich II. neu mit dem Amt des Altenburger Burggrafen (1289), löst das Pleißenland (1290) aus der wettinischen Pfandherrschaft aus und bringt das Königtum als Machtfaktor zurück nach Mitteldeutschland.

1291
Nach dem Tod Markgraf Friedrich Tutas erhält Friedrich (der Freidige) die Mark Meißen, Albrecht (der Entartete) die nördlichen und Diezmann die südlichen Teile der Markgrafschaft Landsberg. Landgraf Albrecht (der Entartete) verkauft die nördlichen Teile der Markgrafschaft

Landsberg an die askanischen Markgrafen von Brandenburg, die südlichen Teile der Mark mit Leipzig werden künftig Osterland genannt.

In der wettinischen Kanzlei werden ein Notar und ein Protonotar erwähnt, deren Auftreten die zunehmende Professionalisierung des wettinischen Schriftwesens als Herrschaftsmittel belegt.

1291
Bischof Withego I. von Meißen kauft Stadt und Burg Pirna.

1292
Die Stadt Pirna erhält durch den Meißner Bischof das Stapelrecht, das zur Grundlage für den wirtschaftlichen und städtischen Aufstieg wird.

1294
König Adolf von Nassau erkennt die wettinische Erbteilung nicht an, zieht die Markgrafschaft Meißen als erledigtes Reichslehen ein und erwirbt (schon 1293?) von Landgraf Albrecht die Anwartschaft auf die Landgrafschaft Thüringen.

König Adolf rückt mit Heeresmacht nach Thüringen und gegen Friedrich (den Freidigen) vor und erobert die Burg Groitzsch.

Bischof Bernhard von Meißen verkauft die Stadt Pirna an König Wenzel III. von Böhmen; die Stadt bleibt bis 1404/05 böhmisch.

1296
König Adolf zieht erneut mit einem Heer nach Mitteldeutschland, belagert und erobert Freiberg. Friedrich (der Freidige) flieht ins Exil. König Adolf errichtet ein mitteldeutsches Königsland mit Thüringen, Meißen und dem Pleißenland.

1298
Albrecht von Habsburg siegt über Adolf von Nassau und setzt sich als König durch. Die Wettiner werden nicht in ihre alten Rechte eingesetzt: Als Generalvikar und Pfandherr für Meißen, Pleißen und das Osterland erscheint König Wenzel II. von Böhmen.

1303/04
Markgraf Diezmann verkauft die Niederlausitz (Ostmark) an die Markgrafen von Brandenburg.

König Wenzel II. überträgt seine Rechte an der Markgrafschaft Meißen pfandweise an die Markgrafen von Brandenburg.

1305
Heinrich von Leipa erhält das Land Zittau als böhmisches Lehen, das König Johann von Böhmen erst 1319 tauschweise zurück erwirbt.

1306
König Wenzel III. löst Meißen aus der brandenburgischen Pfandherrschaft und gibt die Markgrafschaft an König Albrecht von Habsburg zurück. König Albrecht erzwingt auf dem Fuldaer Hoftag die Anerkennung des Verkaufs der Landgrafschaft Thüringen und rückt im Herbst mit einem Heer gegen die Wettiner vor. Die Eisenacher Bürger ergreifen die Partei des Königs und belagern Landgraf Albrecht (den Entarteten) in der Wartburg.

1307
In der Schlacht bei Lucka siegen die Truppen der wettinischen Brüder Friedrich

(der Freidige) und Diezmann über das durch pleißenländische Herren verstärkte Heer König Albrechts. Die zügige Renaissance wettinischer Macht in Mitteldeutschland setzt ein.

Im Dezember stirbt Markgraf Diezmann in Leipzig kinderlos.

Die Verschriftlichung des älteren Freiberger Bergrechts (Bergrecht A) beginnt.

1308
Nach der Ermordung König Albrechts in der Schweiz unterwerfen sich die pleißenländischen Reichslandstädte Altenburg, Chemnitz und Zwickau dem Wettiner Friedrich (dem Freidigen).

In Plauen wird eine jüdische Ehe geschlossen; eine jüdische Gemeinde in der Stadt ist anzunehmen. – Die Schutzbriefe Markgraf Friedrichs (des Freidigen) für die Reichslandstädte Chemnitz und Zwickau gelten für Christen und Juden; zumindest in Zwickau dürfte damals eine jüdische Gemeinde ansässig gewesen sein.

1310
König Heinrich VII. bestätigt den wettinischen Besitz von Meißen, Thüringen und Osterland sowie 1311 durch seinen Sohn, König Johann von Böhmen, die wettinische Pfandhoheit über das Pleißenland.

Romanischer Torbogen in der Ringmauer von Burg Mildenstein. Stauferzeitlicher Eingang der damaligen Reichsburg Leisnig, 2. Hälfte des 12. Jahrhunderts

Die Wettiner vom 11. bis zum 13. Jahrhundert
[reduzierte Darstellung]

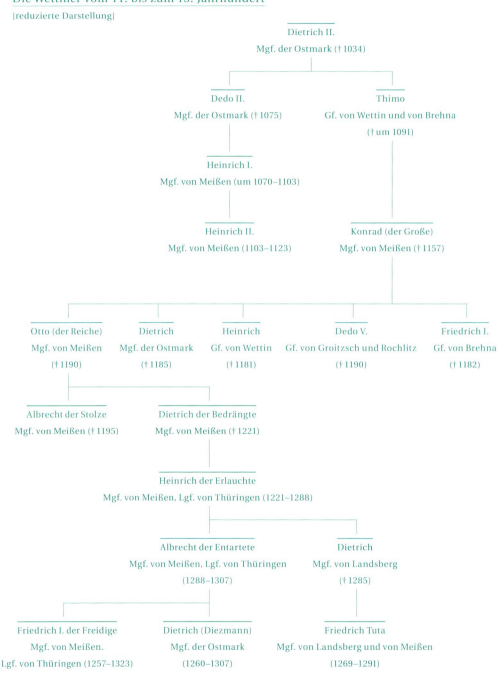

Frühe adlige Herrschaftsentfaltung östlich der Saale

● Übertragungen/Erwerbungen an/von Wiprecht um 1100
✝ Klostergründung Wiprechts
↗ Gezielte Kolonisation Wiprechts

● Machtentfaltung Markgraf Konrads von Meißen bis 1150
✝ Klostergründung der Wettiner

Wiprecht von Groitzsch gelang im späten 11. Jahrhundert ein beeindruckender Herrschaftsaufbau. Erstmals entstand hier eine den Gesamtraum dominierende Herrschaft in der ostsaalischen Region selbst. Mit Markgraf Konrad gewann der wettinische Herrschaftsausbau östlich der Saale an Dynamik. Bis zur Mitte des 12. Jahrhunderts stieg Konrad zum mächtigsten Herrn der Region auf.

Die große Kolonisation

In der zweiten Hälfte des 12. Jahrhunderts gewann die agrarische Landeserschließung in ihren Dimensionen und ihren Strukturen eine neue Qualität. Schon Wiprecht von Groitzsch hatte an der Wende des 11. zum 12. Jahrhundert Siedler aus Franken ins Land gerufen, gezielt im Urwaldgebiet zwischen Groitzsch und Leisnig roden und neue Dörfer anlegen lassen – allerdings ohne dass dem Unternehmen ein durchschlagender dauerhafter Erfolg beschieden gewesen war. Seit Mitte des 12. Jahrhunderts wurde dieses Kolonisationsmodell von den großen herrschaftlichen Gewalten des Landes aufgegriffen und erfolgreich adaptiert. Vor allem die Reichsburggrafen und die Reichsministerialen des Pleißenlandes und des Vogtlandes einerseits sowie die in verschiedene Linien gespaltenen Wettiner andererseits, aber auch die Bischöfe und kleinere edelfreie Herren trieben in harter Konkurrenz die Landeserschließung immer dynamischer voran. Zügig wurden jetzt die vormals riesigen Waldgebiete aus den Altsiedellandschaften heraus agrarisch erschlossen. Schon an der Wende zum 13. Jahrhundert erreichten die Rodungen und Dorfgründungen in herrschaftlichem Wettlauf die Kammregionen des Erzgebirges. In der Oberlausitz brach sich diese Kolonisation etwas verzögert im frühen 13. Jahrhundert Bahn und wurde dort vor allem von kleineren Herrengeschlechtern wie Vesta-Kamenz getragen.

Im Gegensatz zu den älteren, sukzessiven und randlichen Erweiterungen bestehender Altsiedelgebiete zeigte diese hohe Kolonisation neue Konturen: Bei den Siedlungsvorstößen handelte es sich jetzt um herrschaftlich initiierte, geplante und gesteuerte Erschließungsvorhaben, die großräumig und mit hoher Dynamik umgesetzt wurden. Dabei lösten sich diese Neusiedelgebiete aus den herrschaftlichen und administrativen Zusammenhängen der Altsiedelgebiete heraus. Auch weil sich die menschlichen Ressourcen in den slawischen Altsiedelgebieten schnell erschöpften, warb man für die Kolonisation zunehmend Siedler aus dem Altreich, vor allem aus Franken, Thüringen, Sachsen und Flandern an. Durch diese massenhafte Migration christlicher, deutschsprachiger, aber stammesmäßig heterogener Bevölkerung wurden im Aufeinandertreffen mit den elbslawischen Bewohnern Ethnizität, Identität und Kultur zwischen Saale und Neiße neu und hybrid geprägt. Im kolonialen »melting pot«, getrieben von den kolonialen Herausforderungen, formten sich ganz eigene Rechtsverhältnisse, neue Siedlungs- und Produktionsformen, die wie die Waldhufendörfer in den nachfolgenden ostmitteleuropäischen Kolonisationsvorhaben aufgenommen und adaptiert wurden.

Mit der hohen Kolonisation hatten sich die über Jahrtausende nur variierenden Siedlungsstrukturen des Landes innerhalb weniger Jahrzehnte grundlegend gewandelt. Erstmals waren die vormals beherrschenden großen Waldgebiete weitgehend aufgesiedelt und agrarisch erschlossen worden. Damit erscheint die große Landeserschließung des fortgeschrittenen 12. und frühen 13. Jahrhunderts als eine entscheidende Zäsur sächsischer Geschichte, als Motor und Voraussetzung für den zivilisatorischen Sprung der vordem rückständigen und peripheren Saale-Elbe-Neiße-Region zu einem kulturellen, wirtschaftlichen und herrschaftlichen Kraftfeld des Reiches.

Entfaltung von Herrschaft und Besiedlung in der hohen Kolonisation
[schematisiert]

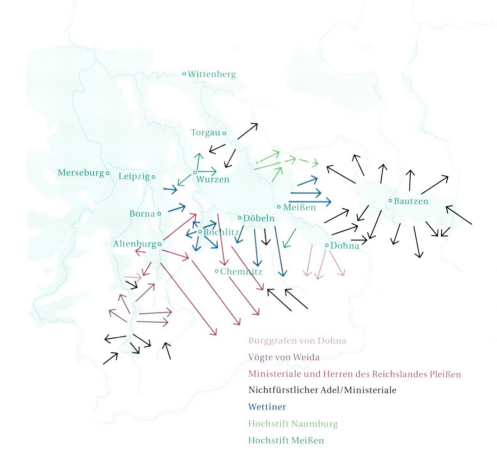

Burggrafen von Dohna
Vögte von Weida
Ministeriale und Herren des Reichslandes Pleißen
Nichtfürstlicher Adel/Ministeriale
Wettiner
Hochstift Naumburg
Hochstift Meißen

Die hohe Kolonisation der zweiten Hälfte des 12. Jahrhunderts veränderte die Siedlungslandschaft der Region grundlegend. Die Besiedlung erfasste den Raum nun flächendeckend und erschloss das Land bis in die Kammlagen des Erzgebirges.

Reichsburggrafen, Reichsland, Königsland

Um ein Gegengewicht gegen die fürstliche Dominanz der Wettiner zu schaffen, richtete König Konrad III. noch vor 1150 neuartige Reichsburggrafschaften östlich der Saale ein, zunächst in Meißen, Dohna und Altenburg, später unter Friedrich I. Barbarossa auch in Döben und Leisnig. Zwar entstand keine flächendeckende Burggrafschaftsverfassung, aber die Reichsburggrafen bildeten fortan eine dem Königtum nahestehende Schicht mächtiger Herren im Lande und damit eine natürliche Konkurrenz zu den Wettinern.

Kaiser Friedrich I. Barbarossa führte diese Ansätze in innovativen neuen Formen fort. Zwischen 1158 und 1173 formte er das Reichsland Pleißen als neuen Herrschaftskomplex unter unmittelbarer königlicher Verfügung. Als eigenes Rechts- und Verfassungsgebilde griff es über ältere Gegebenheiten aus. Durch die von Barbarossa gestützte Stadtentwicklung in Altenburg, Chemnitz und Zwickau erhielt es ein wirtschaftlich-städtisches Rückgrat und im durch den Kaiser gestifteten Chorherrenstift bei Altenburg (Bergerkloster) ein geistliches Zentrum. Als entscheidende herrschaftliche Träger des Pleißenlandes traten neben den eingesessenen Burggrafengeschlechtern die zahlreich fassbaren Reichsministerialen auf. Durch die erfolgreiche reichsländische Kolonisation konnten die drei älteren Reichslandzentren Altenburg, Leisnig und Chemnitz territorial miteinander verbunden werden und das Reichsland über das gesamte mittlere und westliche Erzgebirge ausgedehnt werden. Bis zum Ende des 12. Jahrhunderts entstand so neben den klassischen Adelsherrschaften eine völlig neue herrschaftlich-territoriale Gewalt, zu der in anderen Strukturen auch das Vogtland gehörte. Allerdings scheiterte der Versuch Kaiser Heinrichs VI., diese Reichszone 1194/95 auf die Landgrafschaft Thüringen und die Markgrafschaft Meißen auszudehnen. Stattdessen erlangten die Wettiner 1243/1253 die Pfandhoheit über das Pleißenland, auf dessen Gebiet sich die Herrschaften der Burggrafen und Reichsministerialen zunehmend verselbstständigten.

Am Ende des 13. Jahrhunderts kam es zu einer grundlegenden Konfrontation zwischen den Wettinern und den Königen des Reichs. Nachdem König Rudolf von Habsburg 1290 das Reichsland aus der wettinischen Pfandschaft ausgelöst hatte, versuchten die ihm nachfolgenden Könige Adolf von Nassau und Albrecht von Habsburg, in Mitteldeutschland ein Königsland zu schaffen und damit ihre königliche Macht neu zu fundieren. König Adolf kaufte die Landgrafschaft Thüringen und zog die Markgrafschaft Meißen ein. Damit zeichneten sich zwischen Werra und Elbe die Konturen eines künftig beherrschenden Königslandes ab. König Albrecht setzte nach 1304 diese Politik fort. Allerdings wurde 1307 ein königliches Heer von den wiedererstarkten Wettinern bei Lucka geschlagen. Begünstigt durch die Ermordung König Albrechts 1308 unterwarfen die Wettiner in den folgenden Monaten Thüringen, Meißen und auch die reichsländischen Städte Altenburg, Chemnitz und Zwickau. 1310 kam es zum endgültigen Ausgleich mit dem neuen König Heinrich VII. über die wettinischen Rechte in Mitteldeutschland, wo die Wettiner künftig unangefochten dominieren sollten. Im 14. und 15. Jahrhundert brachten die Wettiner auch die Reichsburggrafschaften in Altenburg, Dohna, Leisnig und Meißen in ihre Gewalt, ebenso wie die meisten der ehemals reichsländischen Ministerialenherrschaften.

Die Formierung des Reichlandes Pleißen und die wettinische Reaktion bis zur Mitte des 13. Jahrhunderts

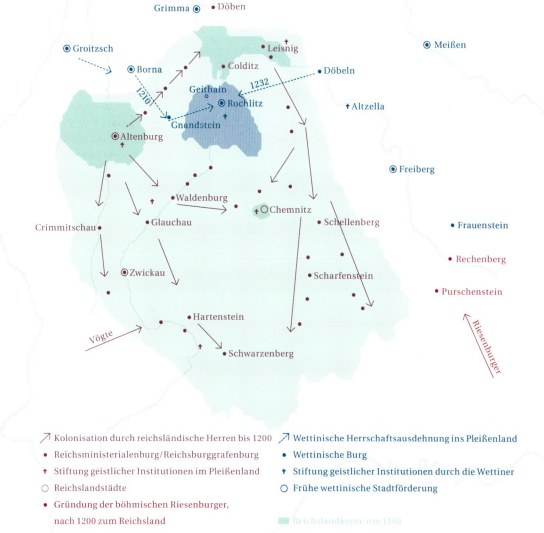

↗ Kolonisation durch reichsländische Herren bis 1200
● Reichsministerialenburg / Reichsburggrafenburg
† Stiftung geistlicher Institutionen im Pleißenland
○ Reichslandstädte
● Gründung der böhmischen Riesenburger, nach 1200 zum Reichsland

↗ Wettinische Herrschaftsausdehnung ins Pleißenland
● Wettinische Burg
† Stiftung geistlicher Institutionen durch die Wettiner
○ Frühe wettinische Stadtförderung

▨ Reichslandkerne um 1160
▨ Ungefähre Grenze des Reichslandes Pleißen um 1200
▨ Wettinisches Gebiet

Mit dem Reichsland Pleißen schuf Kaiser Friedrich I. Barbarossa in der zweiten Hälfte des 12. Jahrhunderts ein neues mächtiges Territorialgebilde unter unmittelbarer Verfügung des Reichs, das die wettinische Dominanz beeinträchtigte.

HOHES MITTELALTER 1100–1310 37

Frühe Stadtentwicklung – ein Prozess!

Das ältere Bild von Stadtentstehungen durch den einmaligen Akt herrschaftlicher Stadtgründung ist in den letzten Jahrzehnten einer differenzierteren Sicht gewichen. Stadtwicklung erscheint heute als ein stufenweiser Prozess, die hochmittelalterlichen Städte selbst als komplexe rechtliche und soziale Agglomerationen. Dennoch kommt der herrschaftlichen Förderung und Privilegierung innerhalb dieses frühen Stadtentwicklungsprozesses entscheidende Bedeutung zu.

Die Anfänge der Stadtentstehung östlich der Saale reichen mindestens in die erste Hälfte des 12. Jahrhunderts zurück. Damals siedelten sich an den wenigen zentralen herrschaftlichen und verkehrsmäßigen Punkten des Landes – in Torgau, Leipzig, Altenburg und Meißen, vielleicht in Dresden, Bautzen und Chemnitz – meist in einigem Abstand von den Burgen, aber nahe bei Altstraßen und Furten, Kaufleute an, die unter königlichem Recht und Schutz agierten. In den folgenden Jahrzehnten bis zum Ende des 12. Jahrhunderts verdichtete sich das Netz dieser Kaufmannssiedlungen zwischen Saale und Neiße erheblich. Vereinzelt wurden in der Nähe wohl auch schon jüdische Kaufleute ansässig. Parallel zu den Kaufmannssiedlungen, mancherorts vielleicht sogar etwas früher, entwickelten sich lokal orientierte Markt- und Handwerkersiedlungen. Sie standen unter dem Einfluss und der Hoheit der jeweiligen Burgherren, suchten die räumliche Nähe zur Burg und erhielten in Einzelfällen wie Altenburg wohl schon Markt- oder Stadtrechte.

Seit dem letzten Drittel des 12. Jahrhunderts wurden diese frühstädtischen Agglomerationskomplexe durch unmittelbaren herrschaftlichen Einfluss neu geordnet. Topografisch, indem man vermessene, planmäßige Stadtsiedlungen/-erweiterungen anlegen ließ; juristisch, indem man Stadtrechte verlieh und sich damit als Stadtherr gegenüber einer kollektiv auftretenden, privilegierten Bürgerkommune etablierte. Neben der neuen Planstadt bestanden aber alte Sonderrechtsbereiche fort, weil die Stadtprivilegierung nicht in allen Teilen der urbanen Siedlungsballung gleichermaßen griff. Die frühstädtischen Zentren blieben auch über die Stadtrechtsverleihungen hinaus räumlich, rechtlich, sozial und herrschaftlich heterogene Gebilde. In Meißen und Dresden lassen sich konkurrierende bzw. kooperierende wettinische und burggräfliche Einflüsse im Stadtentstehungsprozess belegen. In Altenburg und Meißen kam es im 13. Jahrhundert in unmittelbarer Nachbarschaft der älteren Rechtsstädte zu neuen eigenständigen Konkurrenzstadtgründungen, denen kein nachhaltiger Erfolg beschieden war. Von einer eindimensionalen, homogenen Stadtentstehung kann deshalb nicht mehr die Rede sein.

Stadtentwicklung erwies sich jedenfalls als grundlegendes Element der Herrschaftskonsolidierung, die Herrschaftskonkurrenz im Elbe-Saale-Gebiet dementsprechend als wichtiger Motor der Stadtentstehung. Gezielt haben etwa die Wettiner beispielsweise in Großenhain, Oschatz, Grimma und wohl auch in Dresden strategische Positionen durch gezielte Stadtförderung und -privilegierung besetzt. In der zweiten und dritten Welle der Stadtentstehung im frühen und späten 13. Jahrhundert, die dann vor allem von den kleineren regionalen Gewalten getragen wurde, kam dem herrschaftlichen Einfluss sogar noch größeres Gewicht zu.

Stadtentstehung im hohen Mittelalter

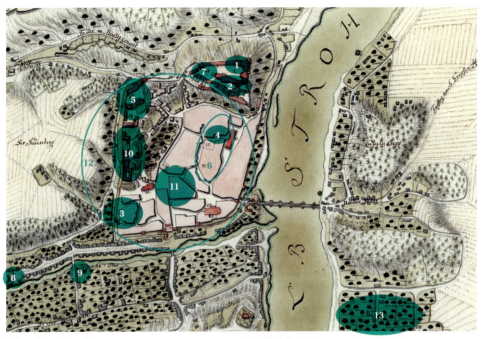

1 **Burgberg, Areal 1**
   Reichsburg 929; 12. Jh. markgräfl. Burg
2 **Burgberg, Areal 2**
   Bischofssitz 968; 12. Jh. Dom, Kurien von Bischof und Domherren
3 **Dorf Kirnitzsch**
   Zunächst nicht in Stadt einbezogen; Integration erst nach Stadterweiterung
4 **Hafen(siedlung)**
   Im späten 10. Jh. vorhanden; im 11. Jh. Hafenmarkt und dann Teil der Jahrmarktsiedlung
5 **Frühkirche St. Afra**
   Anfang/Mitte 11. Jh.; 1205 Gründung eines Chorherrenstifts mit eigenem Bezirk; später Integration als Sonderrechtsbereich in die Rechtsstadt
6 **Jahrmarktsiedlung**
   Vor/um 1100; seit etwa 1150 unter Hoheit des Burggrafen; erst 1446 in Rechtsstadt integriert!
7 **Burgberg, Areal 3**
   Mitte 12. Jh. Reichsburggrafensitz
8 **Nikolaikapelle**
   Vor/um 1150 Siedlung christlicher Fernhändler; später Übersiedlung in Rechtsstadt; wird nicht Teil der Rechtsstadt und aufgelassen
9 **Judensiedlung**
   Um/nach 1150 Siedlung jüdischer Fernhändler; später Übersiedlung in Rechtsstadt?; endgültige Vertreibung im 15. Jh.
10 **Freiheit**
   Vorburg im 11. Jh.; seit dem 12 Jh. Freiherrenhöfe von Adel und Domherren; Integration als Sonderrechtsbereich in die Rechtsstadt
11 **Planstadt**
   2. Hälfte 12. Jh., Kern der neuen Rechtsstadt
12 **Rechtsstadt**
   Formiert sich in der 2. Hälfte des 12. Jh. unter markgräfl. und burggfl. Hoheit; integriert im späten Mittelalter Sonderrechtsbereiche und wird erweitert
13 **Cölln**
   Im 13. Jh. Stadtgründung Colonia durch Bischöfe; Stadtwerdung scheitert, sinkt ab zu einem Dorf

Die Stadtwerdung von Meißen steht beispielhaft für die vielschichtige Siedlungsentwicklung der ältesten Schicht sächsischer Städte im 12. und 13. Jahrhundert. Die wichtigsten Agglomerationsbereiche und Entwicklungsstufen sind hier schematisiert dargestellt.

Spätes Mittelalter 1310–1470
Krisen, wettinische Dominanz und herrschaftliche Institutionalisierung

Im späten Mittelalter stagnierte der bislang kontinuierliche wirtschaftlich-kulturelle Aufstieg des Landes und wurde, bei einer immer stärkeren Einbindung in europäische Bezüge, zunehmend von krisenhaften Wechsellagen bestimmt. Der agrarische Landesausbau hatte um 1250 seine Grenzen erreicht. Seit dem 14. Jahrhundert verschärften sich wirtschaftliche Zwangslagen auf dem Land, es kam zu wiederholten Preis- und Wertschöpfungskrisen und zu einer spürbaren Siedlungsregression. Die Erträge des Silberbergbaus gingen kontinuierlich zurück und sanken im Zuge der europäischen Bergbaukrise um/nach 1400 noch einmal dramatisch ab. Die Pest suchte Mitteldeutschland erstmals in der Mitte des 14. Jahrhunderts heim, zahlreiche weitere Pestzüge folgten und führten zeitweise zu erheblichen Bevölkerungsverlusten. Nach der Judenvertreibung von 1349/50 blühten jüdische Gemeinden erneut auf, bis die Juden in der Mitte des 15. Jahrhunderts das Land endgültig verlassen mussten. Die städtische Entwicklung blieb trotz aller Rückschläge dynamisch, der städtische Produktions- und Bevölkerungsanteil stieg bis ans Ende des 15. Jahrhunderts überproportional an. Zugleich prägten wissenschaftlich-technische Innovationen sowie eine intensivierte Mobilität und Kommunikation die Zeit; wie nie zuvor war Sachsen jetzt wirtschaftlich, kulturell und politisch im Reich und in Europa verflochten. Mit der 1409 begründeten Universität Leipzig erhielt das Land jenseits kirchlicher Institutionen ein geistiges Zentrum. Für die religiöse Praxis gewann das individuelle Ringen um das Seelenheil an Bedeutung; Stiftungs- und Pilgerwesen, Heiligenverehrung und theologisches Engagement nahmen zu und erreichten die breite Bevölkerung. Außer in der Oberlausitz, wo sich jetzt eigene Strukturen ausbildeten, wurde die herrschaftliche Entwicklung von der zunehmend hegemonialen Dominanz der Wettiner über ganz Mitteldeutschland geprägt. Neben bemerkenswerten territorialen Zugewinnen stand die innere Verdichtung wettinischer Landesherrschaft; durch Verschriftlichung, Verrechtlichung und Verämterung entwickelten sich neue Medien und Instanzen der Herrschaftsausübung. Vergleichsweise früh bediente sich die wettinische Kanzlei hierbei in Lehnbüchern und Registern einer seriellen Schriftlichkeit. Gestützt auf ihre herrschaftlichen Erfolge gelang den Wettinern schon im 14. Jahrhundert der Sprung in die erste Reihe der Reichsfürsten, der 1423 in die Verleihung der sächsischen Kurwürde mündete. Die ständische Reputation der Familie schlug sich in wiederholten Eheverbindungen mit den wechselnden Kaiserdynastien des Reiches, aber auch mit den Königen von Böhmen und Polen nieder; die Wettiner agierten als europäische Dynastie. Großen Raum nahm das innerfamiliäre, dynastische Herrschaftsmanagement ein. Zwischen gemeinsamer »brüderlicher« Herrschaft, Landesteilung und Bruderkrieg spannten sich vielfältige Varianten familiärer Konflikte und Konfliktlösungen auf. Nach 1378 hat es eine reale wettinische Gesamtherrschaft bis auf wenige Jahre faktisch nicht mehr gegeben; fast durchweg blieb das Land in verschiedenen territorialen Formen unter den jeweiligen Familienmitgliedern geteilt.

Seit dem frühen 15. Jahrhundert wurde die wettinische Herrschaftspraxis durch chronische Haushalts- und Liquiditätskrisen belastet, für zusätzliche Abgaben blieben die Wettiner auf die Zustimmung von Adel, Kirche und Städten angewiesen. Diese konstituierten sich in der ersten Hälfte des 15. Jahrhunderts formell als Stände und forderten Teilhabe an der und Einfluss auf die fürstliche Herrschaft.

1310–1470

1312
Markgraf Friedrich (der Freidige) führt Fehde gegen den Markgrafen Woldemar von Brandenburg, wird gefangen genommen und muss im Vertrag von Tangermünde auf die Niederlausitz, die nördliche Mark Landsberg und große Teile der Mark Meißen verzichten.

1314
Das Bedeverzeichnis für die Vogtei Torgau, das älteste erhaltene dieser Art, verzeichnet die Einnahme dieser außerordentlichen Abgabe, einer Vorform späterer Steuern.
  Albrecht (der Entartete) stirbt in Erfurt.

1317
Im Frieden von Magdeburg gewinnt Friedrich (der Freidige) die verlorenen Gebiete der Markgrafschaft Meißen von den Askaniern zurück.

1318
Markgraf Woldemar von Brandenburg, Herr der Oberlausitz, erobert die Stadt Kamenz und unterstellt die bisher selbstständige Herrschaft Kamenz seiner Landeshoheit.
  Die Stadt Freiberg erhält das wichtige Stapelrecht für den dortigen Handelsweg nach Böhmen.

1319
Nach dem Aussterben der askanischen Markgrafen von Brandenburg fallen das Land Bautzen an König Johann von Böhmen und das Land Görlitz an Herzog Heinrich I. von Schlesien-Jauer.

1320
Von einer Judenschule an der Elbe zu Meißen werden Zinsen an die Dekanatsvikarie gegeben.

1323
Markgraf Friedrich I. (der Freidige) stirbt und hinterlässt die gesamte wettinische Herrschaft dem minderjährigen Sohn Friedrich II. (dem Ernsthaften).
  Durch die Eheschließung Friedrichs (des Ernsthaften) mit Mechthild, der Tochter Kaiser Ludwigs, gelingt den Wettinern die wichtige Annäherung an Kaiser und Reich.
  Eroberung der Burg Schellenberg durch die Wettiner und reichsländische Herren; die Herren von Schellenberg verlieren ihre Stammherrschaft.

1324
Kaiser Ludwig verpfändet das Reichsland Pleißen, faktisch die Städte Altenburg, Chemnitz und Zwickau, an die Wettiner, die auch die Lehnshoheit über die Reichsburggrafschaft Altenburg erhalten.

1327
Der Vogt Heinrich der Lange von Plauen trägt seine Herrschaft dem König von Böhmen zu Lehen auf.
  Nach dem Tod des letzten Altenburger Burggrafen (1327 oder 1328) fallen die zum Altenburger Burggrafenamt gehörenden Rechte und Einkommen an die Wettiner, die restlichen Familienbesitzungen mit Rochsburg und Penig an die Burggrafen von Leisnig.

1329
Kaiser Ludwig bestätigt die Reichsunmittelbarkeit der Lehen der Vögte von Weida, Gera und Plauen.

Kaiser Ludwig unterstellt die Reichsburggrafschaften Leisnig und Dohna der Lehnshoheit der Wettiner.

Herzog Heinrich I. von Schlesien-Jauer tritt das Land Görlitz (ohne Lauban) an König Johann von Böhmen ab.

1335
Zu Leipzig wird eine Judenburg erwähnt. Die dort ansässigen Juden gehören wohl zur jüdischen Gemeinde Halle.

1338
Beginn der wettinischen Groschenprägung, mit der die ältere, zeitlich und räumlich beschränkte, Brakteatenwährung abgelöst wird.

1339
Die Stadt Görlitz erhält das Stapelrecht für das Blaufärbemittel Waid und entwickelt sich zum mitteleuropäischen Handelszentrum.

1342–1346
In der Thüringer Grafenfehde erheben sich dortige Grafen- und Herrengeschlechter gegen den wettinischen Land- und Markgrafen Friedrich II. (den Ernsthaften), der sich behaupten kann.

1346
Bautzen, Görlitz, Kamenz, Löbau, Lauban und Zittau gründen den Oberlausitzer Sechsstädtebund, der für 200 Jahre die politische Landschaft der Oberlausitz bestimmen wird.

Die Verschriftlichung des jüngeren Freiberger Bergrechts (Bergrecht B) beginnt.

1347
Markgraf Friedrich (der Ernsthafte) kann die nördlichen Teile der ehemaligen Markgrafschaft Landsberg erwerben und der wettinischen Herrschaft wieder angliedern.

1348
Im Vertrag von Bautzen nähert sich Landgraf Friedrich (der Ernsthafte) dem neuen König Karl IV. an; die Vertragspartner bestätigen sich ihre Besitzungen gegenseitig.

1349
Die Pest wütet erstmals in Mitteldeutschland und dezimiert vor allem die Stadtbevölkerungen in drastischem Ausmaß.

Markgraf Friedrich (der Ernsthafte) befiehlt, die Juden aus dem Land zu vertreiben.

Markgraf Friedrich II. (der Ernsthafte) stirbt. Die Herrschaft übernimmt vormundschaftlich für die jüngeren Brüder der älteste: Friedrich III. (der Strenge).

1349/50
Im Zuge der Lehnsmutung beim Herrschaftsantritt entsteht unter Regie des Kanzlers Konrad von Wallhausen das Lehnbuch Friedrichs (des Strengen), die erste landesweite serielle Besitzaufzeichnung der Wettiner.

Judenverfolgungen und Judenpogrome in der Markgrafschaft Meißen. Hinweise auf konkrete Verfolgung gibt es aus Meißen, Borna, Leipzig und Oschatz.

1351
Im Vertrag von Gotha einigen sich die wettinischen Brüder, das Land bis 1365 nicht zu teilen.

1353
Die Wettiner erhalten die Pfandherrschaft über die Niederlausitz.

Durch seine Ehe mit Katharina von Henneberg erbt Landgraf Friedrich (der Strenge) die Herrschaft Coburg und begründet die wettinische Herrschaft in Franken.

1354–1359
Vogtländische Kriege: Wettiner und König Karl IV. gehen gemeinsam gegen die Vögte von Weida, Gera und Plauen vor. Die Vögte verlieren wesentliche Teile ihrer Herrschaften, büßen ihre regionale Dominanz ein und müssen die böhmische bzw. wettinische Lehnshoheit anerkennen.

1356
Auf Betreiben Kaiser Karls IV. wird das Bistum Meißen von Magdeburg gelöst und der Erzdiözese Prag zugeordnet.

1357
Die Stadt Chemnitz erhält das Bleichmonopol für Leinwand.

1359/1363
Die Stadt Leipzig erwirbt den Durchgangzoll (1359) und den Marktzoll (1363) und festigt ihre städtische und wirtschaftliche Selbstständigkeit.

1361
Kaiser Karl IV. verleiht der Stadt Plauen das Privileg einer königlich-böhmischen Stadt und bekräftig damit die Zugehörigkeit der Herrschaft Plauen zu Böhmen.

1363
Die europäische Krise des Silberbergbaus erreicht das Erzgebirge: Landgraf Friedrich III. (der Strenge) schreibt von »Gebrechen und Krankheit unserer Gebirge«.

1364/1367
Kaiser Karl IV. löst die Niederlausitz über Bolko von Schweidnitz aus dem wettinischen Besitz wieder aus (1364) und nimmt sie direkt in Besitz (1367).

1364–1368
Schutzbriefe der wettinischen Land- und Markgrafen für Juden u. a. in Leipzig, Altenburg und Weißenfels (1364); Juden sind auch in Leisnig (1365), Borna (1366) und Dresden (1368) nachweisbar.

1365
Beginn der gemeinsamen brüderlichen Herrschaft der Wettiner Friedrich, Balthasar und Wilhelm.

Der Wettiner Wilhelm (der Einäugige) belagert die Burg Leisnig. Die dortigen Burggrafen müssen ihre Stammherrschaft an die Wettiner verkaufen und ziehen sich auf ihre Besitzungen um Penig, Rochsburg und Mutzschen zurück.

1367
Heinrich von Plauen verkauft Reichenbach an Böhmen und nimmt Treuen als böhmisches Lehen an.

Kaiser Karl IV. erwirbt für seinen Sohn Wenzel Burg und Stadt Stollberg von den Herren von Schönburg.

Johann von Waldenburg lässt seine bislang reichsunmittelbare Herrschaft Waldenburg an Böhmen auf.

Mit einem Handwerkeraufstand beginnen die innerstädtischen Auseinandersetzungen in der Stadt Zittau.

1367/68
Bolko von Schweidnitz kauft die Herrschaft Strehla (1367), die dann (1368) direkt an Kaiser Karl IV. fällt.

1368
Thimo von Colditz trägt seine bislang reichsunmittelbare Herrschaft Colditz an Böhmen zu Lehen auf.

Ein wettinischer Hausvertrag regelt die gemeinschaftliche Herrschaft zwischen Friedrich, Balthasar und Wilhelm für die folgenden drei Jahre.

1369
Mit einem Handwerkeraufstand beginnen die innerstädtischen Auseinandersetzungen in der Stadt Görlitz, die 1390 und 1405 zu weiteren Aufständen führen.

1370–1372
Die Wettiner schließen sich der von Wittelsbachern und Welfen getragenen Opposition gegen Kaiser Karl IV. an.

1371
Beginn der alternierenden Vormundschaftsregierung der wettinischen Brüder: Erster Vormund bis November 1373 wird Balthasar, dann bis 1375 Wilhelm (der Einäugige) und bis 1377 Friedrich (der Strenge).

1372
Mit dem Registrum litterarum entsteht eine erste registerartige Aufzeichnung über insgesamt 46 im wettinischen Archiv befindliche Urkunden.

Im Frieden von Prag schließen die Wettiner einen Ausgleich mit Kaiser Karl IV.

1376
Auf Betreiben Kaiser Karls IV. wird Johann von Jenstein Bischof von Meißen, wo er bis 1378 amtiert.

Friedrich III., Balthasar und Wilhelm I. bestätigen, dass ihnen Adel, Geistlichkeit und Bürger im Gericht Meißen eine außerordentliche Bede gestattet haben – ein wichtiger Schritt zur generellen Formierung der Stände in den wettinischen Herrschaften.

1377
Johann, nachrangiger Sohn Kaiser Karls IV., erhält das zum Herzogtum aufgewertete Land Görlitz als erbliche Ausstattung. Nach dem frühen Tod Herzog Johanns fällt Görlitz 1396 wieder unmittelbar an die böhmische Krone zurück.

1378
Im Registrum Dominorum Marchionum Missnensium erfasst die wettinische Kanzlei erstmals seriell alle Rechte und Einkommen in den wettinischen Ämtern.

1379
Auf der Basis des Registrums von 1378 teilen die wettinischen Brüder in der Neustädter Örterung für drei Jahre die Nutzung ihrer Länder, üben aber wichtige Herrschaftsrechte weiter gemeinsam aus.

1380
Die Stadt Rochlitz erhält (nach Chemnitz) ein zweites Bleichmonopol für die wettinisch-meißnische Herrschaft.

1381
Landgraf Friedrich III. (der Strenge) stirbt.

1382
Chemnitzer Teilung: Landgraf Balthasar erhält den thüringischen Landesteil, die Söhne Friedrichs (des Strengen) den mittleren Landesteil mit Altenburg und Leipzig, Markgraf Wilhelm (der Einäugige) den meißnischen Landesteil. Bergwerke und Münze zu Freiberg bleiben Gemeinbesitz.

1384
Die Markgrafen von Meißen kaufen den Stollen zur Reichen Zeche (= alter tiefer Fürstenstollen) von den Gewerken frei und treiben den Fortgang des Bergbau-Erschließungsprojekts auf eigene Kosten voran.

1385
Markgraf Wilhelm I. lässt sich von allen seinen Ständen in der Markgrafschaft Meißen eine außerordentliche Bede (»erbetene« Abgabe) bestätigen – erstmals formieren sich hier die Stände der gesamten Markgrafschaft zur Steuerbewilligung.

Mit einer Schlägerei auf dem Dresdner Adelstanz und einem Überfall der Herren von Körbitz auf die Burg Dohna beginnt die Dohnaer Fehde.

1386
Für das Schneiderhandwerk ist die älteste Leipziger Zunftordnung überliefert.

1389
In der Stadt Bautzen kommt es zu innerstädtischen Auseinandersetzungen zwischen Handwerkerzünften und Patriziern.

1393
Markgraf Wilhelm I. (der Einäugige) überweist den Salzhandel in der Markgrafschaft an die Stadt Chemnitz.

Mit Zunftkämpfen beginnen die innerstädtischen Auseinandersetzungen in Dresden und in Chemnitz.

1394/1402
Markgraf Wilhelm I. (der Einäugige) erpfändet (1394) und erkauft schließlich (1402) die Herrschaft Eilenburg von den Herren von Colditz.

1397
Markgraf Wilhelm I. (der Einäugige) erpfändet die Herrschaft Mühlberg-Strehla von Böhmen und erwirbt die Hälfte von Haus und Stadt Düben von Bodo von Ileburg.

1398
Markgraf Wilhelm I. (der Einäugige) kauft Riesenburg, Ossegg und Dux für 40.000 Mark Silber.

1399
Markgraf Wilhelm I. (der Einäugige) erreicht die faktische Exemtion des Bistums Meißen.

Die Kurie erlaubt den Wettinern die Besetzung von vier Meißner Domherrenstellen.

1400
Erste Erwähnung der Freiberger Knappschaft und Zeugnis einer genossenschaftlichen Organisation der Bergleute.

1401/02
Eskalation der Dohnaer Fehde: Die Burggrafen Otto Mul und Jan von Dohna fallen in Gefechten (1401). Markgraf Wilhelm I.

(der Einäugige) beginnt die Belagerung der Burg Dohna, die 1402 fällt. Die meißnischen Besitzungen der Dohnaer Burggrafen werden von den Wettinern eingezogen.

1404
Markgraf Wilhelm I. (der Einäugige) kauft die Stadt Colditz.

1404/05
Markgraf Wilhelm I. (der Einäugige) erpfändet die Stadt Pirna von König Wenzel (1404) und erreicht einen Ausgleich mit dem ehemaligen Pfandherrn Jan von Wartenberg (1405); Pirna kommt nun dauerhaft an Meißen/Sachsen.

1405
Der Aufstand der Zünfte in Bautzen wird niedergeworfen.

1407
Markgraf Wilhelm I. (der Einäugige) stirbt und wird als erster Wettiner im Dom zu Meißen bestattet. Die osterländischen Neffen Friedrich IV. (der Streitbare) und Wilhelm II. (der Reiche) beanspruchen das Erbe allein.

Nach einem Aufstand der Stadt Zwickau werden vier Zwickauer Ratsherren nach Meißen vor die jungen Markgrafen zitiert, verurteilt und hingerichtet.

1409
Die aus der Prager Universität ausgezogenen Professoren und Studenten siedeln sich in Leipzig an: Gründung der Universität Leipzig.

1410
Im Vertrag von Naumburg einigen sich die wettinischen Vettern über das Erbe Markgraf Wilhelms I. (des Einäugigen): Friedrich IV. (der Streitbare) und Wilhelm II. (der Reiche) erhalten die Ämter westlich, Landgraf Friedrich V. (der Friedfertige) die Ämter östlich der Elbe mit der Stadt Dresden.

1410/11
Schatzung der Juden in Meißen und Thüringen.

1411
In einer vierjährigen Mutschierung (Nutzungsteilung) zwischen den Brüdern Friedrich (der Streitbare) und Wilhelm (der Reiche) erhält Friedrich den meißnischen Landesteil mit Leipzig, Wilhelm vor allem osterländische und pleißenländische Gebiete mit Altenburg.

1412
Wettinischer Schutzbrief für Juden in Zwickau und Oelsnitz.

Der mit utraquistischen Anschauungen hervortretende Peter von Dresden wird aus der Markgrafschaft Meißen vertrieben.

1415
Auf der Grundlage der Mutschierung von 1411 wird die Herrschaft zwischen den Brüdern Friedrich (der Streitbare) und Wilhelm (der Reiche) in Verwaltungsdistrikte geteilt, ohne dass eine formelle Landesteilung stattfindet.

1418
Nach einer Steuerliste zur Erhebung des dritten Pfennigs leben Juden in Eilenburg, Leipzig, Pegau, Altenburg, Zwickau, Grimma, Großenhain und Dresden.

1420/21
Mit der Meißner Fürstenchronik »De origine principum marchionum Misnensium et lantgraviorum Thuringie« verfasst der Naumburger Dompropst Johannes Tylich erstmals eine umfassende Darstellung über das Herkommen des wettinischen Geschlechts und dessen Geschichte.

1421
Markgraf Friedrich IV. (der Streitbare) besiegt ein Aufgebot der Hussiten und entsetzt die belagerte Stadt Brüx.

Die Wettiner erhalten die päpstliche Erlaubnis zur Besetzung von drei weiteren Domherrenstellen zu Meißen.

1423
6. Januar König Siegmund belehnt Friedrich IV. (den Streitbaren) mit dem frei gewordenen Herzogtum Sachsen-Wittenberg und damit mit der sächsischen Kurwürde.
Die Städte Chemnitz, Meißen, Döbeln, Leisnig und Mittweida erwerben die Hochgerichtsbarkeit.

1424
Hussitische Truppen plündern in der Oberlausitz.

1425
Herzog Wilhelm II. (der Reiche) stirbt kinderlos und lässt sich in Altenburg bestatten.

1426
Das durch Kontingente der Oberlausitz verstärkte meißnisch-thüringische Heer wird bei Aussig von den Hussiten vernichtend geschlagen.

Burggraf Heinrich II. von Meißen fällt bei Aussig ohne Nachkommen. Die Wettiner beanspruchen und besetzen die Meißner Burggrafschaft, König Siegmund belehnt dagegen den böhmischen Lehnsmann und Reichshofrichter Heinrich von Plauen mit dem Burggrafenamt

1428
Kurfürst Friedrich I. (der Streitbare) stirbt und wird in der neuen Fürstenkapelle am Meißner Dom bestattet. Die Nachfolge treten seine Söhne Kurfürst Friedrich II. (der Sanftmütige), Herzog Sigismund und Herzog Wilhelm III. (der Tapfere) in gemeinsamer Herrschaft zunächst unter Vormundschaft von Friedrich II. an.

1429
Einfall der Hussiten, die Pirna, Meißen, Großenhain, Bautzen und Görlitz belagern.

1430
Die Hussiten erobern Altenburg und Plauen, Zwickau kann sich behaupten.

1432
Kurfürst Friedrich II. (der Sanftmütige) schließt einen Waffenstillstand mit den radikalen Hussiten.

1434
Die Stadt Leipzig erwirbt das Hochgericht.

1436
In einer Örterung (Zuweisung von Sondernutzungen) erhalten die wettinischen Brüder Friedrich, Sigismund und Wilhelm jeweils eigene Herrschaftsbezirke.

1437
Der Wettiner Sigismund tritt in den geistlichen Stand und scheidet aus der wettinischen Erbfolge aus.

Die Schutzbriefe für Juden in der Markgrafschaft Meißen und dem Osterland werden letztmalig durch die Wettiner bestätigt.

1438
Die sächsischen Stände bewilligen zu Leipzig eine Bede und erhalten das Recht, sich künftig selbst einzuberufen und die Steuergelder selbst zu verwalten – Beginn der institutionalisierten ständischen Herrschaftsteilhabe und der landständischen Verfassung in Sachsen!

Kurfürst Friedrich II. (der Sanftmütige) siegt bei Brüx über ein Hussitenheer.

1438/39
Im Streit um die Nachfolge der Meißner Burggrafschaft besetzen die Wettiner Frauenstein und Plauen (1438). König Albrecht II. entscheidet die Auseinandersetzungen im Spruch von Pressburg (1439): Die Herren von Plauen erhalten allein den burggräflichen Titel, alle Rechte und Einkommen fallen an die Wettiner.

1440
Landgraf Friedrich V. (der Friedfertige) stirbt ohne Erben. Seine Thüringer Herrschaft fällt an Kurfürst Friedrich II. und Herzog Wilhelm III.

1443
Die Wettiner erwerben die bisher böhmische Herrschaft Hohnstein in der Sächsischen Schweiz.

1445
Altenburger Teilung: Kurfürst Friedrich II. (der Sanftmütige) erhält den östlichen, meißnischen Landesteil mit dem Osterland um Leipzig und Altenburg, Herzog Wilhelm III. (der Tapfere) den westlichen thüringischen Landesteil mit Naumburg und Weida.

1446
Beginn des Bruderkriegs zwischen den Wettinern. Zahlreiche Fehden verheeren das Land.

1450
Truppen Herzog Wilhelms III. (des Tapferen) erobern mit Unterstützung böhmischer Söldner die Stadt Gera und brennen sie nieder.

1451
Im Frieden von Naumburg beenden die Wettiner ihre Auseinandersetzungen und kehren zum Zustand von 1446 zurück.

Kurfürst Friedrich II. (der Sanftmütige) erwirbt die Herrschaft Wildenstein (Sächsische Schweiz) sowie die Herrschaften Hoyerswerda und Senftenberg.

1453
Die Juden in Rochlitz und Brüx werden ausgewiesen.

1455
Altenburger Prinzenraub: Kunz von Kaufungen entführt die minderjährigen Söhne Kurfürst Friedrichs, Ernst und Albrecht. Die Flucht der Entführer nach Böhmen scheitert, die Prinzen werden befreit, Kunz von Kaufungen in Freiberg mit dem Schwert hingerichtet.

Die Stadt Dresden erhält das Stapelrecht für den Elbhandel und konkurriert nun mit Pirna.

1456
Unter Regie des Kanzlers Georg von Haugwitz erfolgt eine Reform der wettinischen Finanzen: Das bisher bestehende Anweisungssystem wird beseitigt.

1458
Kurfürst Friedrich II. (der Sanftmütige) verleiht der Stadt Leipzig einen dritten Markt, den Neujahrsmarkt.

1459
April Vertrag von Eger und damit Ausgleich zwischen Sachsen und Böhmen.
November Doppelhochzeit zwischen den Wettinern und dem böhmischen Königshaus Podiebrads.

1464
Tod Kurfürst Friedrichs II. (des Sanftmütigen). Die Söhne Ernst und Albrecht übernehmen die Herrschaft gemeinsam, aber unter dem herrschaftlichen Majorat des älteren Ernst, der neuer Kurfürst wird.

1466
Die Burggrafen Heinrich II. und Heinrich III. von Plauen verlieren ihre Herrschaft Plauen vor dem böhmischen Landgericht. Die militärische Exekution wird durch die Wettiner durchgeführt, die die Herrschaft Plauen als böhmisches Lehen erhalten.

1469/70
Finanzreform des Johann von Mergenthal: Einrichtung des für Kasse und Finanzen zuständigen Amtes eines Landrentmeisters.

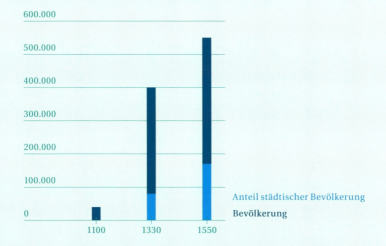

Bevölkerungswachstum und Anteil städtischer und bäuerlicher Bevölkerung

Die Entfaltung wettinischer Macht seit 1350
und die Chemnitzer Teilung von 1382

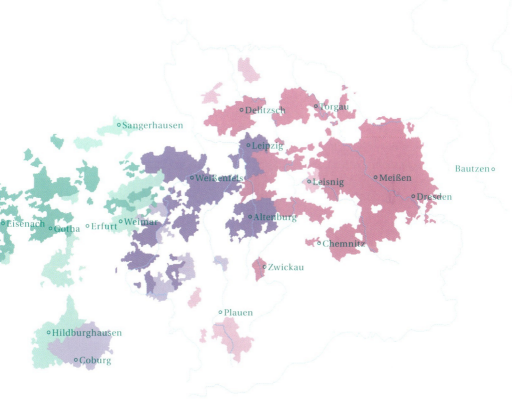

Besitzungen Landgraf Balthasars von Thüringen ab 1382
Erwerbungen bis 1349   Zugewinne ab 1350

Besitzungen der Söhne Markgraf Friedrichs III. von Meißen ab 1382
Erwerbungen bis 1349   Zugewinne ab 1350

Besitzungen Markgraf Wilhelms I. von Meißen
Erwerbungen bis 1349   Zugewinne ab 1350

Seit der Mitte des 14. Jahrhunderts gelangen den Wettinern erhebliche Herrschaftsgewinne. 1382 wurde die Gesamtherrschaft zunächst in drei selbstständige Herrschaften geteilt.

Wettinisches Familienmanagement

Jede fürstliche Dynastie des späten Mittelalters lavierte zwischen den beiden großen dynastischen Grundgefahren: der Gefahr des Aussterbens einerseits und der bis zur herrschaftlichen Bedeutungslosigkeit fortgesetzten Herrschaftsteilung andererseits. So erbten zum Jahre 1221 Heinrich (der Erlauchte) und 1323 Friedrich (der Ernsthafte) die damaligen wettinischen Gesamtherrschaften allein, doch waren beide Wettiner jeweils einzige Stammhalter und minderjährig, die dynastische Existenz stand »auf zwei Augen«. Gab es mehrere Nachkommen wie beim Tod Markgraf Konrads 1157, Heinrichs (des Erlauchten) 1288 oder Friedrichs (des Ernsthaften) 1349 musste die Herrschaftsteilhabe zwischen den Erbberechtigten geregelt werden – eine ständige Quelle für Konflikte, die auch gewaltsam eskalierten wie in den Erbfolge-Fehden am Ende des 12. Jahrhunderts, nach 1288 und am verheerendsten im »Bruderkrieg« zwischen 1446 und 1451. Die sich in jeder Generation wiederholenden Erbkonflikte trugen aber auch zur mentalen Formierung der Wettiner als »Dynastie« bei.

Traditionell besaßen alle legitimen männlichen Nachkommen, die keine geistliche Laufbahn einschlugen, Anspruch auf eine standesgemäße herrschaftliche Ausstattung aus dem väterlichen Erbe, das also, oft nach väterlichem Entscheid, geteilt wurde. Festzuhalten ist, dass es sich bei den zahlreichen wettinischen Teilungen des Mittelalters um keine »Landes«-Teilungen handelte. Die Wettiner hielten verschiedene Herrschaftsrechte und Herrschaftsgebiete in ihren Händen. Über die Jahrhunderte hinweg war diese wettinische Herrschaftsmasse andauernd in Bewegung geblieben. Die wettinische Hoheit bildete die einzige Klammer für dieses herrschaftliche Konglomerat zwischen Werra und Elbe. Eine integrierende wettinische Landesidentität entwickelte sich erst im 15. Jahrhundert. Die Wettiner teilten also, zumindest vor 1485, keine Länder, sondern sie verteilten Herrschaft(en) innerhalb der Gesamtfamilie.

Im hohen Mittelalter erschien die familiäre Herrschaftsteilung noch alternativlos und führte zügig zur Bildung eigenständiger, sich dynastisch verselbstständigender Familienzweige. Mit dem 14. Jahrhundert fasste der Gedanke einer politisch dominanten familiären Gesamtherrschaft stärker Fuß. Herrschaftsteilungen verstanden auch die Wettiner im Grunde als eine Schwächung ihrer Stellung im Reich. Deshalb suchte man nach alternativen Formen gemeinsamer Herrschaft – eine neue Herausforderung für das dynastische Management. Immerhin regierten die Söhne Friedrichs (des Ernsthaften) nach 1349 über 30 Jahre gemeinsam bzw. unter wechselnder Vormundschaft: trotz fortdauernder brüderlicher Konflikte eine herrschaftlich außerordentlich erfolgreiche Periode, ebenso wie das brüderliche Regiment von Ernst und Albrecht zwischen 1464 und 1485. Dennoch machte die gedeihliche generative Entwicklung der Familie immer wieder förmliche Herrschaftsteilungen notwendig: 1382, 1410, 1445 und 1485, sodass die wettinischen Gesamtlande zwischen 1382 und 1485 nur für acht Jahre unter einheitlicher Herrschaft standen. Nach der Leipziger Teilung von 1485 versuchten beide wettinische Linien, weitere Teilungen zunächst zu vermeiden. Für das albertinische Herzogtum schuf Albrecht der Beherzte 1499 mit seiner Väterlichen Ordnung eine erbrechtliche Vorlage, die im Laufe des 16. Jahrhunderts zur faktischen Primogenitur, d. h. zum Vorrecht des Erstgeborenen auf die herrschaftliche Hauptmasse, führte.

Die Wettiner vom 14. bis zur Mitte des 16. Jahrhunderts
[reduzierte Darstellung]

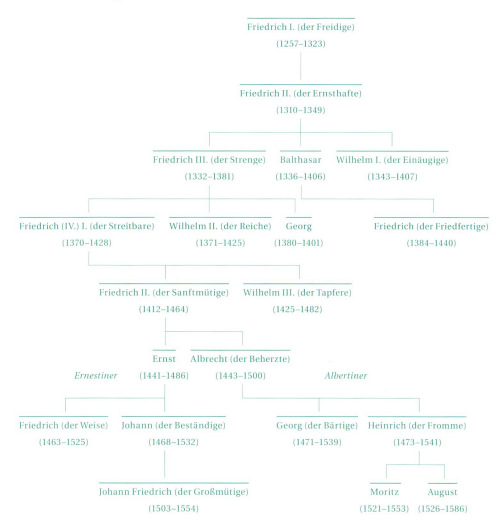

Kurwürde, Landesname, Identität

Nach einer bemerkenswerten Reihe von Unglücks- und Todesfällen war das askanische Haus der Kurfürsten von Sachsen(-Wittenberg) im November 1422 überraschend erloschen. Im sofort einsetzenden Ringen um Herzogtum und Kurwürde siegten letztlich die Wettiner, die von König Siegmund zum 6. Januar 1423 mit dem Kurfürstentum Sachsen belehnt wurden. Auch wenn sich die Auseinandersetzungen mit dem hartnäckigsten Konkurrenten, Herzog Erich von Sachsen-Lauenburg, noch Jahrzehnte hinziehen sollten und der Wettiner Friedrich der Streitbare erst im Sommer 1425 die förmliche Belehnung durch den König in Ungarn erlangen konnte, erscheint das Jahr 1423 als Zäsur für die Geschichte von Land und Dynastie der Wettiner gleichermaßen.

Durch den kontinuierlichen Ausbau ihrer Landesherrschaft hatten sich die Wettiner schon im späten 14. Jahrhundert unter den bedeutenderen Reichsfürstengeschlechtern etabliert. Mit der Übertragung der sächsischen Kurwürde war nun ein weiterer formeller Aufstieg verbunden, der die Wettiner in den zahlenmäßig begrenzten Kreis der sieben Kurfürsten und damit in die höchste ständische Elite des Reiches führte. Als Kurfürsten und Herzöge von Sachsen sollten die Wettiner nun im 15. Jahrhundert, nächst den Habsburgern, zu den mächtigsten Reichsfürsten überhaupt aufsteigen.

Von der Verleihung der sächsischen Kurwürde gingen aber auch wichtige integrative Impulse für das heutige Sachsen aus: Als nunmehr höchste Würde trat das Herzogtum Sachsen seit 1423 an erste Stelle der wettinischen Selbstdarstellung und Repräsentation – als Titel in Urkunden, auf Wappen und Siegeln. Ausgehend von der verkürzten Titulatur bürgerte sich nach 1423 der Name Sachsen als Oberbegriff, als neues Label für alle wettinischen Herrschaften ein und verdrängte ältere Herrschaftsnamen wie Meißen, Pleißenland und Osterland. Die seit der Münzreform von 1465 wiedererstarkte wettinische Groschenwährung, die als »sächsische Groschen« weite Verbreitung fand, beschleunigte diese Entwicklung weiter. Die Wettiner haben die Namensübertragung befördert und rückten etwa nach 1438 für die Landesuniversität Leipzig die sächsische Nation an die Spitze der Matrikel. Bis zum Ende des 15. Jahrhunderts setzte sich der Name Sachsen für den mitteldeutschen Raum dann weitgehend durch.

Von der Namensübertragung gingen homogenisierende Impulse für die Landesidentität aus. Noch um 1400 formierte sich Mitteldeutschland unter der wettinischen Oberhoheit als eine Zusammenballung verschiedener älterer Herrschaftseinheiten, unter denen die Markgrafschaft Meißen und die Landgrafschaft Thüringen an erster Stelle, aber auch das Pleißen- und das Osterland hervorstachen. Dort bestanden durchaus eigene »Landesidentitäten« und ein eigenes Ständebewusstsein. Die wettinische Gesamtherrschaft bildete also nur eine territoriale Klammer, die noch mit gemeinsamer Identität gefüllt werden musste. Das neue Label Sachsen erwies sich hierbei als integrationsfördernd und trug erheblich zum Ausgleich zwischen den bislang konkurrierenden Regionalidentitäten bei, der durch den wirtschaftlichen und kulturellen Aufstieg der Region am Ende des 15. Jahrhunderts einen weiteren wichtigen Schub erhielt. Erst die identifikatorische Neuorientierung der Ernestiner nach 1547 auf Thüringen führte zur tendenziellen Begrenzung des Namens und der Identität Sachsens auf das albertinische Kurfürstentum.

Friedrich I. der Streitbare, erster sächsischer Kurfürst aus dem Haus Wettin. Kolorierter Kupferstich aus Johann Agricola: »Bildnisse der Churfürsten von Sachsen von Friedrich dem Streitbaren an bis auf August mit deutschen Reimen«, [Wittenberg] 1563

Aufbruch zur Neuzeit 1470–1555
Berggeschrei, Reformation, früher Staat

Vom zweiten großen Berggeschrei, das 1469/70 mit den Silberfunden an Pöhlberg und Schneeberg einsetzte, gingen grundlegende Wandlungen und gesamtgesellschaftliche Entwicklungsimpulse für Sachsen aus. Die gewaltigen Silberentdeckungen und die verarbeitenden Nachfolgeindustrien zogen Menschen und Kapital in die Region. Aus dem Nichts wuchsen einwohnerstarke Bergstädte wie Annaberg, Schneeberg und Marienberg und verschoben die wirtschaftlichen Gewichte. Aber auch die beiden späteren größten und bedeutendsten Städte des Landes erhielten jetzt entscheidende Prägungen: Leipzig als Handels- und Buchdrucker- sowie Dresden als Residenzstadt. Mitte des 16. Jahrhunderts gehörte Sachsen mit seiner hohen Städtedichte zu den bevölkerungsreichsten und am dichtesten besiedelten Regionen: Fast ein Drittel der Einwohner lebte in bürgerlichen Kommunen, doppelt so viele wie im Durchschnitt des Reiches. Durch Bergbau und Verstädterung wuchsen das allgemeine Bildungsniveau und die Alphabetisierungsquote erheblich an und beförderten einen effizienten Verwaltungsausbau, wissenschaftlich-technische Innovationen und unternehmerisches Engagement. Von Investitionen im Bergbau profitierten Adel, Kirche und Bürger im ganzen Land. Aufschwung und Wohlstand schlugen sich nicht zuletzt in intensiver Bautätigkeit nieder: In der von Arnold von Westfalen entwickelten spätgotischen Stilistik wurden Burgen und Schlösser, Kirchen und Rathäuser erbaut oder erneuert. Durch das Silber sah sich auch die wettinische Landesherrschaft auf neue Grundlagen gestellt. Mit den Haushaltsüberschüssen wurden alte Schulden abgetragen, Pfänder ausgelöst, großartige Residenzbauten errichtet und wenig später die Reichskriege Herzog Albrechts des Beherzten und das vergebliche Engagement in Friesland bezahlt; die

Wettiner gehörten jetzt zu den finanziellen Großmächten des Reiches. Dies verlieh ihnen auch herrschaftliche Gestaltungskraft: Mit der Zurückdrängung des Fehdewesens beanspruchten die Wettiner faktisch ein Gewaltmonopol, die Verwaltung wurde bis Mitte des 16. Jahrhunderts zügig ausgebaut, allgemeine Steuern eingeführt, die Regierungspraxis professionalisiert, Landesordnungen erlassen und das Verhältnis zu den Ständen geregelt: Aus der mittelalterlichen Landesherrschaft erwuchs frühe Staatlichkeit.

Als dauerhaft sollte sich die Landesteilung von 1485 mit der dynastischen Aufspaltung in Albertiner und Ernestiner erweisen. Infolge der eigenwilligen Teilungsmodalitäten gehörte ein knappes Drittel des heutigen Sachsens den ernestinischen Kurfürsten, der größere Teil mit den Städten Dresden und Leipzig den albertinischen Herzögen. Das erwies sich für die lutherische Reformation als folgenreich. Während die Ernestiner Luther stützten und die Reformation seit 1526 umsetzten, blieb der albertinische Herzog Georg ein erbitterter Gegner Luthers und bekämpfte reformatorische Tendenzen rigoros. Erst nach Georgs Tod 1539 ebnete sein Bruder Herzog Heinrich der Reformation den Weg, die nicht nur die Formen der Frömmigkeit wandeln, sondern auch die kirchlichen Strukturen des Landes grundlegend verändern sollte. 1547 siegte Heinrichs Sohn, Herzog Moritz, an der Seite des Kaiser gegen den Schmalkaldischen Bund und gegen seinen ernestinischen Cousin. Moritz erhielt die sächsische Kurwürde sowie große Teile der ernestinischen Gebiete und schuf damit jene herrschaftlich-territorialen Strukturen, in denen sich das neu konfigurierte Kurfürstentum Sachsen in den folgenden beiden Jahrhunderten als eines der mächtigsten Fürstentümer des Reiches behaupten sollte.

1470/71
Mit sensationellen Siberfunden am Schneeberg beginnt das zweite sächsische Berggeschrei.

1471
Herzog Albrecht (der Beherzte) führt ein sächsisches Heeresaufgebot nach Prag, um die dortige Königswahl abzusichern. Mögliche eigene Ambitionen des Wettiners auf die böhmische Krone scheitern.

Beginn des Baus der Albrechtsburg Meißen.

1472
Ankauf des schlesischen Herzogtums Sagan durch die Wettiner.

Die Städte Meißen und Freiberg beginnen mit dem Bau von Rathäusern.

1474
Beginn des Baus von Schloss Hartenfels zu Torgau.

1474/75
Im Zuge der Reichskampagne gegen Herzog Karl von Burgund führt Herzog Albrecht (der Beherzte) ein sächsisches Heeresaufgebot an den Niederrhein.

1477
Die niederlausitzischen Herrschaften Beeskow, Storkow und Sorau werden durch die Wettiner erpfändet.

1481
Die Stadt Schneeberg erhält das Stadtrecht und wird als freie Bergstadt privilegiert.

Die Wettiner erhalten das päpstliche Privileg zur Besetzung fünf weiterer Domherrenstellen in Meißen.

1481/1483
Der Wanderdrucker Marcus Brandis druckt das erste Buch in Leipzig mit beweglichen Lettern (1481). Einrichtung einer ersten Leipziger Buchdruckerei durch Konrad Kachelofen (1483?).

1482
Die Wettiner Ernst und Albrecht erlassen eine erste Landesordnung für das Kurfürstentum Sachsen.

Nach dem Tod Herzog Wilhelms III. (des Tapferen) erben die Wettiner Ernst und Albrecht auch den thüringischen Landesteil.

1483
Das Oberhofgericht Leipzig wird als oberste juristische Spruchbehörde der wettinischen Herrschaften eingerichtet.

Herzog Albrecht (der Beherzte) erhält die Anwartschaft auf die Herzogtümer Jülich und Berg.

In Schneeberg wird eine Münzstätte eingerichtet.

1484
Die Stadt Dresden erwirbt das Hochgericht.

1485
Leipziger Teilung zwischen den Brüdern Ernst und Albrecht: Die Landesteile orientieren sich nicht an den gewachsenen herrschaftlichen Strukturen; die Silberförderung um Schneeberg sowie die Herrschaften in der Niederlausitz und in Schlesien bleiben in gemeinsamem Besitz.

1486
Kurfürst Ernst stirbt nach einem Jagdunfall. In der gemeinschaftlichen Regierung seiner Söhne Friedrich (der Weise) und Johann

(der Beständige) kommen dem älteren Friedrich herrschaftliches Majorat und Kurwürde zu.

1487
Herzog Albrecht (der Beherzte) kämpft als Reichsfeldherr gegen König Matthias Corvinus von Ungarn in Niederösterreich.

1487/88
Finanzreform unter Jacob Blasbalg: Im albertinischen Herzogtum wird eine zentrale Kasse eingerichtet, d. h. die Kassen der Kammer und des Schneeberger Zehntners zusammengeführt.

1488
Herzog Albrecht (der Beherzte) nimmt am Reichsfeldzug gegen die Stadt Brügge teil und wird im Dezember zum Generalstatthalter in den Niederlanden ernannt, wo er in den kommenden Jahren für die Habsburger um deren Herrschaftsdurchsetzung in der Region ringt.

um 1490
Zum Ende des 15. Jahrhunderts entsteht das anonyme »Chronicon terrae Misnensis«, eine bemerkenswerte dynastisch-wettinische Geschichtskonstruktion, die großen Einfluss auf die humanistische und nachhumanistische Geschichtsschreibung Sachsens ausübt.

1491
Am Schreckenberg werden reiche Silberfunde gemacht, ein weiteres westerzgebirgisches Revier entsteht und vor Ort entwickelt sich das neu wachsende Annaberg innerhalb weniger Jahre zur einwohnerstärksten Stadt in Sachsen.

Bierkrieg zwischen den Städten Görlitz und Zittau.

1493
Martin von Lochau wird Abt des Klosters Altzelle, wo er als Humanist hervortritt und im Konversenhaus eine Bibliothek einrichten lässt.

1496
Kaiser Maximilian bestätigt die weibliche Erbnachfolge im Herzogtum Jülich und Berg, wodurch die Anwartschaft der Wettiner ihren Wert verliert.

Die prachtvolle Hochzeit zwischen Herzog Albrechts ältestem Sohn, Georg (dem Bärtigen), und der polnischen Königstochter Barbara wird zu Leipzig gefeiert.

1497
Die Stadt Annaberg erhält das Stadtrecht.

1498
Herzog Albrecht (der Beherzte) erringt die Herrschaft über Friesland als erblicher Gubernator und Potestat.

Albrecht, Sohn Herzog Albrechts (des Beherzten), wird Hochmeister des Deutschen Ordens.

In Annaberg wird eine Münzstätte eingerichtet.

In Schneeberg und Annaberg kommt es zu Aufständen der Bergleute.

1499
In der Väterlichen Ordnung regelt Herzog Albrecht (der Beherzte) die Erbfolge unter seinen beiden Söhnen: Herzog Georg (der Bärtige) soll das albertinische Sachsen, Herzog Heinrich (der Fromme) Friesland

erhalten. Für den Fall des Verlusts einer der Herrschaften soll derjenige Sohn nur noch mit herrschaftlich nachgeordneten Teilen der anderen Herrschaft entschädigt werden. Damit ist eine weitere halbierende Landesteilung im albertinischen Sachsen zunächst ausgeschlossen.

1500

Herzog Albrecht (der Beherzte) schlägt einen Aufstand in Friesland nieder und stirbt in Emden. Seine Söhne Georg und Heinrich treten das Erbe wie in der Väterlichen Ordnung vorbestimmt an.

Mit der Leipziger Münzordnung führen die Wettiner den Guldengroschen als neue Währung ein – den späteren Taler.

1502

Kurfürst Friedrich (der Weise) gründet die Universität Wittenberg als neue Landesuniversität für die ernestinischen Herrschaften.

1505

Heinrich (der Fromme) übergibt die Herrschaft im krisengeschüttelten Friesland an seinen Bruder Georg (den Bärtigen) und erhält dafür in Sachsen die Ämter Freiberg und Wolkenstein sowie eine jährliche materielle Abfindung.

1507

Mit dem Messeprivileg Kaiser Maximilians profiliert sich die Stadt Leipzig als erstrangiges Handelszentrum Mitteldeutschlands.

1509

Die Annaberger Bergordnung wird durch Herzog Georg erlassen und seit 1511 auf das gesamte Herzogtum Sachsen ausgedehnt. Damit ist sie die älteste territorial geltende Bergordnung im Reich.

um 1510

Der Zwickauer Humanist Erasmus Stella (= Erasmus Stuler) legt sein Werk »De rebus et populis orae inter Albim et Salam« (Von der Geschichte und den Völkern der Gegenden zwischen Elbe und Saale) vor – eine frühe, aber weithin fiktive Landesgeschichte Sachsens.

1512

Die Wettiner müssen die niederlausitzischen Pfandherrschaften Beeskow und Storkow aufgeben.

1514

Der humanistische Gelehrte Ulrich Rülein von Calw gründet in Freiberg eine Lateinschule.

1515

Herzog Georg (der Bärtige) verkauft die weiter von Aufständen erschütterte Herrschaft Friesland für 100.000 Gulden an die Habsburger.

1517

Wittenberger Thesenanschlag Martin Luthers und Beginn der lutherischen Reformation.

1518

In Zwickau gründet Georg Agricola eine griechische Stadtschule.

1519

Im ernestinischen Borna beginnen evangelische Predigten.

In Leipzig findet eine von Herzog Georg (dem Bärtigen) einberufene Disputation zwischen Martin Luther und Johannes Eck statt. Herzog Georg wendet sich gegen Luther und wird zum erbitterten Feind der lutherischen Reformation.

1520/21
Der radikale Reformator Thomas Müntzer predigt in Zwickau, muss die Stadt aber bald verlassen.

1521
Herzog Georg (der Bärtige) lässt Lutheranhänger in Döbeln gefangen nehmen.
Herzog Heinrich (der Fromme) gründet in seinem Amt Wolkenstein die Bergstadt Marienberg.

1522
Herzog Georg (der Bärtige) erlässt ein Mandat gegen die Lutheranhänger und verbietet Luthers Neues Testament.

1522/23
Adam Ries wird in Annaberg ansässig und gründet dort eine Rechenschule.

1523
Die ernestinische Stadt Leisnig regelt Pfarrerwahl, Kirchengut und Gottesdienst neu; als Leisniger Kastenordnung sind diese Regelungen vorbildhaft geworden.
Im albertinischen Pegau und im oberlausitzischen Bautzen beginnt die evangelische Predigt.

1524
Nach langwierigem Prozess kommt die von Herzog Georg (dem Bärtigen) forcierte Heiligsprechung Bischof Bennos zum Abschluss. Bischof Benno soll als sächsischer Landesheiliger etabliert werden.

1525
In Kursachsen, vor allem in Thüringen, erheben sich die Bauern. Im ernestinischen Westerzgebirge wird das Kloster Grünhain gestürmt und geplündert.
Gemeinsam mit Landgraf Philipp von Hessen und Herzog Johann (dem Beständigen) von Sachsen besiegt Herzog Georg (der Bärtige) am 15. Mai bei Frankenhausen das Heer der aufständischen Bauern. Der thüringische Bauernaufstand bricht damit zusammen. Der Anführer Thomas Müntzer wird hingerichtet.
Kurfürst Friedrich (der Weise) stirbt ohne legitime Nachkommen. Sein Bruder Johann (der Beständige) übernimmt die Herrschaft und bricht der Reformation im ernestinischen Sachsen administrativ Bahn.
Herzog Georg (der Bärtige) lässt Pegauer Bürger wegen der Teilnahme am Abendmahl in beiderlei Gestalt bestrafen.

1526
Auf dem Landtag zu Leipzig bildet sich ein ständiger Ausschuss der albertinischen Stände, der aus insgesamt 30 Vertretern aus Adel, Geistlichkeit und Städten besteht und der dem sächsischen Herzog künftig als festere Institution entgegen tritt.
Im ernestinischen Amt Borna beginnen Visitationen zur Durchsetzung des lutherischen Glaubens.

1527
Mit einer ersten landesweiten Visitation wird der lutherische Glaube im ernestinischen Sachsen durchgesetzt.

1528
Packsche Händel: Verschwörungsvorwürfe Otto von Packs gegen Herzog Georg (den Bärtigen) und andere Fürsten bringen das Reich an den Rand eines Glaubenskrieges.

1528/29
Mit einer zweiten landesweiten Visitation verleiht Herzog Johann (der Beständige) der Reformation im ernestinischen Sachsen Nachdruck.

1529
Nach fortwährenden Auseinandersetzungen erfolgt eine erste Münztrennung zwischen Ernestinern und Albertinern.

1529/30
Die Türkensteuer wird unter Verfügung der albertinischen Stände gesammelt und aufbewahrt – der Beginn eigener ständischer Finanzverwaltung.

1530
In der Bautzener Petrikirche beginnen erneut evangelische Predigten. In Kamenz wird ein lutherischer Prediger eingestellt.

Der Pirnaer Dominikanermönch Johannes Lindner verfasst ein enzyklopädisch orientiertes, nach biografischen und geografischen Stichpunkten geordnetes »Onomasticum mundi generale«, das nur in Auszügen überliefert ist.

1531
27. Februar Die evangelischen Reichsstände mit dem Kurfürsten von Sachsen und dem Landgrafen von Hessen an der Spitze gründen ein militärisches Verteidigungsbündnis gegen den Kaiser – den Schmalkaldischen Bund.

1532
Kurfürst Johann (der Beständige) stirbt. Die Herrschaft übernimmt sein Sohn Johann Friedrich (der Großmütige).

1533
Herzog Georg (der Bärtige) weist die lutherischen Bürger aus Leipzig aus. Im gleichen Jahr beginnen auf Befehl Herzog Georgs Klostervisitationen, mit denen die Klosterzucht im albertinischen Sachsen geprüft und durchgesetzt werden soll.

Kurfürst Johann Friedrich (der Großmütige) kauft die Herrschaft Schwarzenberg von den Herren von Tettau.

1533/34
Im ernestinischen Kursachsen findet eine erneute landesweite Visitation statt.

1537
Mit einem evangelischen Abendmahl im Freiberger Dom beginnt die Reformation in der Freiberger Herrschaft Herzog Heinrichs (des Frommen).

Mit dem plötzlichen Tod Herzog Johanns, dem ältesten Sohn Herzog Georgs (des Bärtigen), steht die Nachfolge im albertinischen Herzogtum zur Disposition.

Herzogin Elisabeth (von Rochlitz), die Witwe Johanns, führt in ihrem Wittum Rochlitz 1537/38 die Reformation ein.

1539
Herzog Friedrich, der jüngere, als regierungsunfähig geltende Sohn Herzog Georgs (des Bärtigen), stirbt und kurz nach ihm Herzog Georg (der Bärtige) selbst. Der lutherische Herzog Heinrich (der Fromme) übernimmt die Herrschaft im albertinischen Sachsen.

Eine erste Visitation im albertinischen Sachsen erfasst noch im Sommer die geistlichen Güter und Besitzungen.

Mit der Gründung des Wittenberger Konsistoriums entsteht eine evangelische kirchliche Oberbehörde für das ernestinische Sachsen.

Görlitz erlässt eine evangelische Kirchenordnung.

1539/40
Mit der zweiten Visitation wird die Reformation im albertinischen Sachsen weiter voran gebracht.

1541
Nach dem Tod Herzog Heinrichs (des Frommen), der in Freiberg bestattet wird, übernimmt sein Sohn, Herzog Moritz, die Herrschaft.

Georg Spalatin veröffentlicht seine »Chronika und Herkommen der Churfürsten und Fürsten des löblichen Hauses zu Sachsen«, eine verkürzte Geschichte der wettinischen Dynastie. Seine ausführlichere, reich illustrierte handschriftliche »Chronik der Sachsen und Thüringer« (zwischen 1520 und 1525 entstanden) bleibt dagegen ungedruckt.

1542
In der Wurzener Fehde besetzen ernestinische Truppen das unter gemeinsamer wettinischer Hoheit stehende Hochstiftsgebiet Wurzen. Herzog Moritz rüstet daraufhin gegen Kurfürst Johann Friedrich (den Großmütigen) und droht mit Krieg, der durch Schlichtung Landgraf Philipps und Martin Luthers vermieden werden kann.

Herzog Moritz beginnt mit dem Verkauf der eingezogenen Kirchengüter.

In den Schönburgischen Herrschaften wird die Reformation eingeführt.

Einrichtung eines Oberbergamtes in Freiberg.

1543
Herzog Moritz von Sachsen stiftet in Meißen (St. Afra) und Kloster Pforte (Schulpforta) Landesschulen für die Bildung und Erziehung begabter Knaben.

Herzog Moritz erlässt eine neue Landesordnung für das albertinische Sachsen.

1544
Herzog Moritz setzt seinen Bruder August als weltlichen Administrator des Hochstifts Merseburg durch.

1545
Die Konsistorien in Meißen und Merseburg entstehen als neue geistliche Oberbehörden für das albertinische Sachsen.

Herzog Moritz nimmt am Kampf des Schmalkaldischen Bundes gegen Herzog Heinrich von Braunschweig teil.

1546
19. Juni Herzog Moritz schließt ein Bündnis mit Kaiser Karl V.
20. Juli Kaiser Karl V. verhängt die Reichsacht über Kurfürst Johann Friedrich (den Großmütigen) und Landgraf Philipp von Hessen. Der Schmalkaldische Bund beginnt einen Feldzug gegen den Kaiser und rückt im Sommer nach Süddeutschland vor.
27. Oktober Herzog Moritz tritt in den Krieg gegen den Schmalkaldischen Bund ein. Albertinische Truppen besetzen ohne größere Kampfhandlungen große Teile des ernestinischen Kurfürstentums.

1547
Kurfürst Johann Friedrich (der Großmütige) kehrt mit seinem Heer nach Mitteldeutschland zurück, befreit seine Stammlande und belagert seit dem 6. Januar die Stadt Leipzig, deren Vorstädte Herzog Moritz zur besseren Verteidigung hatte abbrennen lassen.

Der mit Herzog Moritz verbündete Markgraf Albrecht Alkibiades besetzt Rochlitz, den Witwensitz der Herzogin Elisabeth, die Mitglied des Schmalkaldischen Bundes ist. In der Schlacht bei Rochlitz besiegen kursächsische Truppen Albrecht Alkibiades und nehmen ihn am 25. Februar gefangen.

24. April Das Heer Kaiser Karls V. und Herzog Moritz' von Sachsen schlägt die Truppen des Schmalkaldischen Bundes bei Mühlberg vernichtend. Kurfürst Johann Friedrich (der Großmütige) wird gefangen genommen.

19. Mai Johann Friedrich (der Großmütige) unterzeichnet die Wittenberger Kapitulation. In deren Ergebnis fallen große Teile der ernestinischen Besitzungen mit allen meißnischen und osterländischen Ämtern sowie dem Kurkreis an die albertinische Linie.

4. Juni Moritz wird Kurfürst von Sachsen.

Kurfürst Moritz setzt eine Verwaltungsreform der Zentralbehörden durch und richtet den Hofrat als oberste Behörde ein, dem die Kanzlei zugeordnet ist.

Kurfürst Moritz befiehlt die Anlage neuer Amtserbbücher für die zugewonnenen Gebiete; diese Erfassung wird später auch auf die alten albertinischen Gebiete ausgedehnt.

Auf das gemeinsame Münzwesen zwischen Ernestinern und Albertinern wird endgültig verzichtet.

Pönfall: Kaiser Karl V. ahndet den verspäteten Zuzug oberlausitzischer Truppen im Schmalkaldischen Krieg. Die sechs Städte des Städtebundes verlieren ihre Privilegien und ihre politische Dominanz in der Oberlausitz.

1548
Kurfürst Moritz erlässt eine Ordnung für das Oberhofgericht und eine neue Bergordnung.

Kurfürst Moritz gründet am Dresdner Hof eine Hofkapelle.

1550
In Grimma (St. Augustin) stiftet Kurfürst Moritz eine dritte Fürstenschule.

Kurfürst Moritz verlegt das Merseburger Konsistorium nach Leipzig.

1551
Kurfürst Moritz belagert in kaiserlichem Auftrag das evangelische Magdeburg.

1552
Kurfürst Moritz setzt sich an die Spitze der Reichsopposition gegen Kaiser Karl V., bringt den Kaiser mit einem Feldzug nach Süddeutschland unter Druck und erzwingt am 2. August den Passauer Vertrag, mit dem den Protestanten im Reich weitgehende Rechte zugestanden werden.

1553
9. Juli Kurfürst Moritz besiegt an der Spitze eines verbündeten Fürstenheeres bei Sievershausen den geächteten Markgrafen Albrecht Alkibiades. Moritz wird schwer verwundet.

11. Juli Kurfürst Moritz stirbt. Die Herrschaft fällt an seinen Bruder August.

1554

24. Februar Kurfürst August erreicht im Naumburger Vertrag einen Ausgleich mit den Ernestinern, die einige der 1547 verlorenen Besitzungen, darunter Altenburg, zurückerlangen.

Mit seinem in Nürnberg erschienenen Büchlein »Der Stamm und Ankunfft des .. Chur- u. Fürstl. Hauss zu Sachsen« legt Wolfgang Krauss von Gunzenhausen eine erste populäre sächsische Landesgeschichte vor.

1555

Mit dem Augsburger Religionsfrieden wird die lutherische Konfession im Reich abgesichert und der Religionskonflikt geschlichtet.

Kurfürst August befiehlt eine Generalvisitation in Kursachsen und erlässt eine neue Landesordnung.

Albrecht der Beherzte, Herzog von Sachsen. Gemälde eines flämischen Meisters, um 1494. Das Werk zeigt Herzog Albrecht mit dem Orden vom Goldenen Vlies; es handelt sich um das älteste zeitgenössische Porträt eines Wettiners.

Wettinische Einnahmen und wettinische Haushalte in Gulden

Wettinischer
Gesamthaushalt
um 1480

Albertinischer
Haushalt
um 1490

Ernestinischer
Haushalt
um 1495

Albertinischer
Haushalt
um 1515

Albertinischer
Haushalt
um 1535

Ernestinischer
Haushalt
um 1535

Bergbau
Ämter
Indirekte Steuern
Direkte Steuern

Kredite
Aus geistlichen Gütern
Jahrrente, Goldmünze, Schutzgeld, Tuchgeld, Gerichtsgeld u. A.
Gemeine Einnahmen

Haushalt des
Kurfürsten
Moritz 1549/50

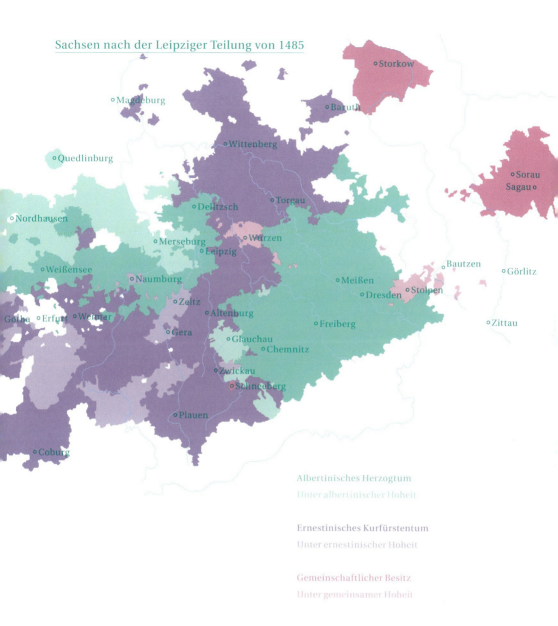

Sachsen nach der Leipziger Teilung von 1485

Albertinisches Herzogtum
Unter albertinischer Hoheit

Ernestinisches Kurfürstentum
Unter ernestinischer Hoheit

Gemeinschaftlicher Besitz
Unter gemeinsamer Hoheit

Die Leipziger Teilung von 1485 schuf zwei fortdauernde, konkurrierende wettinische Herrschaften und Linien: Ernestiner und Albertiner. Beim Zuschnitt der Herrschaftsteile setzte man sich über gewachsene herrschaftliche Bindungen hinweg.

Die Oberlausitz – ein Sonderfall?!

Bis zum Ende des 13. Jahrhunderts kann man nur sehr begrenzt von einer Sonderentwicklung auf dem Gebiet der späteren Oberlausitz sprechen, die überhaupt erst seit dem 15. Jahrhundert unter diesem Landesnamen firmiert. Alle strukturellen gesellschaftlichen Wandlungen und Zäsuren betrafen damals noch den Gesamtraum zwischen Saale und Neiße und verliefen höchstens etwas zeitversetzt von Westen nach Osten: Die elbslawische Besiedlung verband sich mit dem Stamm der Milzener, zu deren Hauptraum um Bautzen sich der Kleinraum Besunzane um das spätere Görlitz lose zuordnete. Die sächsisch-deutsche Herrschaft griff schon wenige Jahre nach 929 auch auf die Milzener über; das Gebiet wurde 965/68 Mark und Bistum Meißen zugeordnet und vom Burgwardsystem erfasst. Zwar wechselte die herrschaftliche Oberhoheit über das Land Bautzen (mit Görlitz) im 11./12. Jahrhundert zwischen Piasten, Ekkehardingern, Přemysliden, Wiprechtingern und Wettinern häufiger, doch setzten sich Grundherrschaft und Lehnswesen im beginnenden 12. Jahrhundert auch hier im strukturellen Anschluss an die Elbe-Saale-Region durch.

Trotz der seit 1157 dauerhaften Zugehörigkeit zur böhmischen Krone erfolgte die hohe Kolonisation seit dem Ende des 12. Jahrhunderts durch den massenhaften Zustrom bäuerlicher deutscher Migranten sowie unter der Ägide kleinerer »deutscher« Herrengeschlechter, die zu einem Großteil aus dem westlicheren mitteldeutschen Raum stammten. Unter der lockeren přemyslidischen, zwischen 1253 und 1319 dann askanischen Hoheit festigten das Bistum Meißen und der Adel des Landes ihre Herrschaften und bauten sie aus; die jungen Städte, vor allem Bautzen und Görlitz, prosperierten – all dies unterschied sich in einem herrschaftlich noch vielschichtigen ostmitteldeutschen Raum kaum von zeitgleichen Entwicklungen, etwa im Reichsland Pleißen.

Eine wirklich eigenständige Entwicklung nahm die Oberlausitz dann allerdings im 14. und 15. Jahrhundert, als sie nicht in die ansonsten ganz Mitteldeutschland umspannende wettinische Landesherrschaft einbezogen wurde, sondern unter erneuerter böhmischer Hoheit politische, wirtschaftliche und kulturelle Sonderstrukturen ausbildete. In deren Kern stand der 1347 förmlich geschlossene Bund der Städte Bautzen, Kamenz, Löbau, Görlitz, Lauban und von Zittau, das hierdurch überhaupt erst in die spätere Oberlausitz integriert wurde. Von diesem sich immer fester formierenden Sechsstädtebund ging bald eine dominierende Kraft aus, die den Adel in Zaum hielt, den Landfrieden sicherte und den Rahmen für einen erstaunlichen Aufstieg der Oberlausitzer Städte bot. Am Ende des 15. Jahrhunderts gehörten Bautzen und Görlitz zu den bedeutendsten Städten zwischen Saale und Neiße; Görlitz war zeitweise die einwohnerstärkste Stadt im späteren Sachsen.

Mit dem Pönfall von 1547 kehrten sich die herrschaftlichen Verhältnisse in der Oberlausitz mit weitreichenden Folgen um: Der Städtebund verlor seine politische Vorherrschaft an die adligen Besitzer der großen Herrengüter. Unter dem herrschaftlich-politischen Dominat dieses in der Grundtendenz städtefeindlichen, provinziell orientierten Landadels büßte die Oberlausitz nach 1547 ihre spätmittelalterliche Bedeutung als impulsgebende, wirtschaftlich-kulturell ausstrahlende Innovationsregion weitgehend ein. Nicht der Städtebund, sondern die großen, weithin selbstständigen Herrengüter und die starke ständische Selbstverwaltung wurden künftig zu Sondermerkmalen der Region.

Die Oberlausitz im Mittelalter

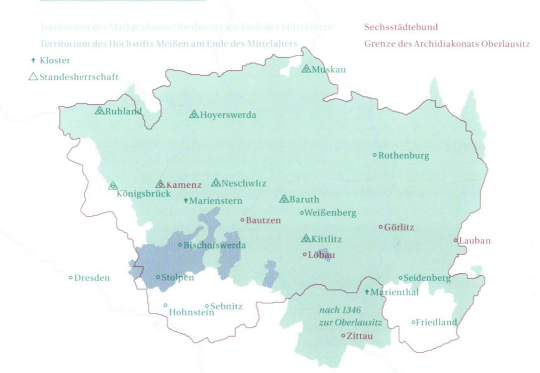

Die Oberlausitz formierte sich im späten Mittelalter als eigenständige Herrschaft unter der Krone Böhmens und wurde bis zur Mitte des 16. Jahrhunderts vom Sechsstädtebund dominiert.

Die Ortenburg in Bautzen. Seit dem 13. Jahrhundert war sie Sitz der Landvögte.

Die Ämter – Verwaltungseinheiten für den frühneuzeitlichen Staat

Im hohen Mittelalter gaben die Fürsten Teile ihrer Besitzungen als Lehen an Vasallen aus, die dafür Kriegsdienste leisteten. Durch die faktische Erblichkeit der Lehen blieb der herrschaftliche Durchgriff der nach Landesherrschaft strebenden fürstlichen Oberlehnsherren auf die Besitzungen ihrer Vasallen begrenzt. Schon seit dem 14. Jahrhundert lassen sich deshalb wettinische Bemühungen erkennen, die herrschaftliche Struktur des Landes auch jenseits des althergebrachten Lehnswesens zu organisieren. Gewonnene oder zurückgefallene Herrschaften wurden nicht mehr zwangsläufig als Lehen ausgegeben, sondern immer häufiger durch wettinische Vögte verwaltet oder auch verpfändet. Gerade die im späten Mittelalter beliebten Verpfändungen trugen erheblich dazu bei, ältere personale Herrschaftsbeziehungen zu versachlichen, und stellten deshalb eine wichtige mentale Stufe auf dem Weg vom erblichen Lehen zum zeitlich begrenzt verwalteten Amt dar. Die Anteile der von den Wettinern direkt bzw. über ihre Vögte verwalteten Besitzungen, Rechte und Einkünfte weiteten sich erheblich aus und verdichteten sich. Im großen Registrum von 1378 wurden diese unmittelbaren Besitzteile erstmals landesweit erfasst und dabei regionalen Verwaltungsbezirken zugeordnet, die man hier noch Distrikte nannte.

Im 15. Jahrhundert gewann der Prozess der Amtswerdung an Fahrt, die Begriffe Amt und Amtmann setzten sich durch. Schon seit den 1440er-Jahren sind regelmäßige Rechnungslegungen der Amtsleute vor dem Kurfürsten und seiner Kanzlei üblich gewesen. Die regionale Verwaltungsschriftlichkeit entwickelte sich rasant. Die im späten 14. und frühen 15. Jahrhundert häufig noch auf Lebenszeit agierenden Vögte/Amtsleute lösten nun einander in schnellerer Folge ab, die Funktion erhielt »Amts«-Charakter. Neben den adligen Amtmann trat seit dem späten 15. Jahrhundert der bürgerliche Schösser, dem die praktische Verwaltung der Amtsressourcen oblag und der zur Professionalisierung der Amtsgeschäfte wesentlich beitrug. Im 16. Jahrhundert erreichte die Institutionalisierung der Ämter einen frühen Höhepunkt. Die Amtsverfassung war nun fest ausgeformt, und die Ämter erschienen jetzt endgültig als die grundlegenden regionalen Herrschafts- und Verwaltungsinstanzen der wettinischen Lande. Die wettinischen Ämter bündelten, verwalteten und sicherten alle überkommenen regionalen Rechte und Einkommen der Fürsten. Als zentrale Amtsbefugnisse traten das Obergericht, die Geschosserhebung und die Landfolge (Heerwagenpflicht) hervor, mit deren Reichweite die territoriale Kernzone der Amtsherrschaft umschrieben ist. Darüber hinaus konnte das Amt auch Grundherrschaft und Erbgericht über ganze Dörfer oder einzelne Bauerngüter innehaben oder andere Einnahmen wie das Wachgetreide/Burgkorn einziehen. Zu den unmittelbaren Amtsgütern, also jenen Besitzungen, die durch das Amt selbst bewirtschaftet wurden, gehörten Vorwerke, Wälder und Gewässer. Durch das Amt mussten die Straßen instand gehalten und Geleit gegeben werden, dafür nahmen die Ämter an Geleitstationen zum Teil erhebliche Gelder ein. Auch kleinere Lehnsleute des Kurfürsten wurden mit ihren Rittergütern und Grundherrschaften den Ämtern zugeordnet und über das Amt befehligt. Nur die bedeutenderen Rittergüter, die in der Regel auch über das Obergericht ihrer Lehnsherrschaft verfügten, bewahrten sich den direkten, persönlichen Kontakt zum Fürsten und dessen Zentralverwaltung. Sie blieben als sogenannte schriftsässige Güter außerhalb der ansonsten flächendeckenden Amtsgliederung.

Einnahmen der einzelnen albertinischen Ämter

Amt	mittleres jährliches Einkommen in Gulden
Weißenfels	4.630 fl
Sangerhausen	4.177 fl
Dresden	3.497 fl
Eckartsberga	2.932 fl
Sachsenburg	2.733 fl
Meißen	2.718 fl
Großenhain	2.683 fl
Leipzig	2.665 fl
Delitzsch	2.643 fl
Langensalza	2.400 fl
Freyburg/Unstrut	2.372 fl
Rochlitz	2.323 fl
Schellenberg (Augustusburg)	2.040 fl
Weißensee	1.786 fl
Annaberg	1.675 fl
Pirna	1.618 fl
Tharandt	1.300 fl
Senftenberg	1.196 fl
Oschatz	1.134 fl
Kriebstein	1.117 fl
Fischamt Dresden	1.102 fl
Gießhübel	1.051 fl
Mühlberg	1.026 fl
Herbsleben	998 fl
Chemnitz	801 fl
Forstamt Dresden	667 fl
Dornburg	661 fl
Camburg	655 fl
Pegau	653 fl
Radeberg	633 fl
Döbeln	205 fl
Altenberg	187 fl
Glashütte	51 fl

Gesamteinnahmen aller Ämter in Gulden

Jahr	jährliches Einkommen in Gulden
1530/31	58.457
1533/34	47.706
1534/35	52.597
1535/36	48.051
1536/37	47.131
1537/38	50.531
1538/39	56.826

Frühe Neuzeit 1556–1694
Das Kurfürstentum als moderner Staat

Kurfürst August hatte zunächst die militärischen Feindseligkeiten eingestellt und für den Ausgleich mit den Ernestinern gesorgt. Seine Aktivitäten führten neben denen anderer deutscher Landesherren zum Augsburger Religionsfrieden 1555: »Cuius regio eius religio« – Der Landesherr bestimmt die Religion, hieß die Formel des Religionsfriedens. Damit war einerseits die lutherische Kirche gesichert, andererseits gewannen die deutschen Fürsten erheblich an Autonomie. Nach der Sicherung der außenpolitischen Lage wandte sich August der Innenpolitik zu und setzte das Reformwerk seines Bruders fort. August gründete die Kunstkammer, die heutigen Staatlichen Kunstsammlungen Dresden, und förderte Wissenschaft und Kunst. In Sachsen waren zwei Universitäten beheimatet: Leipzig und Wittenberg. Die Wirtschaft prosperierte und das Steueraufkommen stieg. Auch das Gerichtswesen wurde neu geordnet (1572 erließ August die »Constitutiones«, ein Gesetzbuch, das das Recht im Kurfürstentum regelte) und neue Behörden zur fachlichen Beaufsichtigung, z. B. der Kirche oder des Bergbaus, wurden gegründet. Seine zahlreichen Verordnungen für verschiedene Wirtschaftszweige verdeutlichen die tiefen Eingriffe. Mit dem Bergbau entstanden davon abhängige Betriebe wie Eisenhämmer und Schmelzhütten; er bildete ein ökonomisches Zugpferd des albertinischen Sachsens und trug zu den soliden Staatseinnahmen bei. Die Entwicklung der Wirtschaft veränderte das soziale Gefüge des Kurfürstentums. Die Bevölkerungszahl stieg, sowohl in der Stadt als auch auf dem Land, was wiederum eine intensivere Nutzung des vorhandenen Bodens bedeutete. Die Vergrößerung der Zahl der Stadtbewohner ist vor allem mit der Abwanderung vom Land zu begründen. Das »Bauernlegen«, der Kauf bzw. die Einziehung von bäuerlichen Gütern durch den Grundherrn, wie es vor allem in den Gebieten Brandenburg-Preußens gehandhabt wurde, unterbanden Kurfürst und Gerichte. In Brandenburg entstanden so die großen Güter mit relativ gering entwickeltem Bauernstand, was sich langfristig nachteilig auf die gesamte politische und soziale Struktur auswirkte. Sachsen beschritt somit nicht den Weg zu einem Großgrundbesitzerland, was sich auch in der Bodenreform nach dem Zweiten Weltkrieg erwies. Das damals mehr als 500.000 Einwohner zählende Sachsen war zu einem bedeutenden Machtfaktor im Heiligen Römischen Reich Deutscher Nation geworden. Unduldsam ging August gegen die »Krypto-Calvinisten« vor. Dieser Konflikt bestimmte auch die nur fünfjährige Regentschaft des Sohnes Augusts, Christian I. Dessen Sohn, Christian II., der beim Tod des Vaters erst acht Jahre alt war, war noch nicht regierungsfähig. So übernahm Herzog Friedrich Wilhelm von Sachsen-Altenburg die Regentschaft und ging gegen die Calvinisten vor. Schon 1611 starb der für die Regierungsgeschäfte kaum geeignete Kurfürst Christian II., der 1601 auf den Thron gekommen war; sein Bruder Johann Georg I. folgte ihm und regierte 45 Jahre.

Als Kaiser Matthias die böhmischen Protestanten in der Ausübung ihrer zugesicherten Rechte beschnitt, bedeutete der inszenierte »Zweite Prager Fenstersturz« an den kaiserlichen Stellvertretern eine Kriegserklärung. Trotz der direkten Nachbarschaft zu Böhmen blieb Johann Georg I. zunächst neutral. 1623 gelang es ihm, die Ober- und die Niederlausitz nach Verhandlungen mit den Lausitzer Ständen in das Kurfürstentum zu integrieren (1635 durch den Frieden zu Prag festgeschrieben) – ein in Bezug auf die Oberlausitz bis heute wirkendes historisches Ereignis, während die Niederlausitz jedoch 1815 an Preußen abgetreten werden

musste. Johann Georg I. ging zum Kaiser auf Distanz, trat an die Seite der protestantischen Länder und verbündete sich 1631 mit Schweden, der Führungsmacht der protestantischen Staaten im Dreißigjährigen Krieg. Deutschland war Kriegsschauplatz und auch Sachsen als zentral gelegenes Land trug die Folgen. Der Westfälische Frieden beendete 1648 diesen Krieg.
Johann Georg I. setzte die reichstreue Politik fort, die Langzeitwirkungen entfaltete. Die Bildung von Sekundogenituren blieb für das albertinische Sachsen glücklicherweise eine kurze Episode. Der sächsische Adel stellte auch nach dem Dreißigjährigen Krieg die höchsten Verwaltungsbeamten sowie die Offiziere im Heer und bildete, vielfach verwandt und verschwägert, ein stabiles Netz, das über das gesamte Kurfürstentum verteilt war.
Johann Georg II., der seinem Vater 1656 folgte, musste mit seiner Politik Impulse setzen, um die Kriegsschäden zu beseitigen und das Land wiederaufzubauen. Schon kurz nach 1650 gingen mehr Steuern ein als vor dem Dreißigjährigen Krieg. Dazu trugen die ca. 150.000 Exulanten, evangelische Vertriebene und Flüchtlinge, meistens Deutsche aus Böhmen, bei, die in Sachsen ihre neue Heimat fanden und zugleich neue Formen von Gewerbe mitbrachten. Der Steueraufschwung führte dazu, dass die Stände einen größeren Einfluss auf die Steuererhebung zurückerlangten. Auch der Silberbergbau nahm in der zweiten Hälfte des 17. Jahrhunderts stark zu. Zuerst profitierten jedoch die Gemeinden, wo Eisenerz gefördert wurde, denn Eisen diente der gesamten Wirtschaft als Ausgangsmaterial. In der Epoche von 1554 bis 1694 und bereits zuvor fand ein nicht geringer Teil der langfristig, bis in das 20. Jahrhundert, in die sächsische Geschichte hineinwirkenden Wirtschaftszweige seine

Ausprägung: im Erzgebirge Bergwerke und das metallverarbeitende Handwerk bis hin zu Eisenhämmern (z. B. 1621 der Frohnauer Hammer), im südlichen Vogtland die Musikinstrumentenherstellung, in Westsachsen die Weberei und die Tuchmacherei in der Lausitz. Zu nennen ist in diesem Zusammenhang auch die Klöppelei im Erzgebirge. Wirtschaft und Handel belebten sich, und nach der Not der Kriegsjahre hielt neue Lebensfreude Einzug: In der Kunst begann der Barock, der für Sinnesfreude und Verschwendung steht und vor allem in Bauwerken und Festen seinen Ausdruck fand.

Der Landtagsrevers, der Beschluss bzw. der Vertrag zwischen Kurfürst und Landtag, von 1661 bestimmte für 175 Jahre (!) das Verhältnis zwischen den Kurfürsten und den Ständen sowie deren Rechte. Dieser Vertrag wirkte sich innenpolitisch als stabiles Fundament aus. Johann Georg III. (seit 1680 Kurfürst) schaltete sich wieder in die Reichspolitik ein, besonders angesichts der türkischen Belagerung von Wien 1683. Mit 11.000 Soldaten zog der Kurfürst nach Wien und beteiligte sich an den siegreichen Kämpfen. Johann Georg III. brachte die Exponate mit, die heute in der »Türkischen Kammer« in Dresden vereinigt sind. Grundlage seines Erfolges bildete die Reorganisation der sächsischen Armee als »stehendes Heer« (1682). Der Sohn, Johann Georg IV. (seit 1691 Kurfürst), setzte bis zu seinem Tod 1694 die Politik des Vaters fort. Trotz seiner kurzen Regierungszeit gab er Impulse, die in eine neue sächsische Epoche führten.

1556

»De re metallica« von Georg Agricola erscheint, ein umfassendes Werk über den Bergbau und das Hüttenwesen, das ein Jahr später in deutscher Sprache erscheint.
13. März Im Vertrag von Annaberg sichert sich August das Vorkaufsrecht am Vogtland von den verschuldeten Burggrafen von Meißen.
21. März Die Kanzleiordnung legt die Zuständigkeit des Hofrats fest.

um 1556

Entstehen der kurfürstlichen Bibliothek, der heutigen Sächsischen Landesbibliothek – Staats- und Universitätsbibliothek Dresden.

1556/1558

Schließung der Münzstätten in Annaberg, Schneeberg (1570) und Freiberg und Verlegung der Freiberger Hauptmünze nach Dresden, um die Lötigkeit der Münzen besser überwachen zu können.

1557

Der Erlass der Schwarzfärberordnung markiert den Beginn des Eingriffs in die Wirtschaftspolitik durch August, der viele weitere Reglementierungen folgen: die erneuerte Münzordnung 1558, Mühlenordnungen 1561, 1568 und 1570, die Zinnbergwerksordnung 1568, die Forst- und Holzordnung 1569, die Bergordnungen von 1571 und 1575 sowie 1589, die Bleichordnung 1578, am 23. April 1588 eine Weinbergordnung und weitere.
8. Mai Verordnung über die Kirchenvisitation in Sachsen, die die Stellung der evangelischen Kirche fixiert und jeden Aberglauben untersagt.

1559

2. Mai Das Reichskammergericht bestätigt die rechtliche Unabhängigkeit Sachsens (Appellationsfreiheit). Dies gilt damit als Gründungsdatum des Appellationsgerichts in Dresden als oberstes Gericht in Sachsen, das ein weiteres Instrument der zentralen Regierungsgewalt wird.

Kurfürst August erwirbt mehrere Territorien im Vogtland, im Erzgebirge und weiteren Gebieten. Dies setzt sich in den Folgejahren fort. Ziel ist die Schaffung eines einheitlichen Flächenstaates.

1560

Entstehen der kurfürstlichen Kunstkammer, der heutigen Staatlichen Kunstsammlungen Dresden.

1561

24. Januar bis 8. Februar Naumburger Fürstentag. Versuch der Einigung der evangelischen Stände, der jedoch aufgrund der verschiedenen theologischen Auslegungen misslingt. Damit ist die Chance vergeben, dass die protestantischen Fürstentümer politisch einheitlich auftreten.

1565

8. Oktober Administration der Stiftsgebiete Naumburg und Merseburg.

1566/67

»Grumbachsche Händel«. Der ernestinische Herzog Johann Friedrich II. von Sachsen-Coburg-Eisenach beansprucht die Kurwürde, die sein Vater Johann Friedrich der Großmütige an Moritz von Sachsen verloren hat. Der Ritter Wilhelm von Grumbach bestärkt ihn darin, sodass Kurfürst August Gotha belagert und einnimmt. Mehrere thüringische Ämter werden danach an Sachsen angegliedert, Grumbach wird öffentlich geviertelt.

1568
Das letzte in Sachsen existierende Kloster Zum Heiligen Kreuz in Meißen wird säkularisiert.

1568–1573
Bau der Augustusburg als kurfürstliches Jagdschloss durch Hieronymus Lotter.

1569
Heinrich VI. von Plauen verzichtet auf die Ämter Voigtsberg, Pausa und Plauen, die schon an August verpfändet waren und die an Sachsen kommen. Aus den Ämtern wird der Vogtländische Kreis gebildet und das Vogtland wird damit fester Bestandteil des Kurfürstentums. Auch weitere Gebiete sichert sich der Kurfürst.

1570
Entstehung des Obersteuerkollegiums als zentrale Einrichtung des Steuerwesens. Der Kurfürst verwaltet die Landsteuer (direkte Steuer), die Stände die indirekte Steuer. Mit der Gründung des Obersteuerkollegiums haben die Stände, da sie die Hälfte der Räte in das Obersteuerkollegium entsenden, Einfluss auf beide Steuern.

1571
19. März Im »Weidaischen Abschied« erhält August die ernestinischen Ämter Weida, Ziegenrück, Arnshaugk und Sachsenburg. Da die Ernestiner die Pfandsumme nicht erbringen, werden die Ämter 1660 mit Sachsen vereinigt.
8. April Beitritt Sachsens zur Augsburger Reichsmünzordnung von 1559, mit der eine Vereinheitlichung der Münzprägung im Reich angestrebt wird.

1572
21. April Die »Constitutiones Saxonicae«, ein Gesetzbuch, werden verabschiedet. Damit wird eine einheitliche Rechtsordnung in Sachsen geschaffen.

1572–1575
Erbauung des Schlosses Annaburg für die Kurfürstin Anna, die dort die erste sächsische Apotheke einrichtet. Christian I., der Sohn Augusts, nutzt es kurzzeitig als Residenz.

1574
Bildung des Geheimen Rats als oberste Behörde und der Kammerkanzlei als einer frühen Form der Landesregierung. Der Geheime Rat bleibt bis zur Schaffung des Geheimen Kabinetts durch August den Starken die wichtigste Behörde des Kurfürstentums. Die grundlegende Modernisierung der Staatsverwaltung unter Kurfürst August wird der Bildung des Geheimen Rats zugeschrieben.
6. November August bestimmt den Leipziger Schöppenstuhl zur obersten Spruchkammer des Kurfürstentums, der mit Ausnahme des Kurkreises in allen Strafsachen der sächsischen Ämter entscheiden darf.

1577
Die Konkordienformel, die auf Veranlassung Augusts entsteht, soll die verschiedenen Auslegungen der lutherischen Lehre vereinheitlichen. Sie wird jedoch nicht in allen protestantischen Fürstentümern

angenommen und verfehlt damit ihren reichspolitischen Zweck. Die sächsischen Pfarrer müssen den Eid auf das Konkordienbuch ablegen.

1579
Die Grafschaft Mansfeld fällt aufgrund der Verschuldung der Grafen von Mansfeld zum großen Teil an Sachsen. Den kleineren Teil sichert sich das Erzstift Magdeburg.

1580
Das 1545 gegründete Meißner Konsistorium wird aufgelöst und in Dresden das Oberkonsistorium als zentrale Kirchenleitungsbehörde gegründet. 1588 setzt Christian I. das Meißner Konsistorium wieder ein, das 1606 wiederum als Oberkonsistorium nach Dresden verlegt wird.
1. Januar Kirchen- und Schulordnung, die die Lehre und die Organisation der Kirche, der Universitäten und Fürstenschulen in Sachsen regelt und deren Bestimmungen teilweise noch im 19. Jahrhundert Bestand haben.
25. Juni Das Konkordienbuch wird veröffentlicht, welches die lutherischen Bekenntnisschriften enthält (Konkordienformel von 1577).

1581
Die Hochstifte von Wurzen und Mügeln fallen an Sachsen, ebenso das Stiftsgebiet Meißen.

1582
Reichstag in Augsburg. Der 1555 ausgehandelte Schutz der Protestanten in den katholischen Ländern wird von Kurfürst August aufgegeben. Damit ist eine Annäherung an das katholische Kaiserhaus verbunden.

1583
Die Grafschaft Henneberg kommt nach dem Aussterben der Henneberg-Schleusinger Linie an die Ernestiner und Albertiner und wird 1660/61 aufgeteilt. Beschlossen wurde dies auf der Erbverbrüderung 1554.

1586
Gründung des Geheimen Kammerkollegiums, das die Einnahmen und Ausgaben des Kurfürstentums verwaltet.
11. Februar Kurfürst August stirbt, Nachfolger wird Christian I., der dem Calvinismus zugeneigt ist. Er ernennt 1589 den Calvinisten Nicolaus Crell zum Kanzler, der die orthodoxe Auslegung der lutherischen Lehre in Sachsen bekämpft.

1586–1633
Die erste kursächsische Landesaufnahme, ein Kartenwerk des gesamten Kurfürstentums, wird durch Matthias Öder, später durch Balthasar Zimmermann, erstellt.

1591
24. September Christian I. stirbt, Nachfolger wird Christian II. Dieser steht bis zum 22. September 1601 unter Vormundschaft von Friedrich Wilhelm von Sachsen-Altenburg.

1601
29. September Hinrichtung des Kanzlers Nicolaus Crell. Damit endet der Calvinismusstreit in Sachsen und die orthodoxe lutherische Lehre wird wieder Leitlinie staatlichen Handelns in der Religionspolitik.

1606
Das Konsistorium (nun Oberkonsistorium) der evangelischen Kirche, das 1588 von Dresden nach Meißen verlegt worden war, wird nach Dresden zurückverlegt.

1608
14. Mai Gründung der Union evangelischer Reichsstände (auch: Protestantische Union), die sich am 24. April 1621 auflöst.

1609
Gründung der katholischen Liga.

1609–1614
Erbfolgestreit um Jülich, Kleve und Berg zwischen Sachsen, Pfalz-Neuburg und Brandenburg. Christian II. wird lediglich Titularherzog, obwohl mit den Gebieten belehnt. Brandenburg sichert sich Kleve, Mark, Ravensberg und Ravenstein, Pfalz-Neuburg erhält Jülich und Berg.

1611
23. Juni Kurfürst Christian II. stirbt, Nachfolger wird Johann Georg I.

1613
22. Januar Einrichtung des Amtes des Oberhofpredigers, das bis 1922 existiert.
23. Februar Das kursächsische Defensionswerk regelt die Verteidigung der Städte durch die Musterung von ausgewählten Bürgern.

1618
23. Mai Mit dem »Prager Fenstersturz« beginnt der Dreißigjährige Krieg. Sachsen steht zunächst auf der Seite des katholischen Kaisers.

1619
Johann Georg I. schlägt die angebotene böhmische Königskrone aus, die ihm von den böhmischen protestantischen Ständen angeboten wird.

1619–1623
Die »Kipper- und Wipperzeit« führt in ganz Mitteleuropa zu einer dramatischen Münzentwertung, da die Landesfürsten Münzen mit geringerem Silbergehalt ausgeben. Die Folge sind vor allem in den Städten erhebliche Preissteigerungen für Nahrungsmittel.

1620
Sachsen (auf der Seite des Kaisers) besetzt die Ober- und Niederlausitz und erhält sie von Kaiser Ferdinand II. zugesprochen (1623 bestätigt).
2. Oktober Nach dem Sieg der Katholischen Liga in der Schlacht am Weißen Berg bei Prag über das Heer der protestantischen böhmischen Stände setzt eine massive Rekatholisierung Böhmens ein, die zur Flucht von 150.000 Protestanten nach Sachsen führt.

1622
28. Juli Erlass einer Prozessordnung durch Johann Georg I., die die gerichtlichen Verfahren in Sachsen einheitlich regelt.

1628
23. Januar August, der Sohn des Kurfürsten, wird Administrator des Erzstifts Magdeburg, als ihn das Magdeburger Domkapitel zum Erzbischof wählt. Aufgrund des Dreißigjährigen Krieges kann er das Amt erst 1638 antreten. Den Titel eines Erzbischofs legt er mit seiner Heirat 1647 ab, bleibt jedoch

Administrator und wird Herzog der Sekundogenitur Sachsen-Weißenfels.

1629
6. März **Kaiser Ferdinand II.** erlässt das Restitutionsedikt, nach dem der 1555 säkularisierte Besitz an die katholische Kirche zurückfallen soll. Dies führt zur Einigung der evangelischen Stände.

1631
20. Februar bis 12. April **Johann Georg I.** strebt auf dem Leipziger Konvent einen Zusammenschluss der evangelischen Reichsstände an, die dem Kaiser Friedensverhandlungen anbieten, was dieser ablehnt.
10. bis 20. Mai Belagerung und Einnahme von Magdeburg durch die kaiserlichen Truppen. 20.000 Einwohner sterben. 1639 leben in Magdeburg noch 450 Einwohner. Die einst mächtige Stadt verliert in den wenigen Jahren ihre herausragende Stellung.
11. September Sachsen geht ein Bündnis mit dem protestantischen Schweden ein.
17. September Ein vereintes schwedisch-sächsisches Heer siegt über die Ligatruppen in der Schlacht von Breitenfeld bei Leipzig. Dieser Sieg führt zu einer wesentlichen Stärkung des protestantischen Lagers, dem weitere Landesherren beitreten.

1632
16. November **Gustav Adolf von Schweden**, der Führer des protestantischen Lagers, fällt in der Schlacht bei Lützen.

1634
Für das Heereswesen wird die Geheime Kriegskanzlei gegründet, die die Versorgung der Truppen, die Musterungen u. a. organisiert. Sie wird dem 1684 gegründeten Geheimen Kriegsratskollegium unterstellt.

1635
30. Mai Im Frieden von Prag zwischen Sachsen und dem Kaiser wird der endgültige Verbleib von Ober- und Niederlausitz bei Sachsen festgelegt.

1645
27. August/6. September Mit dem Neutralitätsvertrag von Kötzschenbroda zwischen Sachsen und Schweden scheidet das Kurfürstentum aus dem Krieg aus.

1646
Einführung der Quatembersteuer (Gewerbesteuer), die quartalsweise zu bezahlen ist und die 1661 und 1688 bestätigt bzw. erneuert wird.
31. März Faktisches Ende des Dreißigjährigen Krieges für das Kurfürstentum durch den Vertrag von Eilenburg, der einen Waffenstillstand bis zum Friedensschluss vereinbart.

1648
Der Westfälische Frieden von Münster und Osnabrück beendet den Dreißigjährigen Krieg. Die Ober- und Niederlausitz bleiben fester Bestandteil von Sachsen.

1650
Mitte 1650 Abzug der schwedischen Truppen aus Sachsen.
1. Juli Die »Einkommenden Zeitungen«, die erste Tageszeitung der Welt, die sechsmal in der Woche herauskommt, erscheinen in Leipzig.

1650–1684
Bauernaufstand in den Schönburgischen Herrschaften aufgrund überzogener Frondienstforderungen. Der Kurfürst schlägt die Erhebung (»Schönburgischer Bauernkrieg«) nieder, die jedoch bis 1684 immer wieder erneut aufflammt.

1651
Erlass der Gesindeordnung, die einen zweijährigen Dienstzwang für Mädchen und Jungen beim jeweiligen Grundherrn vorsieht.

1653
Johann Georg I. übernimmt den Vorsitz im Corpus Evangelicorum, der Gruppe protestantischer Mitglieder im Reichstag.

1654
Mai Gründung von Johanngeorgenstadt durch den Kurfürsten als Siedlung von böhmischen Glaubensflüchtlingen.

1656
8. Oktober Kurfürst Johann Georg I. stirbt, Nachfolger wird Johann Georg II.

1657
22. April Durch den Freundbrüderlichen Hauptvergleich werden die Sekundogenituren für die nachgeborenen Prinzen eingerichtet, die die Teilung des Landes bedeuten. Johann Georg hatte dies am 20. Juli 1652 testamentarisch verfügt. Die Oberhoheit über alle Gebiete behält der Kurfürst.

1661
8. April Erbteilungen und Abtretungen von Gebieten dürfen ohne die Einwilligung der Stände nicht mehr durch den Kurfürsten vollzogen werden (»Landtagsrevers«). Die Stände haben das Recht zur eigenständigen Versammlung. Gleichzeitig wird eine Steuerinspektion eingerichtet, die die Grundlage für eine Reformierung des Steuerwesens ist.
28. Dezember Gründung des Bergratskollegiums, das das Berg- und Hüttenwesen beaufsichtigt.

1667
Im Münzvergleich von Zinna vereinbaren Sachsen und Brandenburg die Vereinheitlichung des Münzwesens auf Basis der Reichsmünzordnung.

1678
6. Mai Gründung der Leipziger Handelsbörse, die der Aushandlung und Abwicklung von Geschäften dient.

1678–1683
Errichtung des Palais im Großen Garten in Dresden, einem der frühesten Barockbauten in Sachsen.

1680
21. August Kurfürst Johann Georg II. stirbt, Nachfolger wird Johann Georg III.

1682
Aufstellung eines stehenden Heeres, das 10.000 Soldaten umfasst.
In Leipzig erscheint die »Acta Eruditorum«, die erste wissenschaftliche Zeitschrift Deutschlands.
21. September Erlass der Handelsgerichtsordnung und Einrichtung eines Handelsgerichts in Leipzig als Entscheidungsinstanz für wirtschaftliche Rechtsfälle.

1683
Die Kaffeefrucht wird in Sachsen bekannt.
12. September Johann Georg III. beseitigt als einer der Befehlshaber in der Schlacht am Kahlenberg den türkischen Belagerungsring um Wien (Zweite Wiener Türkenbelagerung). Sächsische Einheiten kämpfen bis 1688 gegen die Türken.

1684
Gründung des Geheimen Kriegsratskollegiums, der zentralen Militärbehörde in Sachsen, die aufgrund der Aufstellung des stehenden Heeres notwendig geworden war.
10. August Die Weinbergordnung verbietet die Umwandlung von Getreidefeldern zu Weinbergen.

1687
Christian Thomasius hält an der Universität Leipzig erstmals Vorlesungen in deutscher Sprache.

1689–1693
Sachsen beteiligt sich im Pfälzischen Erbfolgekrieg an Feldzügen gegen Frankreich.

1690
16. Januar Münzvergleich in Leipzig zwischen Sachsen, Braunschweig-Lüneburg und Brandenburg, der ein einheitliches Geldmaß (»Leipziger Fuß«) vereinbart.

1691
12. September Kurfürst Johann Georg III. stirbt, Nachfolger wird Johann Georg IV.

1692
Gründung der Kadettenschule in Dresden, die junge Adlige für den Offiziersnachwuchs ausbildet.

1693
2. Februar Vertrag zwischen Johann Georg IV. und Kaiser Leopold I., der Sachsens Beteiligung am Reichskrieg gegen Frankreich vereinbart.
29. Mai Die erste sächsische Post- und Taxordnung erscheint, nachdem am 24. Februar das Ober-Postamt in Leipzig zur obersten sächsischen Postbehörde bestimmt wurde.

1694
27. April Kurfürst Johann Georg IV. stirbt, Nachfolger wird Friedrich August I.

*August, von 1553 bis 1586
Kurfürst von Sachsen*

Sachsens Weg zum albertinischen Kurfürstentum

Im Jahr 1547 wurde der Dualismus zwischen der seit 1485 in zwei Linien geteilten wettinischen Lande für immer entschieden: Der Ernestiner Johann Friedrich nahm nach mehreren Schlachten mit dem albertinischen Herzog Moritz dessen »Wittenberger Kapitulation« am 19. Mai 1547 an. Damit endete der Schmalkaldische Krieg und Johann Friedrich verzichtete für sich und seine Nachkommen auf die Kurwürde sowie auf Anteile an Bergwerken und an der Markgrafschaft Meißen im albertinischen Gebiet. Aus Herzog Moritz wurde Kurfürst Moritz. Die ernestinischen Lande zerfielen im Lauf der folgenden Jahrhunderte in viele Teilterritorien und sanken zur politischen Bedeutungslosigkeit herab, während das albertinische Sachsen, der heutige Freistaat, seinen territorialen Bestand – abgesehen von den großen Gebietsverlusten 1815 an den geografischen Rändern – bewahren konnte. In den Jahren 1569 bis 1575 gewann August das Vogtland und schlug es dem Kurfürstentum zu. Auch weitere territoriale Abrundungen gelangen ihm.

Der Sicherung des Bestandes des albertinischen Sachsens nach außen folgte die innere Konsolidierung als Kurfürstentum, dem auch die neuen Verwaltungsstrukturen dienten. Auf dem Weg zum einheitlichen Staat erwarb August adlige Grundherrschaften und gliederte sie in die Ämterstruktur ein. Versuche einzelner Familien, größere und geschlossene Herrschaften innerhalb Sachsens auszubilden, scheiterten letzten Endes. Als Beispiel zu nennen ist hier die Familie von Schönberg, die im Osterzgebirge einen geschlossenen Herrschaftskomplex errichten wollte, was auf Ablehnung durch die Landesherren stieß. Der Purschensteiner Hauptast der Familie musste Mitte des 17. Jahrhunderts schuldenhalber seinen Besitz verkaufen bzw. an andere Seitenlinien übertragen. Einerseits hatten sich die Schönberger finanziell übernommen, andererseits stand der Kurfürst solchen Bestrebungen misstrauisch gegenüber und versuchte, diese zu verhindern. Eine wesentlich größere Bedeutung hatten die Schönburger, die in Südwestsachsen zahlreiche Güter besaßen und erst 1878, nach jahrhundertelangen Auseinandersetzungen mit den Kurfürsten und Königen von Sachsen, ihre Sonderstellung aufgeben mussten.

Ab 1570 entstanden in Sachsen adlige Güter. Es ist in der Geschichtswissenschaft umstritten, warum sie nicht, wie vor allem in den Gebieten östlich der Elbe, zur dominierenden Grundform der ländlichen Besitzverhältnisse geworden sind. Dies kann ökonomische, politische und kulturelle Gründe haben. Die Fragen zu »Agrarverfassung« und »Agrardualismus« sind seit mehreren Jahrzehnten stark diskutierte Themen in der sächsischen Landesgeschichte.

Die wettinischen Länder von 1547–1554

Albertinisches Gebiet 1547
Ernestinisches Gebiet 1547
Böhmisches Gebiet 1547
Von den Albertinern an die Ernestiner abgetretenes Gebiet 1554

○ Magdeburg

○ Leipzig

○ Eisenach   ○ Erfurt   ○ Altenburg

                                          ○ Zwickau
                                          ○ Reichenbach

○ Coburg

84   FRÜHE NEUZEIT 1556–1694

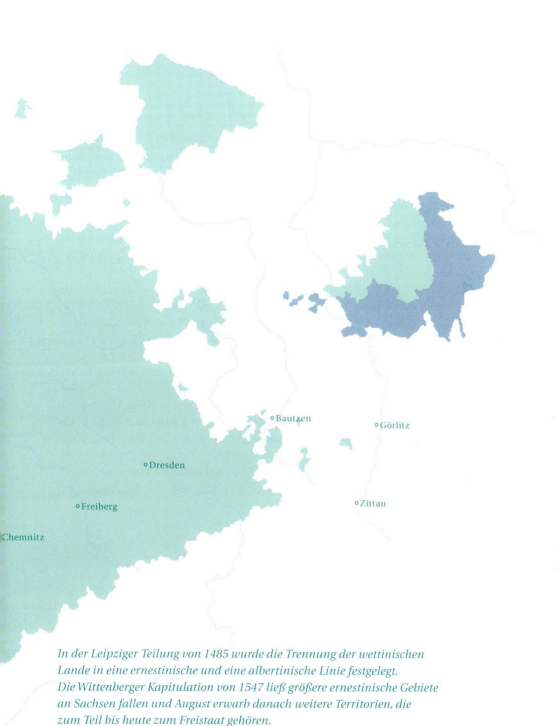

In der Leipziger Teilung von 1485 wurde die Trennung der wettinischen Lande in eine ernestinische und eine albertinische Linie festgelegt. Die Wittenberger Kapitulation von 1547 ließ größere ernestinische Gebiete an Sachsen fallen und August erwarb danach weitere Territorien, die zum Teil bis heute zum Freistaat gehören.

Sachsen im Dreißigjährigen Krieg 1618–1648

1617 jährte sich die Reformation zum 100. Mal und wurde in ihrem Mutterland würdig gefeiert. Nur ein Jahr später begann, nicht zuletzt durch die Konflikte zwischen lutherischer und katholischer Lehre ausgelöst, der Dreißigjährige Krieg. Es entsprach moderner Staatspolitik, dass Kurfürst Johann Georg I., wie schon Kurfürst Moritz und Christian II. vor ihm, die Außenpolitik weniger von religiösen als von rational-staatspolitischen Leitlinien abhängig machte. Sachsen stand auf der Seite des (katholischen) Kaisers Matthias. Dieser bedrängte die böhmischen Protestanten in ihrer zugesicherten Religionsfreiheit. Dies hatte bei den böhmischen Ständen zum Aufstand geführt und sie boten deshalb die böhmische Königskrone Johann Georg I. an, der sie jedoch ausschlug. Diese Ablehnung war, rückblickend betrachtet, wahrscheinlich einer der größten politischen Fehler in der sächsischen Geschichte überhaupt. Das Gewinnen des wirtschaftlich bedeutenden Böhmens hätte die Machtbasis der Albertiner erheblich vergrößert, Sachsen zu der in Zentraleuropa dominierenden Macht gemacht und vor allem von Beginn an das auf zwei Jahrhunderte die sächsische Politik bestimmende Lavieren zwischen Brandenburg-Preußen und Österreich verhindert. Nicht zuletzt wäre damit die Frage Schlesien und die Personalunion mit Polen Jahrzehnte später ganz anders entschieden worden, denn es wäre ein bis weit nach Osteuropa reichender mitteleuropäischer Machtblock entstanden. An den Wettinern hätte man bei der Kaiserwahl nicht mehr vorbeikommen können. Für einen böhmischen König aus wettinischem Haus wäre es nur eine Frage der Zeit gewesen, bis ein Albertiner zum Kaiser gewählt worden wäre. Die Annahme dieser historischen Chance hätte die europäische Geschichte verändert.

Sachsen wurde bald zum Kriegsschauplatz. Feindliche und eigene Heere zogen durch das Land. »Der Krieg ernährt den Krieg« heißt es in Schillers Wallensteinschauspiel, was treffend kennzeichnet, wie die Soldaten vorgingen. Große Schlachten und lange Belagerungen fanden in Sachsen statt: 1631 bei Breitenfeld, 1632 bei Lützen sowie 1633 die Belagerungen von Leipzig, von Chemnitz 1639, von Zwickau im Jahr 1641 und 1632, 1639 und 1642/43 die drei Belagerungen von Freiberg. Die einst reiche Bergstadt verlor im Dreißigjährigen Krieg die Hälfte ihrer Bevölkerung.

Ansicht der Belagerung Freibergs im Jahr 1643 durch die schwedischen Truppen unter dem General Lennard Torstenson. Am 17. Februar 1643 wurde die Belagerung erfolglos abgebrochen.

Bevölkerungsverluste

Wie viele Menschenopfer der Dreißigjährige Krieg forderte, kann nicht genau beziffert werden, da neben den militärischen Opfern die Pest in den Jahren 1625/26 viele Menschen das Leben kostete. In Deutschland, in den späteren Grenzen des Kaiserreichs von 1871, lebten um 1600 ungefähr 15 bis 17 Millionen Menschen. Die Todeszahlen waren von Region zu Region sehr unterschiedlich; am schwersten betroffen waren Mecklenburg und Pommern sowie Thüringen und Hessen. Nach dem Dreißigjährigen Krieg lebten noch 10 bis 13 Millionen in Deutschland, d.h., der Bevölkerungsverlust betrug ein Drittel bis zu einer Hälfte. Auch in Sachsen waren die Verluste unterschiedlich. In den Gebieten um Leipzig und in Mittelsachsen bis zum Erzgebirge betrugen sie zwei Drittel, in Westsachsen die Hälfte. Die Jahre mit den höchsten Opferzahlen waren 1625/26 (auch durch die Pest), 1632/33, 1637, 1639, 1640 und 1643. Nach dem Dreißigjährigen Krieg lebten ungefähr 535.000 Menschen im Kurfürstentum Sachsen. Das Land fiel damit auf den Bevölkerungsstand 100 Jahre vorher, vor 1550, zurück.

Sachsen hatte im Durchschnitt über alle Landesteile in den 30 Jahren damit die Hälfte seiner Bevölkerung verloren, zahlreiche Städte und Dörfer waren zerstört, Felder konnten nicht bestellt werden. Der Dreißigjährige Krieg führte zu einer sozialen Dynamisierung: Da viele Bauern gestorben waren, besetzten nun Häusler und andere bisher minder Privilegierte der dörflichen Gemeinschaft bäuerliche Hofstellen. Allerdings war dies nur ein zeitweiliger Effekt: Mit der Übernahme der Bauerngüter und dem Bevölkerungszuwachs wuchs die Gruppe der Gärtner und Häusler spätestens zwei Generationen nach dem Ende des Dreißigjährigen Krieges erneut an und machte um 1850 einen nicht geringen Teil der Gesamtbevölkerung Sachsens aus. Der Krieg führte zu großen sozialen Umwälzungen, zu Flucht und Vertreibung. Nach 1621 vertrieb Kaiser Ferdinand II. 30.000 bis 36.000 evangelische Familien aus Böhmen (ca. 150.000 Personen), oft ins benachbarte Sachsen. Sie siedelten sich meist in den grenznahen Orten an, aber auch in größeren Städten. Viele kamen nach dem Friedensvertrag von Münster 1648 nach Sachsen und gründeten eigene Orte wie Johanngeorgenstadt, Neusalza, Georgenfeld, Neuwernsdorf, Hammerunterwiesenthal, Deutschneudorf, Zwota und viele andere mehr, vor allem in den Grenzregionen der Lausitz und des Erzgebirges zu Böhmen. Der Zuzug der Glaubensflüchtlinge kompensierte wenigstens einen Teil des Bevölkerungsverlusts Sachsens im Dreißigjährigen Krieg.

Die verübten Grausamkeiten im Dreißigjährigen Krieg überstiegen jede damalige Vorstellungskraft. Ein Soldat verfolgt einen fliehenden Bauern. Stich von Hans Ulrich Frank, 1636

Sekundogenituren

Die gleichberechtigte Teilung des Landes auf vier Erben hatte im Lauf der Jahrhunderte die ernestinischen Lande, einst ein Komplex wie die albertinischen Lande, marginalisiert und politisch bedeutungslos werden lassen. Fast 20 ernestinische Fürstentümer entstanden seit dem 16. Jahrhundert, die manchmal nur kleinste Gebiete umfassten. Herzog Albrecht, der Begründer der albertinischen Linie Sachsens, hatte die Unteilbarkeit des Landes verfügt, daran hielten seine Nachkommen fest. Das albertinische Sachsen blieb dadurch ein Staat, der sich nach außen und innen konsolidierte. Erst Johann Georg I. wich von diesem Prinzip ab und riskierte, dass Sachsen das Schicksal der ernestinischen Linie teilen würde. Der Kurfürst hatte 1652 in seinem Testament die Teilung des Landes in vier Teile verfügt: das Kurfürstentum (Land des Thronfolgers) und drei Sekundogenituren (die Länder der zweit- und nachgeborenen Prinzen). Das Kurfürstentum blieb als relativ kompaktes Territorium erhalten, im Norden musste es jedoch große Gebiete an die Sekundogenitur Sachsen-Merseburg, im Westen an die Sekundogenitur Sachsen-Zeitz und im Nordwesten an die Sekundogenitur Sachsen-Weißenfels abtreten. Gerade die beiden nördlichen Teilstaaten Sachsen-Zeitz und auch Sachsen-Merseburg gerieten damit in Gefahr, als kleine Territorien unter brandenburg-preußischen Einfluss zu geraten. Außerdem war im Westfälischen Frieden die wichtige Stadt Magdeburg als Anwartschaft dem Kurfürstentum Brandenburg zugesprochen worden. Dies riegelte Sachsen nach Nordwesten ab und verschaffte Brandenburg die Möglichkeit der Ausdehnung nach Westen. Die für das Kurfürstentum glückliche Wendung bestand in der späteren Erbenlosigkeit der Sekundogenitur-Landesherren: Sachsen-Merseburg fiel 1738, Sachsen-Zeitz schon 1718 und Sachsen-Weißenfels 1746 an das albertinische Sachsen zurück. Die Gefahr der politischen Zersplitterung des östlichen mitteldeutschen Raums, so wie sie im westlichen Gebiet durch Ernestiner, Reußen und Schwarzburger geschah, war damit gebannt.

Das Schloss Neu-Augustusburg in Weißenfels, Linie Sachsen-Weißenfels. Kolorierter Kupferstich, 1702

Die wettinischen Sekundogenituren

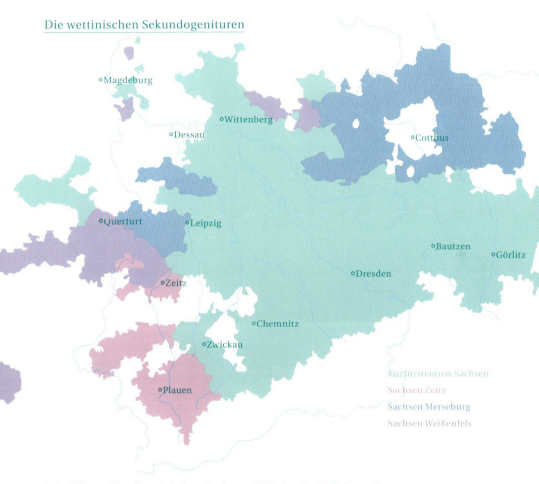

Die Teilung des albertinischen Sachsens 1652 in vier Teile barg die Gefahr einer territorialen Zersplitterung in sich. Jedoch fielen die drei Sekundogenituren in der ersten Hälfte des 18. Jahrhunderts an Sachsen zurück.

Barockzeitalter 1694–1763
August der Starke und Polens Krone

Mit der Thronbesteigung Friedrich Augusts I. von Sachsen begann das »Augusteische Zeitalter«, das sinnbildlich mit der Person August des Starken für »Sachsens Glanz« steht und bis heute starkes Identifikationspotenzial bietet.

Wie andere deutsche Fürsten auch strebte August nach einer Rangerhöhung. Dies konnte jedoch – wie bei den Hohenzollern die preußische und bei den Welfen die englische Königswürde – nur außerhalb des Territoriums des Heiligen Römischen Reichs Deutscher Nation verwirklicht werden. Als 1696 König Johann III. Sobieski von Polen, wo kein Erb-, sondern ein Wahlkönigtum bestand, gestorben war, ergriff August die Chance und ließ sich ein Jahr später zum polnischen König August II. wählen. Verbunden damit war die Konversion zum katholischen Glauben. Der Übertritt trennte die sonst in vielen anderen deutschen Staaten übliche enge Verbindung zwischen Landesherrn und Landeskirche bis zum Ende der Monarchie 1918.

August regierte damit Sachsen und Polen in Personalunion. Doch diese neue Verantwortung beteiligte Sachsen quasi automatisch an den internationalen Konflikten in Europa und es bedurfte geschickter Diplomatie und nicht zuletzt auch wirtschaftlicher und militärischer Stärke, um zu bestehen. Man unterstrich diesen Anspruch, als der Kronprinz, der spätere Kurfürst Friedrich August II., 1719 Maria Josepha von Habsburg heiratete, die älteste Tochter Kaiser Josephs. Im Idealfall hätten die Wettiner auch die österreichische und die Kaiserkrone geerbt und es wäre ein mitteleuropäisches Machtzentrum entstanden, mit dem die europäische Geschichte einen anderen Verlauf genommen hätte. Das Problem bestand jedoch in der fehlenden Landverbindung zwischen beiden Staaten, Sachsen und Polen.

Die erste, verlorene Bewährungsprobe stellte der Nordische Krieg dar. Sachsen und Russland hatten sich verbündet: Ersteres wollte Livland an das Königreich Polen anschließen, Letzteres drängte auf einen nördlichen Zugang zur Ostsee, was Schwedens Interessen berührte. Dessen König Karl XII. rückte 1706, nach mehreren gewonnenen Schlachten, in Sachsen ein. August hatte bereits 1706 die polnische Krone aufgeben müssen, die er mit russischer Unterstützung 1709 wiedererlangte. Sachsen schloss zwei Jahre später mit Schweden Frieden. An dieser Niederlage wurde deutlich, dass das Kurfürstentum bisher weder politisch noch militärisch in der Lage war, im Konzert der europäischen Großmächte gleichrangig mitzuspielen. August verlegte die Außenpolitik auf die Diplomatie – in ganz Europa richtete Sachsen Botschaften ein –, setzte auf Ausgleich und sicherte das Kurfürstentum so auch nach innen. Wie schon seine Vorfahren, intensivierte August der Starke die Anstrengungen um einen einheitlichen Staatsaufbau. Der Vorläufer heutiger Regierungen mit Fachministerien entstand mit dem Geheimen Kabinett (1706), in dem die Bereiche Innen- und Außenpolitik sowie das Militär eigene Ressorts bildeten, denen Minister vorstanden. Der Geheime Rat verlor dadurch an Bedeutung und wirkte nur noch in der Innenpolitik.
Der schon in der Regierungszeit des Bruders schwelende Konflikt zwischen Kurfürst und Ständen brach bald offen aus. Schon 1694 hatte August die Generalkonsumtionsakzise, eine Verbrauchssteuer, einführen wollen, auf die die Stände nicht zugreifen und die sie aber letzten Endes nicht verhindern konnten, ebenso wie der Adel, der davon betroffen war. 1704 stimmten die Stände der neuen Steuer zu. Nach vielen Jahren des Machtkampfs hatte August der Starke 1728 die Macht des Landtags

und der Stände soweit zurückgedrängt, dass er Sachsen in ein absolutistisch regiertes Kurfürstentum umgewandelt hatte. Eine Erfassung des gesamten Kurfürstentums im Sinne einer frühen Landesstatistik begann 1699.

Im öffentlichen Gedächtnis sind jedoch nicht diese Kriege und Niederlagen und Verwaltungsreformen geblieben, sondern die barocke Hofhaltung vor allem Augusts des Starken, aber auch seines Sohnes. Die Schlösser Augusts des Starken und der Zwinger stehen fast idealtypisch für die augusteische Zeit. Andere imposante Neubauvorhaben wie die barocke Umgestaltung des Dresdner Residenzschlosses unterblieben letztendlich. Die Musik, weltlich wie geistlich, erlebte in der ersten Hälfte des 18. Jahrhunderts in Dresden eine Blütezeit.

1733 starb August der Starke; sein Sohn, Friedrich August II., wurde noch im gleichen Jahr zum polnischen König (August III.) gewählt. Mit seinem Berater, dem Reichsgrafen Heinrich von Brühl, der als Premierminister und Vorsteher zahlreicher Zentralbehörden die Geschicke des Landes bestimmte, setzte er die Politik Augusts des Starken fort. Friedrich der Große von Preußen machte Erbansprüche auf Schlesien geltend und besetzte es 1740. Damit schob sich ein territorialer Keil zwischen Sachsen und Polen, den nicht mehr das befreundete Haus Habsburg mit Österreich besaß, sondern Preußen – die Gewinnung einer Landverbindung war damit fast ausgeschlossen. In den beiden Schlesischen Kriegen (1740–1742 und 1744/45) wurde um den Besitz des Landes gekämpft. Als Sieger aus diesem Konflikt ging Preußen hervor. Friedrich August II. stand zunächst auf der Seite Preußens, da er von Friedrich dem Großen die Landverbindung nach Polen erhoffte. Weil dieser Wunsch nicht erfüllt wurde, trieb es Sachsen in das Lager der Preußengegner. Im Frieden von Dresden 1745 erhielt Preußen Schlesien zugesprochen. Damit war die mitteleuropäische Landkarte neu gestaltet. Sachsen schmiedete ein Mächtebündnis gegen Preußen, um diese politisch schwer erträgliche Lage zu ändern. Der antipreußischen Allianz kam Friedrich zuvor: Am 29. August 1756 überschritt die preußische Armee die sächsischen Grenzen; der Siebenjährige Krieg (1756–1763) begann, der als erster »Weltkrieg« in die Geschichte einging. Die sächsische Armee kapitulierte schon am 16. Oktober 1756 und Sachsen stand seitdem bis 1763 unter preußischer Verwaltung. In jenem Jahr wurde der Hubertusburger Frieden zwischen Preußen und Sachsen bzw. Österreich geschlossen, der den Siebenjährigen Krieg beendete. Preußen hatte seine Position als europäische Macht bestätigt – die Grundlagen für die Großmacht Preußen waren langfristig gelegt. Die polnische Königskrone, die bei einer anderen Außenpolitik die Gewähr für Sachsens Großmachtstellung bedeutet hätte, brachte wenig Glück, sodass auch Friedrich August III., dem die polnische Krone 1791 erneut angetragen wurde, ablehnte. Polen bildete um diese Zeit einen Brennpunkt europäischer Politik. Sachsen nahm nun eine Pufferstellung zwischen den beiden deutschen Großmächten Preußen und Österreich ein – eine Konstellation, die bis 1866 die sächsische Außenpolitik bestimmte und zu einer neutralen Haltung führte, die aber angesichts der Stärke des Konflikts zwischen beiden Mächten nie lange durchzuhalten war. Wie schon im 17. Jahrhundert bedingten daher auch im 18. und beginnenden 19. Jahrhundert taktische Wechsel die sächsische Außen- und Bündnispolitik. Aber gerade die ungünstige Lage Sachsens zwischen den beiden deutschen Großmächten verlangte nach einer weitblickenden, umsichtigen Außenpolitik.

1694–1763

1694
Friedrich August I. wird sächsischer Kurfürst (August der Starke).
  Die Stände im Landtag lehnen die Generalakzise ab (Verbrauchssteuer in der Art einer Mehrwertsteuer), die den Kurfürsten von der Steuerbewilligung der Stände unabhängiger gemacht hätte.

1695–1706
Feldzug mit kaiserlichen Truppen gegen die Türken. August nimmt als Oberbefehlshaber der kaiserlichen Truppen teil, der mit der Befreiung Ungarns endet.

1697
Einsetzung des Generalrevisionskollegiums und eines Statthalters für Sachsen in der Zeit der Abwesenheit des Kurfürsten-Königs.
1. Juni Der Übertritt von August dem Starken zum katholischen Glauben ist eine Voraussetzung zur Erlangung des polnischen Königstitels.
15. September Krönung Augusts des Starken zum polnischen König nach der Wahl am 27. Juni.
29. September Im Religionsversicherungsdekret erklärt der Kurfürst, dass die Augsburger Konfession trotz seines Übertritts zum katholischen Glauben weiter gilt.

1698
Gründung der Depositen-/Wechselbank in Leipzig, die als erste Staatsbank in Deutschland gilt (bis 1706 tätig).
  August Treffen von August dem Starken mit dem russischen Zar Peter I. in Rawa, Vorabsprache für den Nordischen Krieg. Hintergrund ist das Versprechen Augusts an die polnischen Stände, Livland für Polen zurückzugewinnen (am 14. August 1699 erklärt).

1700
1. März Einführung des Gregorianischen Kalenders, der bis heute gilt.

1700–1721
Im Großen Nordischen Krieg kämpfen Schweden, Dänemark und Russland um die Vorherrschaft in der Ostsee. Sachsen ist durch das Kriegsziel, Livland zurückzugewinnen, daran beteiligt.

1702
Einführung der Generalkonsumtionsakzise in Leipzig.

1703
Gründung der Generalakzise-Inspektion als oberste Steuerbehörde.
1. Mai Niederlage der sächsischen Armee bei Pultusk gegen das schwedische Heer.

1704
Gründung der Kommerziendeputation, die für das Manufakturwesen zuständig ist.

1706
1. Juni Bildung des Geheimen Kabinetts als oberste Behörde des Landes. Diese Zentralbehörde ist die erste ihrer Art in Deutschland. Der Geheime Rat wird in das Geheime Consilium umgewandelt.
24. September Frieden von Altranstädt zwischen Schweden und Sachsen, das den Verzicht auf die polnische Krone erklärt. Sachsen bleibt von schwedischen Truppen besetzt.

1707
Gründung der Oberrechenkammer, die die erste ihrer Art in Deutschland ist. Einführung der Generalkonsumptionsakzise in ganz Sachsen.

1709
8. August August erklärt die Ungültigkeit des Altranstädter Friedens.
20. August Sächsische Truppen marschieren in Polen ein. August wird wieder König von Polen.
August löst die ständige Deputation des Landtags auf.

1710
23. Januar Gründung der Porzellanmanufaktur Meißen, nachdem Johann Friedrich Böttger und Ehrenfried Walther von Tschirnhaus die europäische Nachentdeckung der Porzellanherstellung gelungen war.

1711
17. April August der Starke übernimmt das Reichsvikariat, da Kaiser Joseph I. verstorben ist, d. h., August verwaltet das Reich bis zur Krönung Karls VI. zum Kaiser.
Frühjahr August der Starke greift auf dem Landtag tief in das Recht der Stände ein, die sich nun nicht mehr eigenständig versammeln dürfen. Der Kurfürst braucht für die Erhebung der indirekten Steuern nicht mehr die Zustimmung der Stände und ist frei in der Kreditaufnahme.

1712
27. November Kurprinz Friedrich August tritt auf Befehl des Vaters heimlich zum katholischen Glauben über.

1713
12. April Adam Friedrich Zürner erhält von August den Auftrag zur Landvermessung. Seine Arbeit ist die Grundlage für die Aufstellung der Postmeilensäulen.

1718
Die Sekundogenitur Sachsen-Zeitz fällt an Sachsen zurück.

1719
20. August Hochzeit von Kronprinz Friedrich August mit der Habsburgerin Maria Josepha.
Dezember Präliminarvertrag zwischen Sachsen und Schweden, der den Nordischen Krieg für Sachsen beendet.

1721 und Folgejahre
Restrukturierung der Kunstsammlungen Dresden, die ihren zum Teil bis heute existierenden Zuschnitt bekommen und der fürstlichen Repräsentation dienen.

1722
Beginn einer Heeresreform (bis 1728).
Gründung der Herrnhuter Brüdergemeinde durch Graf Nikolaus Ludwig von Zinzendorf, der auf seinem Gut Berthelsdorf/Herrnhut böhmische Glaubensflüchtlinge aufnimmt.
17. März Beginn der Aufstellung der Postmeilensäulen und Einführung der kursächsischen Postmeile als einheitliches Längenmaß.

1723
Gründung der Ritterakademie im Palais Wackerbarth in Dresden, die junge Adlige militärisch ausbildet.

1724
10. Januar Eine neue Prozessordnung löst die von 1622 ab. Sie gilt als wichtigste deutsche Zivilprozessordnung des 18. Jahrhunderts.

1726
Bau der Frauenkirche Dresden (bis 1743).

1728
11. März Die mehr als 100 Jahre in Kraft gebliebene Landtagsordnung fixiert das Recht der Stände im Landtag.
16. Oktober Handelsvertrag zwischen Sachsen und Preußen, der die Handelsauseinandersetzungen zunächst beendet und vor allem für die Handelswege von und nach Leipzig wichtig ist.

1730
31. Mai bis 28. Juni Das Zeithainer Lager gilt als größtes Fest des Barockzeitalters überhaupt. August der Starke stellt seine Armee im Manöver vor. Ein fünfstündiges Feuerwerk krönt das Fest.

1732/33
Johann Ernst Hebenstreit aus Leipzig führt die erste wissenschaftliche Afrikaexpedition durch, zu dessen Leiter ihn August der Starke ernannt hat. Hebenstreit bringt afrikanische Pflanzen und Tiere mit.

1733
1. Februar August der Starke stirbt in Warschau, Nachfolger wird Friedrich August II.
16. Juli Anerkennung der Pragmatischen Sanktion durch Sachsen, Maria Josepha erklärt Verzicht auf Erbansprüche in Österreich.

17. Oktober Krönung Friedrich Augusts II. zum polnischen König als August III. nach dessen Wahl am 5. Oktober.

1735
Gründung der Landesökonomie-, Manufaktur- und Commerciendeputation, die der Wirtschaftsförderung dient und 1764 wesentlich erweitert wird.

1738
Heinrich von Brühl wird Ratgeber Friedrich Augusts II., Brühl wird ab 1746 Premierminister.
Die Sekundogenitur Sachsen-Merseburg fällt an Sachsen zurück.

1740
4. Mai Haupt- und Nebenrezess mit dem Haus Schönburg. Die Schönburgischen Herrschaften geben die Reichsunmittelbarkeit auf und ordnen sich den Wettinern unter.

1740–1742
Erster Schlesischer Krieg als Teil des Österreichischen Erbfolgekrieges, Preußen annektiert Schlesien, Sachsen kämpft auf Seite Preußens gegen Österreich und hofft auf die Realisierung einer Landverbindung nach Polen. Am 28. Juli 1742 wird der Frieden von Berlin geschlossen und beinhaltet die Abtretung Schlesiens an Preußen.

1744/45
Zweiter Schlesischer Krieg, in dem in Mitteleuropa vor allem um die Zugehörigkeit Schlesiens zu Preußen oder Österreich gekämpft wird. Sachsen steht auf Seiten Österreichs und wird zum Kriegsschauplatz.

1745

15. Dezember Schlacht von Kesselsdorf. Sieg der preußischen Armee über die Heere Sachsens und Österreichs. Preußen besetzt Dresden am 17. Dezember.

25. Dezember Frieden zu Dresden, der den Zweiten Schlesischen Krieg beendet. Schlesien bleibt Bestandteil Preußens und Sachsen verpflichtet sich zur Zahlung einer Kriegsentschädigung von einer Million Taler an Preußen.

1746

Die Sekundogenitur Sachsen-Weißenfels fällt an Sachsen zurück.

1751

29. Juni Weihe der Katholischen Hofkirche in Dresden, die seit 1739 gebaut wurde.

1756

April Beginn des Siebenjähriges Krieges im Mittelmeer (Dritter Schlesischer Krieg).
1. Mai In Versailles wird die Große Koalition gegen Preußen geschlossen, die zur Isolierung Preußens führt. Vorausgegangen war die preußisch-englische Konvention von Westminister vom 16. Februar 1756 zum Schutz des Kurfürstentums Hannover.
29. August Einmarsch der preußischen Armee ohne Kriegserklärung in Sachsen, bis 1763 wird Sachsen besetzt. Friedrich August II. geht mit seinem Hof nach Warschau, wo er bis Kriegsende bleibt.
17. Oktober Kapitulation der sächsischen Armee bei Pirna. Einzelne Regimenter kämpfen in verbündeten Armeen weiter.

1759

ab 5. September Abzug der Preußen aus Dresden nach der Niederlage bei Kunersdorf gegen ein russisch-österreichisches Heer. Das österreichische und das Reichsheer rücken in die Stadt ein.
20. November Niederlage der Preußen bei Maxen gegen das österreichische Heer. Friedrich der Große hatte versucht, die Österreicher aus Sachsen zu werfen.

1760

10. Juli bis 30. Juli Belagerung von Dresden durch preußische Truppen, das durch Artillerie beschossen wird. Zerstört wird u. a. die Kreuzkirche.
3. November Schlacht bei Torgau, die mit einem Sieg der preußischen Armee über das österreichische Heer endet. Damit fällt Sachsen wieder zum großen Teil unter preußische Besatzung.

1762

29. Oktober Schlacht bei Freiberg. In der letzten großen Schlacht des Siebenjährigen Krieges besiegt die preußische Armee das Reichsheer und sichert so Sachsen als Pfand in künftigen Friedensverhandlungen für Preußen. Gleichzeitig beendet diese Schlacht die kriegerischen Auseinandersetzungen in Sachsen.

1763

21. März Friedrich II. von Preußen verlässt Sachsen, Rückkehr Friedrich Augusts II. nach Dresden am 30. April 1763.

Die sächsisch-polnische Union

Über ein halbes Jahrhundert bestimmte die Personalunion mit Polen die sächsische Geschichte. Das Heilige Römische Reich Deutscher Nation war ein Staatenbund unter dem Kaiser. Die beiden Königstitel auf diesem Territorium, der deutsche und der böhmische, waren an das Haus Habsburg gekoppelt, sodass der Erwerb eines Königstitels für einen Kurfürsten nur außerhalb des Reichs möglich war. Den Hohenzollern war dies 1701 mit dem preußischen Thron gelungen und den Welfen 1714 mit dem englischen Königstitel. Um mit den europäischen Mächten konkurrieren zu können, war das Erlangen einer Königskrone für August den Starken nicht nur eine Option, sondern die Ausgangsbedingung für jede weitere Politik Sachsens als die einer europäischen Macht. Polen war Wahlkönigtum; als Johann III. Sobieski 1696 starb, griff August zu. Mit hohen Wahlgeldern und dem Übertritt zum katholischen Glauben erhielt der sächsische Kurfürst die meisten Stimmen. Am 15. September wurde Kurfürst Friedrich August I. zum polnischen König August II. in Krakau gekrönt. Bereits die geografischen Dimensionen verdeutlichen den ungeheuren Zuwachs: Polens Grenze lag kurz vor Kiew und sogar noch darüber hinaus – 1.200 km von Dresden entfernt. 1.200 km sind die gleiche Strecke wie von Dresden nach Nantes an der Atlantikküste, von Dresden bis Helsinki oder bis Neapel. Im Süden grenzte Polen an das Osmanische Reich, die Grenze bildete der Fluss Dnjestr. Das polnische Gebiet trennte territorial Brandenburg von (Ost-)Preußen. Brandenburg-Preußens längste Grenze zu einem Staat war die zu Sachsen-Polen. Da August vor der Wahl die Eroberung Livlands versprochen hatte, das 1629 von Schweden eingenommen worden war, begann August der Starke mit Russland und Dänemark den Nordischen Krieg. Nach verlorenen Schlachten gegen die Schweden musste August schon 1706 dem polnischen Thron entsagen, den er fünf Jahre später mit Hilfe Russlands wiedergewann. Die schwedische Armee besetzte 1706/07 Sachsen.

Über 20 Jahre einer Friedenszeit begannen, die heute einen Teil des sächsischen Nukleus als Mythos bildet – das glanzvolle barocke Sachsen mit August dem Starken an der Spitze. Die prächtige Hofhaltung, die Kosten für den Erwerb der polnischen Krone und die ausgeführten Schlossbauten ließen aber auch die sächsischen Staatsschulden bis 1756 auf 35 Millionen Taler anwachsen. Gespart wurde am Militär, was sich im Siebenjährigen Krieg bitter rächte: Die sächsische Armee hatte 1756 eine Stärke von 21.000 Soldaten, die preußische über 150.000.

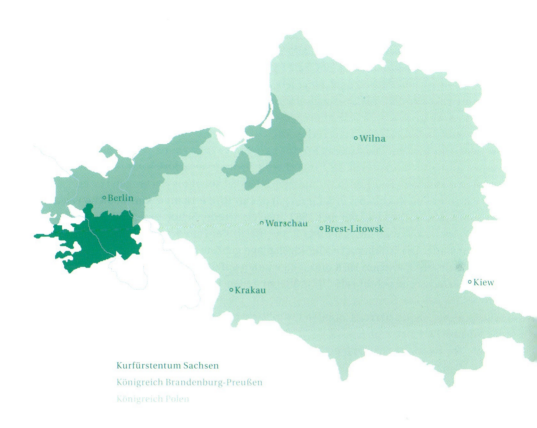

Kurfürstentum Sachsen
Königreich Brandenburg-Preußen
Königreich Polen

Die sächsisch-polnische Personalunion, die von 1696 bis 1763 bestand, bildete eine der großen, aber vergebenen Chancen der sächsischen Geschichte. Polens Territorium, das August der Starke regierte, reichte fast bis zum Schwarzen Meer.

Barocke Bauwerke und Parks

Die Stilepoche des Barock entstand zunächst als sinnhafter Ausdruck der Gegenreformation und begann in der Mitte des 16. Jahrhunderts in Rom. Der Barock entwickelte sich – nach dem Dreißigjährigen Krieg, der viele Opfer gefordert und Verwüstung nach sich gezogen hatte – aus dem Wunsch nach einer lebensbetonenden, Freude ausdrückenden Kunst, zum herrschenden Stil. Als in der zweiten Hälfte des 17. Jahrhunderts Ludwig XIV. das Schloss Versailles errichten ließ, ahmten dies viele im Rahmen ihrer Möglichkeiten nach: Fürsten mit großen Schloss- und Parkanlagen, der Adel mit kleineren Anlagen und sogar das reiche Bürgertum. Die Architektur des Barock war dabei auch politisches Programm, das den Absolutheitsanspruch der Landesherren genauso unterstrich wie das Anlegen oder Erweitern von fürstlichen Kunstsammlungen oder das Abhalten von großen Festen.

Als frühes Barockschloss in Sachsen gilt das ab 1678 errichtete kurfürstliche Palais im Großen Garten in Dresden, der seit 1683 angelegt wurde. Schon einige Jahre vorher, seit 1666, erfolgte der Umbau des Schlosses Rötha (Besitz der Familie von Friesen), das 1969 abgerissen wurde. Die frühbarocke Vierflügelanlage gehörte zu den bedeutendsten Barockbauten Sachsens. Zwischen 1678 und 1763 wurden auf dem Gebiet des heutigen Sachsens fast 100 Schlösser errichtet oder in größeren Teilen umgebaut. Bedeutende sächsische Barockschlösser, die fast bis zum Ende des 18. Jahrhunderts gebaut wurden, sind das Schloss Delitzsch für Herzog Christian I. von Sachsen-Merseburg, der Zwinger in Dresden, das Japanische Palais, die Schlösser Großsedlitz, Hubertusburg, Pillnitz und Moritzburg, die alle für August den Starken errichtet wurden, das Schloss Neschwitz für Herzog Friedrich Ludwig von Württemberg, Rammenau für Ernst Ferdinand von Knoch, Lichtenwalde für Christoph Heinrich von Watzdorf, der Umbau von Nischwitz für Heinrich von Brühl, Schloss Dahlen für Heinrich von Bünau, Kössern für Wolf Dietrich von Erdmannsdorff und viele mehr. Die Schlösser Gohlis, schon im Übergang zum Rokoko, für den Kaufmann Caspar Richter und Wiederau für den geadelten Kaufmann David von Fletscher sind barocke Schlossbauten für Bürgerliche.

Plan des Gartens von Schloss Hubertusburg, 1724. Die Anlage stellt eine typische barocke Gartenlandschaft dar.

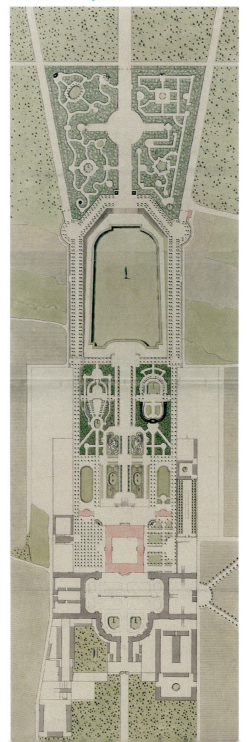

Manufakturen

Zum absolutistischen Staat gehörte die merkantilistische Wirtschaftsauffassung, d. h. die Förderung der Wirtschaft im Inneren und die Erhebung hoher Zölle, um Importe zu erschweren sowie einen möglichst großen Export zu erzielen. Durch diese interventionistische Politik agierte der Staat als Wirtschaftslenker, der die Ansiedlung von Manufakturen und neuen Gewerbezweigen aktiv betrieb; ein Paradebeispiel dafür ist die Errichtung der Meißner Porzellanmanufaktur 1710. Der Wirtschaftsförderung diente auch die 1735 gegründete Kommerziendeputation, eine halbstaatliche Kommission. Die sächsische Landwirtschaft erzielte nicht die notwendigen Erträge, um die wachsende Bevölkerung zu ernähren, die auf Getreideimporte angewiesen war.

Da Maschinen noch nicht in der Lage waren, komplexe Arbeiten durchzuführen, bestand die einzige Möglichkeit einer Produktivitätssteigerung in der Zusammenfassung von Arbeitsgängen in den Manufakturen, den Vorgängern von Fabriken. Manufakturen waren die Innovation der merkantilen Wirtschaftspolitik des ausgehenden 17. Jahrhunderts. Der Produktionsprozess wurde hier in einzelne Arbeitsschritte unterteilt, die jeweils von spezialisierten Handwerkern durchgeführt wurden. Mit dieser Spezialisierung waren eine höhere Geschwindigkeit und damit eine Produktivitätssteigerung möglich. Manufakturen entstanden vor allem als Gründungen durch den Landesherrn selbst (z. B. 1710 die Gründung der Porzellanmanufaktur Meißen) oder durch Kaufleute. Während der Regierungszeit Augusts des Starken wurden 26 Manufakturen geschaffen, von 1694 bis 1763 insgesamt 45. Sie verarbeiteten vorrangig Textilien und Metalle. Seit 1693, also seit 320 Jahren, existiert in Freiberg die Firma Thiele & Steinert, die als Manufaktur leonischer Waren (Feindrahtprodukte) gegründet wurde. Den vordersten Platz in dieser Entwicklung während der ersten Hälfte des 18. Jahrhunderts nahm Leipzig mit zwölf gegründeten Manufakturen ein, doppelt so viele wie in Dresden. In Chemnitz, der Industriestadt des 19. Jahrhunderts, gab es dagegen nur eine einzige. Regionale Schwerpunkte existierten, anders bei der industriellen Entwicklung Sachsens im 19. Jahrhundert, noch nicht. Selbst in kleineren Ortschaften wie Beierfeld, Pretzsch oder Friedrichsthal entstanden Manufakturen. Die Etablierung dieses Wirtschaftszweiges hatte oft langfristige Wirkungen, da sich aus den Manufakturen Fabriken entwickelten oder sich in ihrem Umfeld weitere Betriebe ansiedelten. Man kann sie also durchaus als vormoderne »Wachstumskerne« bezeichnen.

Manufakturen 1694–1763

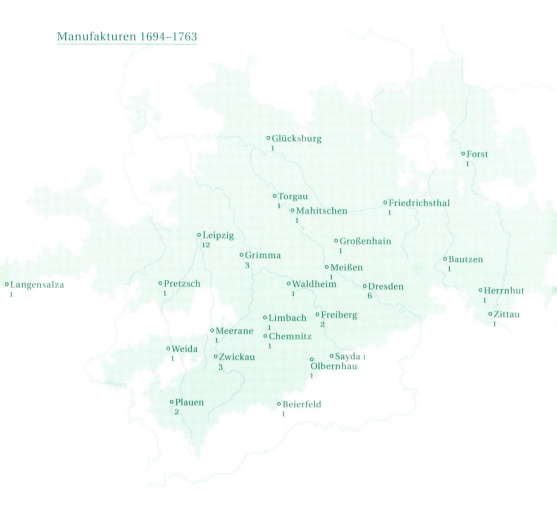

Die heutige Ausprägung Sachsens mit seinen wirtschaftlichen Schwerpunkten lässt sich aus der Manufakturentwicklung bis 1763 noch nicht ablesen. Besonders in Leipzig entstanden zahlreiche Manufakturen. Die Zahl gibt die gegründeten Manufakturen an.

Nahrungsrevolution

Bis in das 18. Jahrhundert hinein glich der alltägliche Speiseplan der Bevölkerung dem der Jahrhunderte zuvor. Zwar waren bereits im 17. Jahrhundert alle wichtigen neuen Nahrungsmittel wie Kartoffel, Tee, Kakao u.a. bekannt, jedoch dauerte es Jahrzehnte, bis sie sich durchgesetzt hatten, zumal sie, aus Amerika oder Asien kommend, für die Normalbevölkerung zunächst unerschwinglich waren. Ab Mitte des 17. Jahrhunderts wurde die Kartoffel im Vogtland angebaut. Noch 100 Jahre später galten die »Erdäpfel« in Sachsen als erzgebirgische und vogtländische Gebirgsfrucht, die nach dem Dreißigjährigen Krieg auf immer größeren Anbauflächen gelegt wurde. Die Wirtschaftskrise und Hungersnot 1770/71 führte dann auch im sächsischen Flachland zu einem verstärkten Anbau. Innerhalb weniger Jahrzehnte wurde die Kartoffel zu einem fast universell einsetzbaren Grundnahrungsmittel, das heute aus der sächsischen Küche nicht mehr wegzudenken ist. Dafür verschwand die Hirse fast vollständig und der Anbau anderer Getreidearten wurde reduziert. Zucker konnte bis zur Nutzung der Zuckerrüben Anfang des 19. Jahrhunderts nur aus dem Zuckerrohr gewonnen werden. Er war dementsprechend teuer und wurde in verschließbaren Dosen aufbewahrt. Im 18. Jahrhundert traten auch die Heißgetränke ihren Siegeszug bei der Bevölkerung an und veränderten damit die Trinkgewohnheiten. Vorher enthielten die meisten hergestellten Getränke einen Alkoholanteil. Nun gab es Tee und heiße Schokolade, die durch Ludwig XIV. Aufnahme im Adel und später auch im Bürgertum fanden. Kakao bzw. Schokolade revolutionierte von Frankreich aus auch die Essgewohnheiten. 1804 gründete Friedrich August Miethe die älteste Schokoladenfabrik Deutschlands, die Halloren Schokoladenfabrik in Halle/Saale. Eine weitaus größere Bedeutung als die Trinkschokolade erlangte jedoch der Kaffee. 1718/19 entstand in Leipzig Deutschlands wohl ältestes Kaffeehaus »Zum Arabischen Coffee Baum«. Der Kaffee war durch die Belagerung Wiens durch die Türken, die ihn tranken, in Mitteleuropa bekannt geworden und ist seitdem eines der »Volksgetränke«. Die Nahrungsrevolution des 18. Jahrhunderts fand ihre Fortsetzung im 19. Jahrhundert, als industrielle Verarbeitungsmethoden auch in der Lebensmittelindustrie angewendet wurden und seit Mitte des 19. Jahrhunderts der Fleischkonsum stark anstieg. So bildete sich in diesen beiden Jahrhunderten der Grundlage der heutigen Essgewohnheiten heraus.

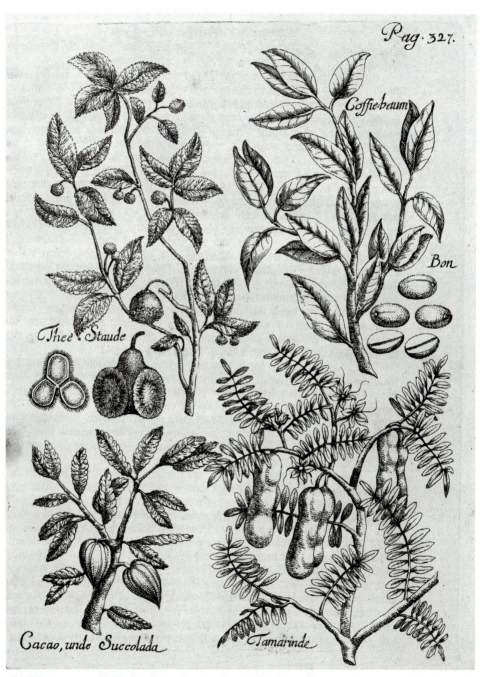

Abbildungen von Kaffeefrüchten, Teestauden und Kakaopflanzen, 1682

Siebenjähriger Krieg

Als Friedrich der Große 1756 die sächsische Grenze überschritt, lag sein politisches Testament vier Jahre zurück. Darin formulierte er seine politischen Leitlinien: »Sachsen jedoch wäre die nützlichste [Erwerbung]; es würde die Grenze am weitesten hinausschieben. […] Sachsen würde der Schwäche der Hauptstadt abhelfen und sie doppelt durch die Elbe und die Berge, die es von Böhmen trennen, decken. […] Ließe sich ganz Sachsen unserem Staat nicht einverleiben, so könnte man sich mit der Lausitz zufriedengeben und den Lauf der Elbe als Grenze nehmen.« Ob diese «politischen Träumereien«, wie er sie selbst nannte, Handlungsziel oder Spekulation waren, ist bis heute umstritten. Brandenburg-Preußen verfügte über keine natürliche Grenze zu Sachsen und Potsdam war nur wenige Tagesritte von der Grenze entfernt. Die Annexion oder politische Ausschaltung Sachsens, zumal mit der Personalunion mit Polen, musste daher für Friedrich als eine Lebensfrage für Preußen erscheinen; ob dies 1756 der Grund des Einmarschs war, bleibt offen. Eine Kriegserklärung ging dem Angriff nicht voraus. Torgau, Leipzig und Dresden gerieten unter preußische Besatzung, die sächsische Armee kapitulierte am 16. Oktober. Friedrich August II. und sein Hof, darunter Heinrich von Brühl, hatten sich auf dem Königstein verschanzt und durften auf Friedrichs Geheiß Sachsen verlassen. Sie blieben bis zum Kriegsende in Polen. Einzelne sächsische Regimenter kämpften in der französischen und österreichischen Armee. Der preußische König presste das unter preußischer Militärverwaltung stehende Sachsen, das ihm zur Finanzierung des Krieges diente, finanziell und wirtschaftlich aus. Große Teile Europas standen gegen Preußen und der gesamte Siebenjährige Krieg unterlag den verschiedenen Interessen der großen europäischen Mächte wie Russland, Frankreich und England, deren Truppen auch in den Kolonien in Übersee kämpften. Zudem vollzog sich in der westlichen Welt eine totale Machtverschiebung, die Mitteleuropa nicht unberührt lassen konnte: Die das nächste Jahrhundert bestimmenden Mächte wie England oder Preußen strebten auf. Truppendurchzüge und die Schlachten bei Roßbach (5. November 1757), Hochkirch (14. Oktober 1758), Hoyerswerda (25. September 1759), Maxen (20. November 1759), Torgau (3. November 1760), Döbeln (12. Mai 1762) und Freiberg (29. Oktober 1762), der Beschuss und die Belagerungen von Pirna, Zittau, Dresden, Wittenberg und anderer Städte machten Sachsen zu einem der Hauptkriegsschauplätze. Manche Regionen waren stärker betroffen als im Dreißigjährigen Krieg. Am 24. November 1762 beschlossen Preußen und Österreich in Wilsdruff einen Waffenstillstand. Die Friedensverträge wurden auf dem Jagdschloss Hubertusburg bei Wermsdorf am 15. Februar 1763 unterschrieben und traten am 1. März in Kraft – der Siebenjährige Krieg war beendet und der territoriale Zustand von vor dem Krieg wiederhergestellt.

*Schloss Hubertusburg, Ort des Friedensschlusses 1763.
Abgebildet sind Friedrich August II. von Sachsen, Maria Theresia
von Österreich und Friedrich II. von Preußen.*

Sachsens Wiederaufbau 1763–1806
Rétablissement, Schuldentilgung, Manufakturen

»Sachsen ist wie ein Mehlsack, egal wie oft man draufschlägt, es kommt immer noch etwas heraus.« Dieser angebliche Ausspruch Friedrich des Großen kennzeichnet die hohen Kriegskontributionen, die Sachsen an Preußen zahlen musste. Sachsen war 1763 finanziell ruiniert – die Verschuldung betrug 28 Millionen Taler, meistens bei Gläubigern im Ausland, die Kriegsschäden 100 Millionen Taler und die Politik hatte in einem Fiasko geendet. Aber nicht nur die Kriegsentschädigungen in Höhe von einer Million Talern an Preußen, sondern auch die luxuriöse Hofhaltung zuvor hatten die sächsischen Staatsfinanzen an den Rand des Abgrunds gedrängt.

Umso entscheidender war die schnelle wirtschaftliche Erholung. Kurprinz Friedrich Christian drängte auf Einsetzung einer Restaurationskommission, die ein reichliches Jahr tätig war. Der Konferenzminister Freiherr Thomas von Fritsch konzipierte mit dem Kronprinzen, der nach dem Tod Augusts III. nur von Oktober bis Dezember 1763 regierte, den Wiederaufbau Sachsens. Der Plan der Restaurationskommission beschränkte sich nicht nur auf Schuldentilgung und Wirtschaftsförderung, sondern legte die Außenpolitik Sachsens für die nächsten Jahrzehnte fest. Die Schuldentilgung geschah maßvoll und ohne übertriebene Belastung der Einwohner. Die Restaurationskommission bezog alle Gewerbe und Schichten ein und ihre kurze Tätigkeit entfaltete reichen Ertrag. Schon zehn Jahre später erzielte Sachsen einen Haushaltsüberschuss, der weitere zehn Jahre später auch die Schulden zu einem nicht unerheblichen Teil getilgt hatte. Ende des 18. Jahrhunderts begann die Industrielle Revolution. Gründungen von Manufakturen, vor allem in der Textil-(Woll-)Industrie, nahmen stark zu. Zur Wirtschaftsförderung gehörte auch die Etablierung von Hochschulen. Letzten

Endes blieb Sachsen jedoch hinter den Möglichkeiten zurück; dem Kurfürsten, der Regierung, den Ständen, dem Adel und der Bevölkerung war an einer ausgleichenden Politik gelegen, die wohl Ergebnis der Langzeiterfahrungen aus der Zeit Augusts des Starken und den Notjahren nach 1763 war.

Die wachsende Bevölkerung musste mit Nahrung versorgt werden. Eine entscheidende Rolle dabei spielte der Kartoffelanbau, der in der zweiten Hälfte des 18. Jahrhunderts stark zunahm – im 18. Jahrhundert bildete sich damit die Grundlage für die moderne Ernährung. Die Kartoffel als Alltagsnahrung und Grundbestandteil vieler Gerichte löste den davor üblichen Brei und die Grütze aus Getreide ab. Für wachsende Ernteerträge sorgte die zunehmende Verbreitung von künstlichem Dünger. Dies löste allerdings nicht die Konflikte auf dem Land, die vor allem durch die Verpflichtung zu bäuerlichen Frondiensten für den grundbesitzenden Adel entstanden. Diese führten 1790 zu einer gewaltsamen Erhebung der Bauern, dem sächsischen Bauernaufstand, der innerhalb weniger Monate niedergeschlagen wurde. Die Waffen lösten den Konflikt jedoch nicht, sondern vertagten lediglich die endgültige Entscheidung.

Episodisch blieb das außenpolitische Bündnis Sachsens mit Preußen im Bayerischen Erbfolgekrieg 1778/79. Wie so oft sorgten die kinderlosen Regenten – hier der bayrische Kurfürst Maximilian III. Joseph und Kurfürst Karl Theodor von der Pfalz – für Auseinandersetzungen über das Erbe. Sachsen wollte seine Ansprüche in Bayern wahren, die durch eine andere Erbfolge in Gefahr geraten wären; Preußen wollte einer Machterweiterung Österreichs entgegentreten. Im Teschener Frieden 1779 erhielt Sachsen eine Entschädigung. Gleichzeitig wurden die

Schönburgischen Herrschaften in das Kurfürstentum integriert. Somit hatte der Kurfürst auch den letzten selbstständigen Adel innerhalb des Kurfürstentums beseitigt.

Die Französische Revolution von 1789 markiert den Beginn des »langen 19. Jahrhunderts«. Ihre Folgen reichen bis in die heutige Zeit. Auch in Sachsen fanden die revolutionären Ideen Anklang: Der Bauernaufstand war ein erstes Warnsignal, dem der absolutistische Staat unter Friedrich August III. mit einem »Gesetz gegen Aufruhr« 1791 entgegentrat. Doch ließen sich die revolutionären Ideen dadurch nicht beseitigen, sondern nur eindämmen. Die von der Französischen Revolution ausgehende Gefahr für die europäischen Monarchien alarmierte die Herrscher. In der »Pillnitzer Deklaration« 1791 forderten Kaiser Leopold II. und Friedrich Wilhelm II. von Preußen die Wiederherstellung des Königtums in Frankreich. Die französische Revolutionsarmee überschritt die Reichsgrenzen, sodass das Kurfürstentum Sachsen sich militärisch an der Abwehr beteiligte. An der Seite Österreichs führte es den Krieg weiter; Preußen hatte 1795 mit Frankreich Frieden geschlossen. Das französische Parlament wählte Napoleon 1799 zum Ersten Konsul; 1804 ernannte er sich selbst zum französischen Kaiser. Frankreichs Vormachtstellung ausnutzend, animierte Napoleon deutsche Landesherren zur Gründung des Rheinbundes. Diese erklärten 1806 ihren Austritt aus dem Heiligen Römischen Reich Deutscher Nation. Kaiser Franz II. legte daraufhin die Krone nieder. 1803 hatte der Reichsdeputationshauptschluss die geistlichen Territorialherrschaften beseitigt, die weltlichen Fürstentümern zugeschlagen wurden. So veränderte sich innerhalb weniger Jahre die politische Situation in Mitteleuropa grundlegend. Das nun völlig selbstständige, zwischen zwei Großmächten eingeklemmte Sachsen versuchte, in den innereuropäischen Konflikten neutral zu bleiben, schloss sich aber 1806 Preußen an. In den Schlachten von Jena und Auerstädt unterlagen Sachsen und Preußen der französischen Armee.

»Die Pillnitzer Deklaration 1791«. Gemälde von Johann Heinrich Schmidt

1763–1806

1762
26. April Gründung der Restaurationskommission, die umfassende Vorschläge zum wirtschaftlichen und politischen Aufbau Sachsens macht und die unter Leitung von Thomas von Fritsch steht. Sie stellt das entscheidende Instrument für das Rétablissement dar.

1763
15. Februar Beendigung des Kriegszustandes zwischen Sachsen und Preußen im Frieden von Hubertusburg. Damit endet der Siebenjährige Krieg in Sachsen.
21. März Die preußischen Truppen ziehen aus Sachsen ab.
5. Oktober Kurfürst Friedrich August II. stirbt, sein Nachfolger wird Friedrich Christian.
17. Oktober Gründung der Steuerkreditkasse in Leipzig zur Tilgung bzw. Verwaltung der Steuerschulden.
20. Oktober Heinrich von Brühl stirbt.
19. November Auflösung der Restaurationskommission.
17. Dezember Kurfürst Friedrich Christian stirbt. Aufgrund der Unmündigkeit des Sohnes, des späteren Königs Friedrich August I., übernimmt Prinz Xaver die Regentschaft bis 1768.

1764
Gründung der Dresdner Allgemeinen Kunst-Akademie der Malerei, Bildhauer-Kunst, Kupferstecher- und Baukunst, der heutigen Kunstakademie Dresden.
6. Februar Gründung bzw. starke Erweiterung der Landesökonomie-, Manufaktur- und Commerciendeputation zur Wirtschaftsförderung zwischen Verwaltung und Wirtschaft.
26. Mai Gründung der Leipziger Ökonomischen Societät (als Teil des Rétablissements), die neue landwirtschaftliche und wirtschaftliche Kenntnisse verbreitet und zur Nutzung anregt, um so bessere ökonomische Leistungen zu erzielen.

1765
29. Juli Gründung der Kammerkreditkasse (Pfandbriefe, Teilschuldverschreibung), die die Kammerschulden, d. h. den Abbau der Staatsschulden verwaltet.
Oktober Verzicht der Wettiner auf die polnische Krone durch Erklärung des Prinzregenten Xaver, die aufgrund der politischen Lage nur noch formellen Charakter besitzt.
21. November Gründung der Bergakademie Freiberg, der ältesten noch bestehenden Montanhochschule der Welt.

1766
Gründung des Sanitätskollegiums Dresden, 1824 aufgelöst.

1768
13. September Xaver gibt die Regentschaft auf, Friedrich August III. (I.) übernimmt die Regierung.

1769
10. Dezember Erneuerung der Gesindeordnung, die u. a. die Versorgung regelt.

1770
27. Dezember Abschaffung der Folter (»Tortur«) und der Landesverweisung.

1771/72
Missernten und Hungersnot kosten ca. 100.000 Todesopfer.

1772
11. April Armenverordnung, die die Verantwortung für die Armen den jeweiligen Gemeinden zuweist.
6. Mai Mandat zur Einführung von Papiergeld (»Cassen-Billets«), Ausgabe am 1. Oktober.

1773
17. März Schulordnung, die das gesamte Schulwesen, besonders die Stadt- und Landschulen, umfassend reorganisiert und neue Fächer einführt.

1778
Erstes Taubstummeninstitut in Leipzig und Lehrerseminar in Dresden in Deutschland.

1778/79
Bayerischer Erbfolgekrieg; Sachsen erhebt Erbansprüche.

1779
13. Mai Der Frieden zu Teschen beendet den Krieg; Sachsen erhält Entschädigung.

1780
Dezember Gründung der staatlichen Tierarzneischule in Dresden (spätere Tierärztliche Hochschule).

1782
Gründung des Geheimen Finanzkollegiums, das aus der Generalhauptkasse, dem Kammer- und dem Bergkollegium als Vorläufer des Finanzministeriums entsteht.

1784
14. August Verbot des Aufenthalts von umherziehenden Schauspielergruppen auf den Dörfern.

1785
Erste Realschule Sachsens in Dresden eröffnet.
23. Juli Fürstenbund von Sachsen, Preußen und Hannover gegen Joseph II. Von Österreich zur Wahrung der Reichsverfassung, von Preußen als antihabsburgisches Instrument angesehen. Der Fürstenbund zerfällt nach 1790.

1787
1. Januar Einrichtung einer Pflichtbrandschutzversicherung für jeden Immobilienbesitzer.

1790
August / September Kursächsischer Bauernaufstand, der ganz Sachsen erfasst. Die Bauern wehren sich gegen die adligen Privilegien, der Aufstand wird durch Soldaten niedergeschlagen. Schon Pfingsten 1790 hatten sich die Bauern im Raum Wehlen erhoben.

1791
3. Mai Wahl Friedrich Augusts III. zum polnischen König. Friedrich August lehnt die Wahl ab.
27. August »Pillnitzer Deklaration« gegen das revolutionäre Frankreich. Preußen und Österreich erklären ihre Unterstützung für den französischen König Ludwig XVI. und schließen die Anwendung von Waffengewalt nicht aus.
15. Oktober Einrichtung einer Kommission, die eine neue Gerichtsordnung vorlegen soll.

1793
27. Februar Erlass der »Verordnung, die Qualifikation junger Männer zum künftigen

Civil- und Staatsdienst betreffend«, die eine gründliche Ausbildung und Vorkenntnisse in Geschichte, Staats- und Völkerrecht und Staatslehre fordert.
22. März Kriegserklärung des Reichs gegen das revolutionäre Frankreich (Koalitionskriege). Sachsen scheidet 1796 aus dem Krieg aus.

1803
14. Februar Erneuerung der Schulordnung. Um den regelmäßigen Schulbesuch zu gewährleisten, wird das Abendmahl nur noch an Schulkinder gespendet, die regelmäßig zur Schule gehen.
27. April Reichsdeputationshauptschluss. Geistliche Herrschaften werden weltlichen Fürstentümern zugeschlagen, Klöster auf-gelöst und eingezogen (Säkularisation), kleinere weltliche Herrschaften werden ebenfalls aufgelöst. Damit wird das Heilige Römische Reich Deutscher Nation territorial konsolidiert, da über 100 kleine Herrschaften aufgelöst wurden.

1804
18. Mai Napoleon krönt sich zum Kaiser von Frankreich.
11. August Franz II. lässt sich zum österreichischen Kaiser krönen, das Ende des Heiligen Römischen Reichs Deutscher Nation steht unmittelbar bevor.

1805
4. März Einführung der allgemeinen Schulpflicht in Sachsen, der Jungen und Mädchen vom 6. bis 14. Lebensjahr unterliegen.
26. Dezember Im Frieden zu Pressburg schließen Frankreich und Österreich nach den Koalitionskriegen Frieden. Österreich muss Gebiete an Baden, Bayern und Italien abtreten.

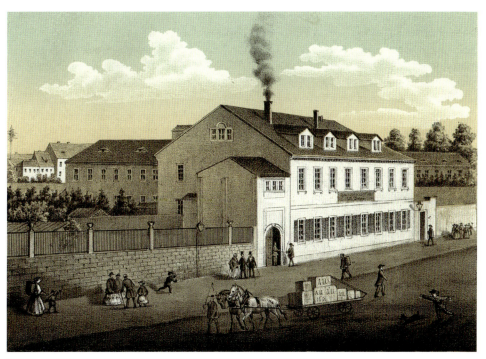
Stroh- und Rosshaarwarenmanufaktur Urban in Dresden, 1859

Rétablissement und Manufakturwesen

Dass Friedrichs Kontributionsforderungen Sachsen nach dem Siebenjährigen Krieg ruinierten, ist eine Legende – dass sie aber erheblich zur finanziellen Misere des Landes beitrugen, ist wahr. Schon vor dem Krieg war Sachsen durch die Politik Friedrich Augusts II. und Heinrich von Brühls mit 35 Millionen Talern verschuldet, die Kriegsfolgekosten lasteten noch zusätzlich darauf. So berief der Kurfürst bereits am 26. April 1762, also vor dem Hubertusburger Frieden, die Restaurationskommission ein, die bis zum 5. August 1763 tätig war. Die Schuldentilgung bildete das hauptsächliche Problem für jede weitere Entwicklung Sachsens. Die Landesökonomie-, Manufaktur- und Commerciendeputation war, wie der Name ausdrückt, für die gesamte sächsische Wirtschaft zuständig, beaufsichtigte und honorierte beispielsweise Erfindungen mit Prämien. Mit der Gründung der Steuerkreditkasse 1763 wurde ein hervorragend wirkendes Instrument geschaffen, da sie niedrig verzinste Schuldscheine (ähnlich der ehemaligen Bundesschatzbriefe) verkaufte, womit der Staat wieder an Geld kam. 1772 wurden die »Churfürstlich Sächsischen Cassen-Billets« in Höhe von 1,5 Millionen Talern ausgegeben – eine der frühesten Papiergeldausgaben überhaupt. Reformen des Staatsaufbaus und der Behörden folgten. Die Struktur des Landes wirkte begünstigend; über ein Drittel der Bevölkerung lebte schon in Städten. Sachsen war weder Feudal- noch Agrarstaat.

Bezüglich der Städte und Gemeinden folgte der Kurfürst einer restaurativen Politik, die vor allem in der Mängelbeseitigung bestand. Gesetze wurden leicht modernisiert. Das Bürgertum organisierte sich selbst, z. B. in der Leipziger Ökonomischen Societät, die 1764 gegründet wurde und von der sich 1816 die Dresdner Ökonomische Gesellschaft abspaltete. Schon zehn Jahre nach dem Ende des Siebenjährigen Krieges erzielte der Staatshaushalt einen Überschuss. Das Rétablissement stellt eine in der deutschen Geschichte nur selten erreichte ökonomische Aufbauleistung dar, die z. B. mit dem Wirtschaftswunder in der Bundesrepublik nach 1949 zu vergleichen ist. Vor allem bildet das Rétablissement mit seiner Wirtschaftsförderung die Grundlage für die Entwicklung Sachsens zum Industrieland im 19. Jahrhundert.

Manufakturen 1763–1806

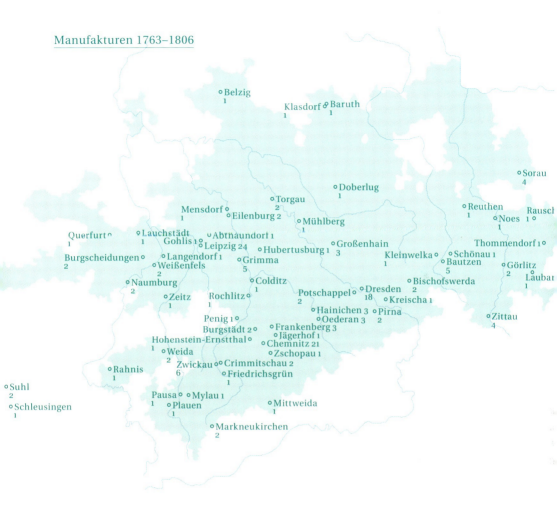

Zwischen 1763 und 1806 wurden in ganz Sachsen viele Manufakturen gegründet, vor allem in Westsachsen und dem Erzgebirge, die sich nach 1806 zu wichtigen Industrieregionen entwickelten.

Gelehrte Gesellschaften

Die Ursprünge gelehrter Gesellschaften, die im 18. Jahrhundert ihre Blütezeit erlebten, liegen noch im 17. Jahrhundert, als erste Sozietäten wie die Fruchtbringende Gesellschaft von 1617 entstanden. Sie vereinigten Wissenschaftler, Adlige, Rektoren und andere, die nicht nur am Ort der Gesellschaft lebten, sondern auch als korrespondierende Mitglieder in weiter entfernten Regionen. Durch diese gelehrten Gesellschaften, aber auch durch die in der Blüte stehenden Freimaurerlogen, entstanden Netzwerke in ganz Deutschland und Europa, die einen ganz erheblichen Einfluss auf die Durchsetzung der Aufklärung hatten. Besonders Leipzig galt als Zentrum der Spätaufklärung.

Naturgemäß gründeten Gelehrte diese Gesellschaften, weshalb sie sich meist in Sachsen in den Universitätsstädten Leipzig und Wittenberg befanden. In Leipzig gab es im 18. Jahrhundert die Gesellschaft zur Verfertigung der Teutschen Kirchengeschichte Leipzig (1704), die Wendische Predigergesellschaft (1716), die Vertraute Rednergesellschaft Fabricius (1723), die Deutsche Gesellschaft (1727), die Disputiergesellschaft angehender Mediziner (1736), die Gesellschaft der Alethophilen (1738/1740), die Correspondierende Societät der musikalischen Wissenschaften (1739), die Dichtergesellschaft (1746), die Gesellschaft der schönen Wissenschaften und freien Künste (1752), die Societät von Gelehrten, schönen Geistern, Künstlern und Kunstförderern (1763), die Gesellschaft dichtender Freunde (1773), die Fürstlich Jablonowskische Gesellschaft (1774), die Philologische Societät Beck (1784), die Linnésche und Griechische Gesellschaft (beide 1789), die Medizinische Disputiergesellschaft (1797) und die Praktisch-psychologische Gesellschaft (1799). 1846 wurde die heutige Sächsische Akademie der Wissenschaften in Leipzig gegründet. In Wittenberg entstanden ein Literarischer Zirkel, die Societas Colligentium (1717), die Deutsche Gesellschaft (1738), die Deutschübende Gesellschaft (1756) und die Lateinische Privatgesellschaft (1778). Außerdem bestanden in Sachsen u. a. noch seit 1753 die Gesellschaft auf den vier Obersächsischen Akademien und die Oberlausitzische Gesellschaft der Wissenschaften (seit 1779), die bis heute existiert. Indirekte Nachfolger sind die wissenschaftlichen Vereine im 19. Jahrhundert.

Kunst im 18. Jahrhundert

Der Nimbus des Kunstlandes Sachsen ist vor allem ein Ergebnis augusteischer Politik. Nachdem im 17. Jahrhundert der Dreißigjährige Krieg und das geringe Interesse der sächsischen Kurfürsten nur relativ wenig Bleibendes schufen, blühte die Kunst schon nach 1670, aber vor allem nach dem Regierungsantritt Augusts des Starken, auf. Die kurfürstlichen Kunstsammlungen, 1560 entstanden, wurden durch ihn um 1720 reorganisiert und sind, wie die Bauwerke und Parks, als ein Mittel der absolutistischen Politik anzusehen.

Die Staatlichen Kunstsammlungen Dresden verdanken der fürstlichen Repräsentationslust der ersten Hälfte des 18. Jahrhunderts zahlreiche ihrer kostbarsten, heute weltbekannten Werke, die seit 1746 der Öffentlichkeit zugänglich waren, und bilden damit einen Teil des fast weltbekannten Mythos vom barocken Sachsen. August führte eine Trennung und auch eine Neuanlage der diversen Sammlungen durch, die heute noch zum Teil der Museumsstruktur der Staatlichen Kunstsammlungen Dresden entsprechen: Skulpturen- (Antiken-Kabinett) und Porzellansammlung, Rüstkammer, Kupferstich-Kabinett, Gemäldegalerie, Grünes Gewölbe, Mathematisch-Physikalischer Salon und Münzkabinett. Viele der heute weltberühmten Gemälde wurden in der augusteischen Zeit 1694 bis 1763 erworben: die »Sixtinische Madonna«, »Das Schokoladenmädchen«, »Die Heilige Nacht«, »Die Schlummernde Venus« u. a. m., insgesamt 4.000 Exponate. 1739 erwarb die kurfürstliche Bibliothek den heute ebenso weltberühmten Maya-Codex. Der Hofjuwelier Johann Melchior Dinglinger schuf für das Grüne Gewölbe einige der kostbarsten Stücke, in die Skulpturensammlung gelangten der »Dresdner Knabe« und der »Dresdner Zeus«. Am kurfürstlich-königlichen Hof sammelten sich Musiker und Komponisten, Baumeister, Gelehrte, Bildhauer und Maler, deren Werke bis heute bekannt sind. Adlige und wohlhabende Bürgerliche ahmten den fürstlichen Stil im kleineren Maßstab nach, sodass nicht nur in der Residenzstadt Dresden, sondern im gesamten Land Kunststätten entstanden. Nach dem Siebenjährigen Krieg wurden aus finanziellen Gründen Kunsteinrichtungen geschlossen und viele Künstler verließen das Land. Erst ab den 1770er-Jahren belebte sich das Kunstleben in Sachsen wieder.

Wappenabbildung der Societät der christlichen Liebe und Wissenschaften aus der Leichenpredigt für den Rechtsgelehrten Johann Nicolai Lochner, 1748

Der kursächsische Bauernaufstand von 1790

Als konkrete Folge der Französischen Revolution gilt der kursächsische Bauernaufstand von 1790. Der Begriff »Bauernaufstand« kennzeichnet das Geschehen richtig: Es war eine Erhebung der Bauern mit nur sehr geringer Beteiligung des Bürgertums gegen den Adel. Mit dem wirtschaftlichen Wiederaufbau des Landes nach 1763 ergaben sich neue Möglichkeiten für Gewerbetreibende, Handwerker und Bürgertum, aber nicht für die Landbevölkerung, die noch immer in den feudalen Schranken leben musste, vor allem in den gutseigenen Dörfern. Besonders das Jagdrecht des Adels und die Frondienste, also die überkommenen Rechte, empörten die Bauern. So genügte nur ein Funke am Pulverfass. Der strenge Winter 1789/90 und die darauffolgende Dürre verschlechterten die Lage der Landbevölkerung noch weiter. Pfingsten 1790 vertrieben daraufhin Bauern in Wehlen und Umgebung das Wild oder schossen es ab und verletzten damit adlige Privilegien. Diese Revolte griff um sich, bis nach Torgau und Hoyerswerda. Doch schon im Juli hatte der Kurfürst die Lage unter Kontrolle. Der Liebstädter Seiler Christian Benjamin Geißler, vom Aufbegehren der Bauern und von den Ereignissen in Frankreich inspiriert, verfasste »aufrührerische Schriften« und wollte mit einem »Bauernmarsch« nach Dresden und Pillnitz den Kurfürsten zur Annahme seiner Forderungen zwingen. Geißler, dessen Wirkung in der DDR stark überbetont wurde, kam bereits im Juli ins Gefängnis.

Der Aufstand brach zuerst in Churschütz aus, als die Bauern die Frondienste verweigerten. Schnell schlossen sich andere Bauern an, bis die unkoordinierte Aufstandsbewegung mehrere Tausend Bauern im gesamten Kurfürstentum umfasste. Der Aufstand fand fast ausschließlich in Gutsdörfern und kaum in Amtsdörfern statt und kennzeichnet damit die besonders schlechte Situation der Bevölkerung in den Gutsherrschaften. Ende August beendete der Kurfürst den Aufstand mit Waffengewalt. Zunächst wurde die Lommatzscher Pflege, wo der Aufstand begann, »befriedet«, danach die anderen Regionen. In den Schönburgischen Herrschaften stürmten Bauern am 30. August das Schloss Wechselburg und erklärten sich für die Herren des Landes. 1794 brach in Dresden eine Revolte von 3.000 Gesellen aus, der »Gesellenaufstand«, der schnell niedergeschlagen wurde. Der kursächsische Bauernaufstand von 1790 war im Unterschied zur Erhebung von 1830/31 ein in Sachsen isoliert vorkommendes Ereignis der Landbevölkerung, während die Unruhen 40 Jahre später vor allem von den städtischen Unterschichten getragen wurden und es ähnliche Entwicklungen auch in anderen deutschen Staaten gab.

Der kursächsische Bauernaufstand

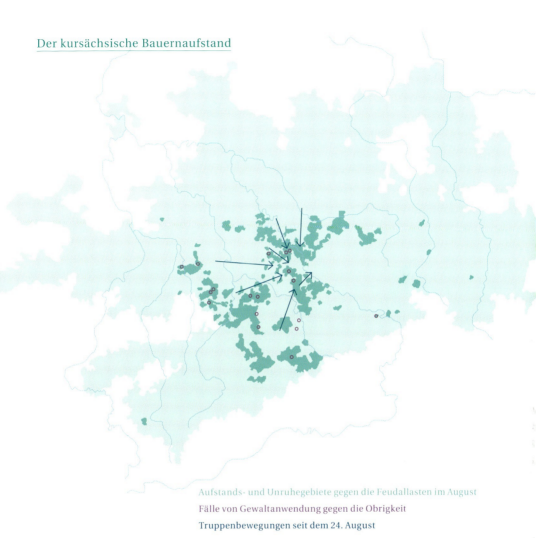

Aufstands- und Unruhegebiete gegen die Feudallasten im August
Fälle von Gewaltanwendung gegen die Obrigkeit
Truppenbewegungen seit dem 24. August

Im kursächsischen Bauernaufstand kam es 1790 vor allem in den Gutsdörfern, das heißt den Orten, die privaten Grundherren gehörten, zu Unruhen. Die Rebellion erfasste ganz Sachsen.

Sachsen als selbstständiges Königreich 1806–1870
Mittelstaat im Deutschen Bund

Sachsen geriet 1806 unter Besetzung Frankreichs. Im Frieden zu Posen verpflichtete sich das Kurfürstentum zum Beitritt in den napoleonischen Rheinbund. Der französische Kaiser erhob 1806 Friedrich August III. zum ersten sächsischen König, der sich seitdem Friedrich August I. nannte. Auch die Monarchen der anderen Staaten des Rheinbundes erhielten im gleichen Jahr Rangerhöhungen (Bayern und Württemberg 1806, Hannover erst 1814, Baden wurde zum Großherzogtum erhoben). Friedrich August I. wurde zum wahren Methusalem auf Sachsens Thron, der von 1767 bis 1827, also 60 Jahre lang, regierte. Dies stellt auch einen gewichtigen Grund für die Reformunwilligkeit des sächsischen Staates in den 1820er-Jahren dar. 1807 kam es zu einer kleinen Wiederauflage der sächsisch-polnischen Union: Der sächsische König erhielt das von Napoleon ausgerufene (Groß-)Herzogtum Warschau. Zugleich schuf sich Napoleon mit dem Herzogtum Warschau die Aufmarschbasis für den Russlandfeldzug 1812. Von hier und aus Ostpreußen trat die »Große Armee« den Marsch in ihren Untergang an, an dem sich 21.000 sächsische Soldaten beteiligen mussten. Napoleon kehrte im Dezember 1812, noch vor seiner Armee, nach Frankreich zurück. Der Versuch einer vorsichtigen Distanzierung Sachsens von Napoleon scheiterte. An der Seite Napoleons kämpfte die sächsische Armee gegen die Alliierten in der Völkerschlacht bei Leipzig und verlor mit ihm. So wurde Sachsen erneut besetzt.

Sachsen blieb nach den Beschlüssen des Wiener Kongresses als Staat erhalten, wurde jedoch territorial wesentlich verkleinert. Nach 1815 etablierte sich eine restaurative Politik (»Karlsbader Beschlüsse«), die erst durch die Revolution von 1830/31 beendet wurde. Der König war angesichts der Entwicklung im Jahr 1815 in seiner Politik noch vorsichtiger als zuvor. Außenpolitisch orientierte sich Sachsen wieder an Österreich – im Rahmen des neugegründeten Deutschen Bundes, der von 1815 bis 1866 bestand und die Vielzahl der deutschen Staaten in Mitteleuropa in einen Verbund brachte, ohne jedoch eine wirkliche Handlungsmacht inne zu haben.

Die Situation der Bevölkerung verbesserte sich indes kaum: Das Bürgertum hatte wenig politische Gestaltungsmöglichkeiten, die Steuern waren hoch, die Landbevölkerung war wie noch 1790 an den Grundherren gebunden. Die Revolution von 1830/31 brachte endlich die Öffnung Sachsens zu einer konstitutionellen Monarchie, wie sie in der ersten sächsischen Verfassung vom 4. September 1831 festgeschrieben wurde. Jeder Bürger verfügte damit über verfassungsmäßig garantierte Rechte. Im gleichen Jahr wurden das Geheime Kabinett und der Geheime Rat aufgehoben und die Regierung in Fachministerien gegliedert. Im darauffolgenden Jahr erließ der König nach preußischem Vorbild die »Allgemeine Städteordnung« für Sachsen, die nun die mittelalterlichen oder frühneuzeitlichen Städteverfassungen außer Kraft setzte. An der Spitze der Städte standen jetzt Bürgermeister mit gewählten Stadtverordneten als Kommunalparlament, die den Stadtrat wählten. 1839 wurde das Äquivalent für die Dörfer gültig (»Landgemeindeordnung«). 1832 begann der Prozess der Ablösung der Bauern von den Feudallasten, der zwei Jahrzehnte andauerte. Die Summe eines jeden Bauern an jährlichen Abgaben usw. an den Grundherrn wurde mit dem Wert 25 multipliziert, was dann die Gesamtsumme der Ablösung war. Die 1834 dazu eingerichtete Landrentenbank, die bis 1932 bestand, zog die Gelder von den Bauern ein und zahlte sie in sogenannten Landrentenbriefen an die Grundherren aus, die allmählich die

Wertpapiere einlösen konnten. Diese sozial ausgleichende Lösung, die auch von anderen deutschen Staaten nachgeahmt wurde, bot zwei Vorteile: Die Bauern waren frei von Abgaben und die Zahlungen ruinierten sie nicht. Die ehemaligen Grundherrn, die insgesamt über 86 Millionen Mark ausgezahlt bekamen, wurden vermögend und hatten ebenfalls die Möglichkeit zu umfangreichen Investitionen. Auch blieb die kleinteilige Struktur der sächsischen Landwirtschaft gewahrt. Der Anteil des Adels an den Gutsbesitzern lag in Sachsen schon vor 1850 unter der Hälfte aller, vor dem Ersten Weltkrieg nur noch bei einem Drittel. Der Adel wurde in der zweiten Hälfte des 19. Jahrhunderts zunehmend aus den höheren Verwaltungspositionen vom Bürgertum verdrängt. 1833 trat der Landtag mit seinen beiden Kammern erstmals zusammen. Die zweite Kammer bestand aus Abgeordneten, die durch Wahlmänner gewählt wurden. Allerdings waren Teile der Bevölkerung, vor allem alle Frauen, vom Wahlrecht ausgeschlossen. Zahlreiche weitere Reformen im Justiz-, Schul- und Militärwesen wurden durchgeführt. 1837 erfolgte die Gleichstellung der Juden. Diese politischen Veränderungen in wenigen Jahren änderten das Bewusstsein der Menschen, die nun ganz anders an der Landes- oder Kommunalpolitik teilhaben konnten. Doch weder gab es Presse- oder Versammlungsfreiheit, noch hatte die zweite Kammer des Landtags genug Einflussmöglichkeiten auf die Politik. Und die seit 1813 von vielen erhoffte deutsche Einheit schien ferner denn je. So brach im gesamten Deutschen Bund 1848/49 eine Revolution aus, die in Sachsen politisch zu keiner Öffnung, sondern kurzzeitig wieder zu einer restaurativen Politik führte. Sachsen war Teil einer mitteleuropäischen Revolution, die sich gegen die restaurative Politik richtete. Das Ziel, die Schaffung eines demokratischen Nationalstaats, wurde nicht erreicht. In den 1850er- und 1860er-Jahren jedoch wurden Gesetze verabschiedet, die die Reformperiode aus den 1830er-Jahren fortsetzten.

Das Scheitern der 1848/49er-Revolution führte nicht nur innenpolitisch zur Notwendigkeit von Reformen, sondern eröffnete die Frage der deutschen Einigung nun unter anderen Aspekten. Die »Einheit von unten« war gescheitert und die deutschen Bundesstaaten mussten die Verhältnisse untereinander neu klären. Nur wenn die Mittelstaaten einheitlich agierten, konnten sie ein wirksames Gegengewicht gegen Preußen und Österreich bilden. Dieses Ziel verfolgte Sachsen als Initiator der Dresdner Konferenz vom 23. Dezember 1850 bis zum 15. Mai 1851. Erstmals seit 1815 kamen alle deutschen Bundesstaaten wieder zusammen, um den Deutschen Bund zu reformieren. Die Konferenz scheiterte; damit blieb als einziger Weg zur deutschen Einigung, zumindest in einer überschaubaren Zeit, nur noch das Wirken der beiden Großmächte.

Im ersten der drei Einigungskriege gegen Dänemark kämpften 1864 sächsische Truppen an der Seite Preußens, im zweiten, dem Deutsch-Deutschen von 1866, stellte sich der sächsische König auf die Seite Österreichs. Bei der Schlacht von Königgrätz am 3. Juli 1866 siegte die preußische Armee. Sachsen, das dem Norddeutschen Bund unter preußischer Führung beitrat, wurde erneut besetzt, blieb aber als Staat unabhängig. Im dritten der Einigungskriege, dem Deutsch-Französischen Krieg 1870/71, standen die süd- und mitteldeutschen Staaten, so auch Sachsen, an der Seite Preußens. Am 17. Januar 1871 proklamierte der preußische König Wilhelm I. das deutsche Kaiserreich, dem Sachsen als Bundesstaat angehörte.

1806–1870

1806
6. August Kaiser Franz II. verzichtet auf die Krone des Heiligen Römischen Reichs Deutscher Nation, das damit nach 1.000 Jahren aufhört zu existieren.
14. Oktober Niederlage der verbündeten Preußen und Sachsen in der Doppelschlacht von Jena und Auerstädt gegen die französischen Truppen, die Sachsen besetzen.
25. Oktober Dresden wird von bayrischen Truppen besetzt.
11. Dezember Friedensvertrag von Posen. Sachsen tritt dem Rheinbund bei und wird Bündnispartner von Frankreich.
20. Dezember Kurfürst Friedrich August III. wird zum König Friedrich August I. von Sachsen proklamiert. Sachsen wird damit Königreich (bis 1918).

1807
16. Februar Gleichstellung von protestantischer und katholischer Kirche.
7. Juli Der Kreis Cottbus, eine brandenburgisch-preußische Enklave in Sachsen, wird durch den Frieden von Tilsit zwischen Preußen und Frankreich sächsisch, König Friedrich August I. wird zudem noch Herzog des von Napoleon neu geschaffenen Herzogtums Warschau.

1809
Sachsen kämpft mit Napoleon gegen Österreich. Teile Sachsens werden von Österreich besetzt.
14. Oktober Frieden von Schönbrunn. Österreich muss Teile Galiziens an das Herzogtum Warschau abtreten, das nun Großherzogtum wird.

1811
Verlegung der privaten Forstlehranstalt von Heinrich Cotta von Zilbach nach Tharandt (ab 1816 staatliche Forstakademie).

1812
21.000 sächsische Soldaten ziehen mit der französischen Armee nach Russland. Der Feldzug scheitert in Moskau, Napoleon kehrt zurück und erreicht am 14. Dezember Dresden.

1813
22. März Russische Truppen besetzen die Stadt Dresden, die am 2. Mai wieder Napoleon in die Hände fällt.
28. März Friedrich August III. verlässt Sachsen wegen des Einmarschs russischer Soldaten.
2. Mai Schlacht bei Großgörschen (Lützen). Sieg der französischen Armee über das preußisch-russische Heer.
4. Juni Waffenstillstand zwischen Napoleon und den Alliierten.
16. bis 19. Oktober Völkerschlacht bei Leipzig, Sieg der Alliierten über Napoleon und dessen Verbündete, darunter auch Sachsen; Gefangennahme des sächsischen Königs, der nach Berlin gebracht wird.
21. Oktober Sachsen wird bis 9. November 1814 unter russische Verwaltung gestellt.

1815
Gründung der Chirurgisch-Medicinischen Akademie in Dresden (heute Medizinische Akademie).
10. Januar Durch die Verhandlungen auf dem Wiener Kongress und am 18. Mai durch den Vertrag von Pressburg (Bratislava) verliert Sachsen 40 % der Bevölkerung und die Hälfte des Territoriums an Preußen.

22. Mai Verzicht Friedrich Augusts I. auf das Großherzogtum Warschau. Die weiß-grünen Farben werden zur Kokarde an Militäruniformen und damit als neue Landesfarben amtlich.
7. Juni Begrüßung des sächsischen Königs in Dresden.
8. Juni Sachsen wird Mitglied des Deutschen Bundes.

1816
Gründung der zunächst privaten, dann staatlichen Forstakademie Tharandt.

1817
Verwaltungsreform; größere Vollmachten für das Geheime Kabinett und Machtzuwachs für den König.
Errichtung des ersten Walzwerkes in Sachsen (Messingwerk Niederauerbach).
18. Oktober Wartburgfest in Eisenach. In Erinnerung an die Völkerschlacht bei Leipzig und an den Thesenanschlag Luthers trafen sich 500 Studenten, die die deutsche Einheit und demokratische Rechte fordern.
19. Oktober Oberlausitzer Stände gehören nun zum sächsischen Landtag. Die Oberlausitz wird damit stärker in das Königreich integriert.

1817/1820
Agrarkrise in Sachsen.

1818
31. Dezember Auflösung der Stiftsregierung Wurzen. Gleichsetzung mit den anderen sächsischen Ämtern.

1819
20. September Verabschiedung der repressiven Karlsbader Beschlüsse, ab 13. November in Sachsen gültig (Verbot von Burschenschaften und Pressefreiheit, Berufsverbote).

1827
5. Mai Friedrich August I. stirbt, Inthronisation Antons.

1828
7. April Gründung des Sächsischen Kunstvereins, der zu einem wichtigen Kunstförderer wird (1946 aufgelöst).
24. April Gründung des Industrievereins für das Königreich Sachsen.
1. Mai Eröffnung der technischen Bildungsanstalt Dresden, der heutigen TU Dresden.
21. Mai Gründung des Mitteldeutschen Handelsvereins, der bis 1834 existiert und dessen Mitglieder dem Deutschen Zollverein beitreten.
24. Oktober Eröffnung der Stadtbibliothek Großenhain, der ersten Volksbibliothek in Sachsen, durch den Rentamtmann Karl Benjamin Preusker.

1830
25./26. Juni Unruhen in Dresden, Julirevolution in Paris.
2. bis 6. September Unruhen in Leipzig.
9. September Aufstand in Dresden.
10. September Einsetzung der Kommission zur Wiederherstellung der Ruhe und Sicherheit.
13. September Friedrich August (später II.) wird Mitregent.
29. November Gesetz über die Kommunalgarden (Bürgerwehren).
4. Dezember Neue Unruhen in Dresden wegen Auflösung der Bürger-Nationalgarde, die mit den Aufständischen sympathisiert.

1831
Gründung des Bürgervereins Dresden (Bernhard Moßdorf), am 15. April verboten.
18./19. April Unruhen in Dresden, die Bevölkerung fordert politische Reformen.
4. September Verabschiedung der sächsischen Verfassung.
24. September Wahlgesetz für den Landtag, basierend auf der Verfassung.
7. November Bildung von Fachministerien im sächsischen Kabinett.

1832
2. Februar Allgemeine Städteordnung, die die bis heutige gültige Selbstverwaltung der Städte verankert.
17. März Gesetz über Ablösungen der Bauern von Feudallasten, die dafür an den Grundherren Entschädigungen zahlen müssen. Dazu wird die Landrentenbank gegründet, die 1834 ihre Tätigkeit aufnimmt.
9. Dezember Vertrag mit den Landständen der Oberlausitz.

1833
22. Januar Erste Sitzung der Ständekammer (Landtag).
18. März Beitritt Sachsens zum Deutschen Zollverein.

1834
1. Januar Der Deutsche Zollverein tritt in Kraft.
26. Oktober Einführung der allgemeinen Wehrpflicht.

1834–1837
Bau der Eisenbahnlinie Leipzig–Dresden, der ersten Ferneisenbahnlinie Deutschlands.

1835
6. April Verwaltungsreform. Gründung der Kreisdirektionen Bautzen, Dresden, Leipzig und Zwickau, die 1874 in Kreismannschaften umbenannt werden.
1. Mai Justizreform. Gründung des Oberappellationsgerichts Dresden (ab 1879 Oberlandesgericht) und der Appellationsgerichte (übergeordnete Gerichte).
6. Juni Elementar-Volksschulgesetz, das die achtjährige Schulpflicht festlegt und die Schulen den Kommunen unterstellt.
9. Oktober Vertrag mit der Familie von Schönburg. Vier schönburgische Landesherrschaften werden in sächsische Ämter integriert (Penig, Rochsburg, Wechselburg, Remse). Verlust schönburgischer Rechte an das Königreich.

1836
6. Juni König Anton stirbt, Nachfolger wird Friedrich August II.
13. Oktober Verschärfte Pressezensur.

1837
24. April Erste Fahrt einer Dampflok auf der Leipzig-Dresdner Strecke, ab 9. April 1839 Regelbetrieb.

1838
30. März Einführung des modernen sächsischen Kriminalgesetzbuches.
7. November Landgemeindeordnung. Die Gemeinden unterliegen nun der Selbstverwaltung.

1845
Mai Staatsvertrag zwischen Sachsen und Österreich über den Bau der Bahnstrecke Dresden–Prag.

1846
1. Juli Gründung der bis heute bestehenden Sächsischen Akademie der Wissenschaften.

1848
Unruhen in ganz Deutschland, Vorboten der Revolution von 1848/49.
1. März Petition von Robert Blum für die Pressefreiheit. Entstehung der Vaterlandsvereine.
9. März Abschaffung der Zensur.
13. März Entlassung des Kabinetts von Könneritz.
16. März Berufung eines neuen liberalen Kabinetts (»Märzministerium«) unter Karl Braun, Regierungsprogramm, Bildung von demokratischen Vaterlandsvereinen in ganz Sachsen.
23. März Pressegesetz. Einführung der Pressefreiheit.
5. April Brandschatzung des schönburgischen Schlosses Waldenburg. Demonstrationen der Bevölkerung in vielen Teilen Sachsens.
22. Mai Außerordentlicher Landtag.
2. September Auseinandersetzungen über den Wahlgesetzentwurf des Kabinetts.
14. November Gesetz zur Vereins- und Versammlungsfreiheit.
15. November Neues Wahlgesetz; gleiches und direktes Wahlrecht für die Zweite Kammer.
18. November Pressegesetz, Abschaffung der Zensur.
15. Dezember Landtagswahlen, Sieg der Vaterlandsvereine.

1849
17. Januar Erste Sitzung des Landtags.
24. Februar Rücktritt des Kabinetts Braun.
14. April Auseinandersetzungen über die Annahme der Reichsverfassung der Frankfurter Nationalversammlung.
28. April Auflösung des Landtags durch den König.
4. Mai Flucht des Königs Friedrich August II. auf den Königstein, Barrikadenbau in Dresden, Einsetzung der provisorischen Regierung durch die Revolutionäre.
5. bis 9. Mai Barrikadenkämpfe in Dresden, reguläre Regierung verhängt den Kriegszustand. Niederschlagung der Kämpfe mit Waffengewalt.
4. Juli Verbot der Arbeitervereine in Sachsen.
22. November Einschränkung des Vereins- und Versammlungsrechts sowie der Freiheit der Presse.
 Landtagswahlen.

1850/51
1. Juni Auflösung des am 30. Oktober 1849 zusammengetretenen Landtags durch den König, Einberufung des Landtags von 1848.
23. Dezember bis 15. Mai Dresdner Konferenz. Der Versuch der deutschen Mittelstaaten, gegenüber Preußen und Österreich eine eigene Politik zu betreiben und den Deutschen Bund zu reformieren, scheitert.

1854
9. August Friedrich August II. verunglückt tödlich in Tirol, Nachfolger wird König Johann.

1855
11. August Gesetz zur Rechtspflege, Aufhebung der Patrimonialgerichtsbarkeit (Gericht der Grundherren), Inkrafttreten am 1. Oktober 1855. Erscheinen des Strafgesetzbuchs.

1859
September Gründung des liberalen Nationalvereins, Vorläufer der nationalliberalen Partei.

1861
15. Oktober Gesetz über die Gewerbefreiheit. Jeder kann frei ein Gewerbe, unabhängig vom Meisterbrief, selbstständig ausüben.

1863
23. Mai Gründung des Allgemeinen Deutschen Arbeitervereins in Leipzig (Vorläufer der SPD).

1864
1. Februar bis 30. Oktober Deutsch-Dänischer Krieg, der mit dem Sieg Preußens und Österreichs endet. Sachsen steht auf der Seite Preußens und Österreichs.

1865
18. Oktober Gründung des Allgemeinen Deutschen Frauenvereins in Leipzig, dessen erste Vorsitzende Louise Otto-Peters wird.

1866
15. Juni Kriegserklärung Preußens an Sachsen, das aufseiten Österreichs steht (Deutsch-Deutscher Krieg).
3. Juli Schlacht von Königgrätz. Preußen siegt über die österreichische und sächsische Armee.
21. Oktober Friedensvertrag zwischen Sachsen und Preußen, Eintritt Sachsens in den Norddeutschen Bund.

1867
7. Februar Militärkonvention zwischen Sachsen und Preußen. Die sächsische Armee wird damit als geschlossener Verband Teil des norddeutschen Bundesheeres.
17. April Verfassung des Norddeutschen Bundes, der als Bundestaat die Vorform des 1871 gegründeten Kaiserreichs bildet und die schwarz-weiß-rote Flagge führt.

1868
3. Dezember Neues Wahlgesetz (Zensuswahlrecht). Abgeordnete werden in freier, direkter Wahl gewählt. Aufhebung der ständischen Gliederung der Zweiten Kammer des Parlaments, Zulassung von politischen Parteien.

1870
24. März Pressegesetz, das die Pressefreiheit verankert.
19. Juli Mobilmachung Sachsens für den Deutsch-Französischen Krieg.

1870/71
Deutsch-Französischer Krieg, der mit dem Sieg Deutschlands endet und die Voraussetzungen für die deutsche Einheit schafft.

1871
18. Januar Proklamation des Deutschen Kaiserreichs, dem Sachsen als Bundesstaat angehört.
16. April Verfassung des Deutschen Kaiserreichs.

König Friedrich August I. der Gerechte.
Gemälde von Carl Christian Vogel von Vogelstein, 1823

Kriegsschauplatz in den napoleonischen Kriegen und in den Befreiungskriegen

Als mitteleuropäisches Land, durch welches in alle Himmelsrichtungen wichtige Verkehrsverbindungen führten, war Sachsen 1813 zum wiederholten Male wichtiger Kriegsschauplatz. Das junge Königreich war zusätzlich gezwungen, Heereseinheiten im Rahmen des Rheinbundes und als Verbündeter Napoleons zu stellen. Noch im Februar 1807 kämpften sächsische Soldaten gegen Preußen, dem Verbündeten von 1806, und Russland im Vierten Koalitionskrieg. Zwei Jahre später begann der Fünfte Koalitionskrieg gegen Österreich, das mit einem Feldzug gegen Napoleon eine Volkserhebung erzwingen wollte. In diesem Krieg kämpfte an der Seite Österreichs auch die legendäre »Schwarze Schar«, ein Freikorps, das gegen Napoleon kämpfte und das in Ostsachsen zeitweise sein Operationsgebiet hatte. Es rückte am 21. Mai 1809 in Zittau ein, wo der Korpsführer, Herzog Friedrich Wilhelm von Braunschweig-Oels, die Proklamation von Zittau verlas, in der er vergeblich zu einem Volksaufstand aufrief.

Nach wenigen Jahren, frei von Kampfhandlungen auf sächsischem Gebiet, hielt Napoleon Ende Mai 1812 Heerschau seiner nach Russland marschierenden und verbündeten Truppen. Der Feldzug scheiterte unter schweren Verlusten. »Mit Mann und Roß und Wagen, so hat sie Gott geschlagen«, heißt es in einem zeitgenössischen Gedicht. Napoleon machte auf dem Rückweg nach Paris am 14. Dezember 1812 in Dresden Station. Russland rückte in Preußen und in das Großherzogtum Warschau ein, Preußen erklärte Frankreich im März 1813 den Krieg. In der Folge avancierte Sachsen zum Kriegsschauplatz: Napoleon siegte am 2. Mai 1813 bei Großgörschen über preußische und russische Truppen (auch: Schlacht bei Lützen), ebenso bei Bautzen am 21. und Reichenbach am 22. Mai. Beide Kriegsparteien schlossen am 4. Juni einen Waffenstillstand. Napoleon konzentrierte seine Truppen in Sachsen. Die Schlacht bei Dresden am 26. und 27. August gewann Napoleon und an demselben Tag fand das berühmte Gespräch mit Metternich statt, in dem der österreichische Staatsmann dem Kaiser Frieden anbot, wenn sich Frankreich auf die Grenzen von 1792 zurückzöge. Napoleon lehnte ab. Einen Tag später siegte Blücher über die französischen Truppen an der Katzbach. Die Entscheidungsschlacht des Krieges fand bei Leipzig statt. Vom 16. bis 19. Oktober 1813 standen sich eine halbe Million Soldaten gegenüber, die sächsischen Truppen an der Seite Napoleons. 126.000 Soldaten fielen und wurden meist in Massengräbern verscharrt. 65 Dörfer in der Leipziger Umgebung waren von Kampfhandlungen betroffen. Der Sieg von Preußen, Russland, Österreich und Schweden über Frankreich und seine Verbündeten bei Leipzig erwuchs zum nationalen Mythos der Völkerschlacht bei Leipzig. Nicht zu unterschätzen ist der Kulturkontakt mit den fremden Heeren, besonders den russischen Soldaten. Soldaten als Kulturvermittler in den Kriegen der Neuzeit sind ein aktuelles und wichtiges Forschungsthema, das bisher auch in der sächsischen Landesgeschichte zu wenig Berücksichtigung gefunden hat.

Das Bild des Übergangs der Kosaken über die Elbe bei Meißen zeigt deutlich die von den Einheimischen empfundene Fremdartigkeit der russischen Soldaten.

Die Ehrenpforte zur Rückkehr Friedrich Augusts I. nach Dresden wird schon von den weiß-grünen Farben geziert, die zu den Landesfarben Sachsens werden. Die Inschrift lautet übersetzt: Sei gegrüßt, Vater des Vaterlands.

Gebietsveränderungen 1815

Im Herbst 1814 begann der Wiener Kongress, der in Europa neue staatliche Strukturen fixierte. Die durch Napoleon vollzogene territoriale Neugestaltung Mitteleuropas sollte fertiggestellt werden. Dazu gehörte jedoch auch die Befriedigung von Gebietsansprüchen der Allianzmächte, vor allem Russland und Preußen. Sachsen als Verbündeter Napoleons war als einziger mittlerer Staat Deutschlands nicht auf dem Kongress vertreten. Preußen strebte an, sich das ganze Gebiet Sachsens anzueignen, was die gemeinsame Grenze Preußens mit Österreich erheblich verlängert und große Auswirkungen auf den deutsch-deutschen Dualismus zwischen beiden Ländern gehabt hätte. Österreich konnte an einem Verschwinden Sachsens als Pufferstaat und an einer längeren gemeinsamen Grenze mit Preußen nicht gelegen sein. Die europäischen Großmächte ließen daher die Selbstständigkeit Sachsens bestehen. Vor allem die Verhandlungen zwischen Preußen und Russland bezüglich Polens spielten bei der neuen Grenzziehung Sachsens eine wichtige Rolle. Der Preis für die staatliche Existenz war die Abtretung von 40 % der Bevölkerung und der Hälfte des Territoriums an Preußen, was im »Pressburger Vertrag« vom 18. Mai 1815 festgeschrieben wurde. Dadurch wurde auch das sorbische Siedlungsgebiet geteilt. Sachsen schied damit endgültig aus der Reihe der europäischen Großmächte aus; eine Entwicklung, die bereits 1763 begonnen hatte. Wie Bayern oder Baden bildete es nun einen deutschen Mittelstaat, der Mitglied des Deutschen Bundes war. Die neue Grenzziehung verlangte nach einer neuen Verwaltungsgliederung: Noch 1815 bildete die Regierung 16 Amtshauptmannschaften.

Der sächsische König, Friedrich August I., der als Gefangener in Friedrichsfelde bei Berlin festgesetzt war, kehrte als »Pater Patriae« (Vater des Vaterlands) von seinen Untertanen gefeiert am 7. Juni 1815 nach Dresden zurück. Dies war auch die Geburtsstunde der heutigen Landesfarben Sachsens Weiß-Grün – bis dahin waren es die wettinischen Farben Schwarz-Gold gewesen. Am 22. Mai 1815 hatte der König angeordnet, dass die sächsischen Truppen, um Verwechslungen mit anderen Einheiten zu vermeiden, um die weißen Abzeichen einen grünen Rand zu legen hatten. Diese Farben wurden schnell verbreitet. Als der König nach Dresden zurückkehrte, war die Stadt Weiß-Grün geschmückt.

Gebietsveränderungen 1815

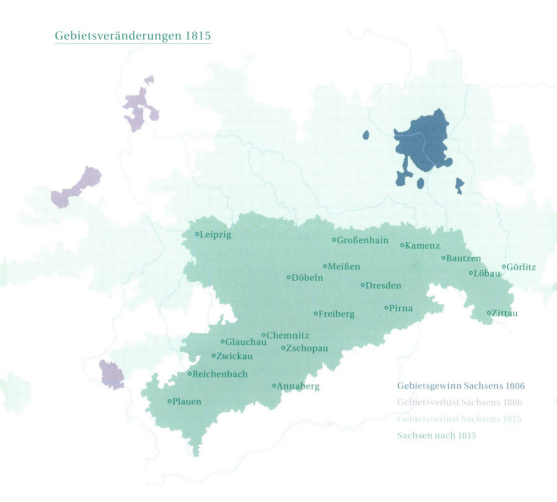

Gebietsgewinn Sachsens 1806
Gebietsverlust Sachsens 1806
Gebietsverlust Sachsens 1815
Sachsen nach 1815

Mit den Beschlüssen des Wiener Kongresses verlor Sachsen erhebliche Teile seiner Bevölkerung und seines Landes an den nördlichen Nachbarn Preußen. Damit bildete sich die territoriale Gestalt des Landes, die im Kern bis heute Bestand hat.

Die Revolutionen von 1830/31 und 1848/49

Die Revolution von 1830/31, die indirekt mindestens ebenso viele Fortschritte und Ergebnisse für Sachsen wie die 1848/49er-Revolution mit sich brachte, ist im öffentlichen Bewusstsein kaum mehr präsent. Sie wird durch den »nationalen Mythos« von 1848/49 überstrahlt. Aber der Aufstand von 1830/31 ergriff das ganze Königreich Sachsen. Anders als noch beim Bauernaufstand 1790, bei dem kaum regionale Schwerpunkte festzustellen sind, da die Landbevölkerung im gesamten Kurfürstentum benachteiligt war, konzentrierten sich die Kämpfe 1830/31, und dann auch 1848/49, auf die Großstädte sowie auf Westsachsen, das Erzgebirge und das Vogtland. Als im Juni 1830 das 300-jährige Jubiläum der Confessio Augustana, der lutherischen Konfession, in Dresden gefeiert wurde, kam es zu Ausschreitungen. Die Erwartungen der Bevölkerung hinsichtlich politischer Reformen wurden durch den König und den Landtag nicht erfüllt und die Julirevolution in Paris heizte die Situation weiter an. Im September erhoben sich daraufhin Handwerker, Arbeiter und Studenten in Leipzig und schnell schlossen sich andere Städte und Gemeinden an. Das Militär schlug den Aufstand nieder, doch der König versprach Reformen. Als diese nicht umgesetzt wurden, begannen im Dezember 1830 erneute Unruhen und erste politische Vereine, die Vorläufer der Parteien, entstanden, so z. B. der Bürgerverein in Dresden. Erst die Reformen von 1831 und der Folgejahre vermochten die Bevölkerung zunächst zu beruhigen.

Nur 17 Jahre später, vom März 1848 bis Juni 1849, brach die Revolution erneut aus. Auch hier hatten die Nachrichten aus Frankreich die Situation angeheizt. Die Erwerbslosigkeit war stark angestiegen und die Lebensmittelknappheit führte zu höheren Preisen. Die schon in den Befreiungskriegen zu Symbolen gewordenen deutschen Farben Schwarz-Rot-Gold wurden zu Nationalfarben erklärt, unter denen die Revolution ihren Lauf nahm. Aus zahlreichen Orten des Landes zogen Scharen revolutionärer Bürger in die Großstädte, vor allem nach Dresden, und in ganz Sachsen entstanden Vaterlandsvereine, die für einen einheitlichen und freien Staat eintraten. Im Mai 1848 kam es zu gewaltsamen Protesten und bereits am 5. April war das schönburgische Schloss Waldenburg von revoltierenden Bauern niedergebrannt worden.

Presse-, Meinungs-, Versammlungsfreiheit, die deutsche Einheit als Erfüllung der Erwartungen von 1813 und ein gewähltes Parlament waren die Hauptforderungen der Demonstranten. Bei den Landtagswahlen am Ende des Jahres 1848 siegten die radikalen Vaterlandsvereine deutlich; eine Folge der Erschießung des Revolutionärs Robert Blum am 9. November, der schnell posthum zum Nationalhelden avancierte. Neben den Vaterlandsvereinen bildeten sich in ganz Sachsen die liberalen »Deutschen Vereine«. Als dritte Kraft etablierten sich die »Konstitutionellen Vereine« der Konservativen. Damit waren die drei in der zweiten Hälfte des 19. Jahrhunderts bestimmenden politischen Richtungen als Vereine organisiert, zu denen die Sozialdemokraten noch hinzutraten. Das Erstarken der SPD führte ab den 1870er-Jahren zu einem Zusammenrücken von Konservativen und Nationalliberalen, was sich erst nach 1900 änderte. Die Linksliberalen verloren stark an Zustimmung. Sachsen war eine Heimstatt der antisemitischen Bewegung, obwohl der Bevölkerungsanteil der Juden auch in den Großstädten Leipzig und Dresden gering war. Auf die Bevölkerung des ganzen Landes gerechnet, lag er vor dem Ersten Weltkrieg unter 0,5 %.

Die sächsische Regierung hatte die in Frankfurt verabschiedete Reichsverfassung 1849 abgelehnt, auf die sich große Hoffnungen der Bevölkerung gerichtet hatten. Dies führte zum Misstrauensantrag des Landtags gegen das Kabinett. Friedrich August II. löste den Landtag in einer Gegenreaktion auf und heizte dadurch die Situation an. Der bewaffnete Aufstand brach daraufhin im Mai 1849 im ganzen Land erneut aus. Dresden bildete den Schwerpunkt der Revolution. Hier tobten vom 3. bis 9. Mai Barrikadenkämpfe, die jedoch schnell niedergeschlagen wurden.

Sächsische und preußische Truppen bekämpfen 1849 die Barrikadenbesatzung in Dresden.

Die Verfassung 1831 und andere sächsische Verfassungen

Vier Verfassungen kennt die sächsische Geschichte: von 1831, 1920, 1947 und 1992. Die Bundesakte des Deutschen Bundes hatte schon bei seiner Gründung 1815 gefordert, dass jeder Staat des Bundes eine eigene Verfassung haben müsse, die die Pflichten und Rechte des Staates und des Einzelnen kennzeichnet. Preußen und Sachsen zögerten dies hinaus, während in den süddeutschen Staaten diese Forderung recht schnell umgesetzt wurde: in Baden (1818), Bayern (1818) und Württemberg (1819). Bereits vor der Revolution von 1830/31 gab es deshalb in der sächsischen Regierung Beratungen über eine Verfassung, die jedoch aufgrund der restaurativen Politik weiter nicht verwirklicht wurde. Erst nach den Unruhen im September 1830 sicherte man die Erstellung einer Verfassung zu, die von Frühjahr bis August im Landtag beraten wurde. Am 4. September unterschrieben Anton und der Mitregent Friedrich August (II.) die Urkunde. Sachsen gehörte seitdem zu den Verfassungsstaaten. Diese Verfassung galt fast 100 Jahre, bis sie 1920 durch eine neue, die des Freistaats Sachsen, ersetzt wurde.

Diese räumte Männern und Frauen politische Gleichberechtigung ein, regelte die Direktwahl des Ministerpräsidenten durch den Landtag und war eine moderne und vorbildliche Verfassung, an der sich 1992, nach der Friedlichen Revolution und der deutschen Wiedervereinigung, auch der Landtag zum Teil orientierte. Die Dresdner »Gruppe der 20« erstellte im Frühjahr 1990 einen Entwurf und unter Einbeziehung der Bevölkerung entstand der »Gohrische Entwurf« (nach dem Tagungsort der sächsisch-baden-württembergischen Kommission Gohrisch in der Sächsischen Schweiz), der vom Landtag als neue sächsische Verfassung verabschiedet wurde. Die den Sachsen garantierten Grundrechte gehen darin über das deutsche Grundgesetz hinaus; Sachsen war damit das erste neue Bundesland mit eigener Verfassung.

Die sächsische Verfassung von 1947 stand bereits unter dem Zeichen der beginnenden sozialistischen Diktatur und konnte daher 1992 nicht als Vorbild wirken. Sie bezeichnete Sachsen als Glied der »deutschen demokratischen Republik«, wie es auch in den Verfassungen der anderen ostdeutschen Länder hieß, was die Bezeichnung der DDR vorwegnahm. Das Merkmal eines demokratischen Staates, die Gewaltenteilung, war nicht mehr explizit formuliert; einige der Paragraphen (z. B. die Einschränkung der Rechtssprechung: »§ 61: Die Rechtsprechung wird nach Maßgabe der Gesetze durch Berufs- und Laienrichter im Sinne sozialer Gerechtigkeit ausgeübt«) wiesen bereits in die nächste Diktatur.

Fabriken, die von 1800 bis 1830 bestanden

Für den Großteil der sächsischen Bevölkerung begannen nach 1806 ruhige Jahre, die Wirtschaft blühte durch die von Napoleon verhängte Kontinentalsperre gegen englische Waren auf. Eine fast schon biedermeierliche Ruhe fasste in Sachsen Fuß – selbst der Zug des Majors Ferdinand von Schill von 1809 verhallte hier ohne Resonanz. Er hatte auf eigene Faust in Freischärlermanier gegen napoleonische Truppen gekämpft. Das führte jedoch dazu, dass im scheinbar von Glück begünstigten Sachsen der Reformdruck nicht hoch genug war. Die »Wiederaufhelfungskommission« von 1807 blieb daher nur eine Episode, anders als in Preußen.

Die Aufhebung der Kontinentalsperre 1813 schwemmte zahlreiche billige englische Fabrikwaren auf den Kontinent und damit auch nach Sachsen. Die kontinentale Wirtschaft, die die Manufakturstrukturen aufgrund der fehlenden Notwendigkeit zu wirtschaftlichen Reformen beibehielt, war bis dahin ein abgeschotteter Markt gewesen. Umso größer war der Einbruch der einheimischen Wirtschaft. Nach 1815 entstanden daher in Sachsen immer mehr Fabriken, auch mit staatlicher Förderung. Aus den Manufakturen des 18. Jahrhunderts, die größtenteils auf standardisierter Handarbeit beruht hatten, entwickelten sich die Fabriken, in denen nichtmenschliche oder nichttierische Antriebskräfte wie Dampf, Wasser oder chemische Verfahren usw. die Maschinen bewegten. Fabriken entstanden aufgrund einer Vielzahl von Ausgangsbedingungen wie dem Absatzmarkt, der Nähe zu Rohstoffen oder vorhandenen Arbeitskräften, und meist aus privater Initiative heraus. Der Nachwuchs für die Unternehmen musste geschult werden; die Arbeit zumindest der leitenden Angestellten wurde durch die Maschinen wesentlich komplexer und anspruchsvoller. So gründete der sächsische Staat technische Bildungsanstalten, die später in Polytechnika und Technische Hochschulen umgewandelt wurden.

Geografische Schwerpunkte der Fabrikentwicklung sind in Sachsen deutlich festzustellen: Bildeten sich Manufakturen bis 1800 vor allem noch in Leipzig und Dresden, wurden die Fabriken später vor allem im westsächsischen Raum und Chemnitz, Zwickau und Plauen bis zum Erzgebirgskamm gegründet. Bestanden z. B. in den Jahren 1806 bis 1830 in Chemnitz noch 26 Fabriken, stieg die Zahl von 1831 bis 1861 auf 88, in Crimmitschau von vier auf 42, in Ehrenfriedersdorf von null auf 15. Aber auch in Leipzig stieg die Zahl der gegründeten Fabriken im selben Zeitraum stark an: von vier auf 55.

Das 19. Jahrhundert begründete die Entwicklung Sachsens zum hochindustrialisierten Staat, die bis heute wirksam und prägend für die sächsische Wirtschaftsstruktur geblieben ist.

Sachsen im Kaiserreich 1871–1918
Ein modernes Ancien Régime

Der Preis für die deutsche Einigung war hoch: Österreich blieb durch die kleindeutsch-preußische Lösung ausgeschlossen, das Kaiserreich wurde von Preußen dominiert und die demokratischen Rechte, wie sie die Revolution von 1848/49 zu erkämpfen versucht hatte, blieben zum Teil unerfüllt. Doch zunächst wog dies in der Einheitseuphorie nicht schwer. Die deutsche Einheit von 1871 beendete das 200 Jahre lang die sächsische (Außen-)Politik bestimmende Moment: das Austarieren zwischen dem traditionell mächtigen habsburgischen Österreich und dem im 17. Jahrhundert erstarkenden Brandenburg-Preußen. Sachsen konnte sich, da im Westen durch andere Herrschaften blockiert, nur durch den Weg in den Osten, nach Polen, öffnen. Sachsen als Mittler zwischen Mittel- und Osteuropa hätte historisch gesehen einen ganz anderen Akzent setzen können als Preußen.

Die französischen Tributzahlungen in Höhe von 5 Millionen Franc verstärkten noch den herrschenden ungeheuren Aufschwung des Wirtschaftslebens, der »Gründerzeit« bis 1873. Nicht wenige Schulen sind mit diesen Geldern errichtet worden. In Sachsen herrschte seit 1861 Gewerbefreiheit, d. h., jeder konnte unabhängig von Meisterbrief und Zunftmitgliedschaft ein Handwerk ausüben. Seit 1867 durfte jeder Bürger Sachsens seinen Wohn- und Arbeitsort frei wählen (Freizügigkeit). Eine direkte Folge der Reichsgründung, die ebenfalls stimulierend auf das Wirtschaftsleben wirkte, war die Einführung von Mark und Pfennig im Jahr 1873; ein Großteil der innerdeutschen Zollgrenzen war bereits seit 1834 durch die Gründung des Deutschen Zollvereins niedergerissen worden. Der »Gründerkrach« von 1873 unterbrach nur für wenige Jahre die rasante wirtschaftliche Entwicklung. Die Zahl der Fabriken stieg zwischen 1800 und 1900 um das Mehrfache, die Bevölke-

rungszahl Sachsens hatte sich in demselben Zeitraum mehr als verdoppelt. Die Großstädte Dresden, Chemnitz und Leipzig wuchsen schnell und erhielten durch Gebäude im historistischen Stil ihre heute oft immer noch viele Stadtteile prägende Gestalt. Mittelstädte erwuchsen zu Großstädten. Das schnelle Städtewachstum und die dadurch steigenden Mieten führten zu sozialen Konflikten, sodass Mietervereine gegründet wurden und die Städte gegen Immobilienspekulationen vorgingen.
Die deutsche Gesellschaft in der Zeit des Kaiserreichs zählte neben der US-amerikanischen zu den dynamischsten weltweit, das Bild der Städte und der Landschaft wandelte sich im 19. Jahrhundert rasant.
Die 1870er-Jahre stellen für Sachsens Geschichte eine wichtige Reformperiode dar, in der zahlreiche neue Gesetze verabschiedet und Institutionen ins Leben gerufen wurden, deren Wirkung zum Teil bis zur Auflösung des Landes 1952 reichte. Das Königreich Sachsen beaufsichtigte nun die Schulen, was vorher Aufgabe der lutherischen Kirche war. Diese erhielt 1873 mit dem Landeskonsistorium ihre oberste Kirchenbehörde. Im selben Jahr wurden auch revidierte Städte- bzw. Landgemeindeordnungen erlassen.
Die aufkommenden Nationalbewegungen des 19. Jahrhunderts in ganz Europa erfassten auch die Sorben als nationale Minderheit in Deutschland. Da das Siedlungsgebiet zwischen Brandenburg und Sachsen aufgeteilt war, artikulierte sich der sorbische Patriotismus in beiden Regionen und schuf den Anspruch einer einheitlichen sorbischen Nation. Im letzten Viertel des 19. Jahrhunderts wuchsen die sorbischen Aktivitäten deutlich an, vor allem im kulturellen Bereich. 1912 wurde der bis heute bestehende Dachverband, die Domowina, gegründet, der 1937 von den Nationalsozialisten verboten wurde.

Das prägende 19. Jahrhundert führte letzten Endes auch zur Charakterisierung Sachsens als »rotes Königreich«. Durch die Industrialisierung hatte die Zahl der Arbeiter in Sachsen stark zugenommen, die sich seit den 1860er-Jahren in Arbeitervereinen organisierten. Ferdinand Lassalle gründete in Leipzig am 23. Mai 1863 den Allgemeinen Deutschen Arbeiterverein als direkten Vorläufer der heutigen Sozialdemokratischen Partei Deutschlands. Trotz polizeilicher Repressalien wuchs die Partei schnell und konnte immer mehr Abgeordnete in den Reichstag entsenden. Die Landtagswahlrechtsreform von 1868 hatte zwar Sachsen das fortschrittlichste Wahlrecht gegeben, führte jedoch wie im Reichstag zu mehr sozialdemokratischen Abgeordneten. So verabschiedete die sächsische Ständekammer 1896 das Dreiklassenwahlrecht, das einen erheblichen Rückschritt gegenüber 1868 bedeutete und vor allem die SPD benachteiligte. Auch das Pluralwahlrecht von 1909 verlieh nicht jedem Bürger die gleiche Stimme. Dies wurde von den unteren Volksschichten als inakzeptabel betrachtet, bis es nach dem Ersten Weltkrieg durch das allgemeine und gleiche Wahlrecht ersetzt wurde.
Immer vehementer forderten die Sozialdemokraten die politische und soziale Teilhabe der Arbeiter und die Verringerung der sozialen Gegensätze, sodass 1878 der Reichstag das »Sozialistengesetz« gegen die »gemeingefährlichen Bestrebungen der Sozialdemokratie« verabschiedete, von dem besonders Sachsen als sozialdemokratische Hochburg betroffen war. Zwar führte Bismarck die für die damalige Zeit vorbildliche Sozialgesetzgebung 1883/84 und 1889 ein, diese hatte jedoch keine Lösung der sozialen Frage der Arbeiterschaft zur Folge. Dennoch schien nichts das Deutsche Kaiserreich und das Königreich Sachsen erschüttern zu können. 1889 feierte sich das Haus Wettin

ausgiebig selbst, als das 800-jährige Jubiläum der Belehnung Heinrichs I. mit der Mark Meißen anstand. Als am 1. August 1914 Deutschland Russland den Krieg erklärte, und zwei Tage später auch Frankreich, standen die folgenden vier Jahre ganz im Zeichen des Ersten Weltkriegs. Die sächsische Armee war an der West- und an der Ostfront eingesetzt, oft auch an Brennpunkten. 750.000 sächsische Soldaten zogen in den Krieg, wovon über 120.000 nicht wiederkehrten. 1915 wurde Kurland von deutschen Einheiten erobert und besetzt. König Friedrich August III. hoffte auf eine Wiederauflage einer Personalunion als sächsischer König und Landesfürst von Kurland. Der Ausgang des Krieges zerstörte diese Illusion, die der letzte sächsische Großmachttraum gewesen war. Über 50.000 Männer, Frauen und Kinder in Sachsen starben an kriegsbedingten Krankheiten oder Mangelerscheinungen, besonders aufgrund von Lebensmittelknappheit. Schon am 1. Mai 1915, nur wenige Monate nach Kriegsbeginn, begannen die ersten Demonstrationen in sächsischen Städten. Der Kohlrübenwinter 1916/17, der zu einer schweren Lebensmittelkrise führte, und die Nachrichten aus Russland über die Revolution mobilisierten auch in Sachsen die Massen, zumal eine der wichtigsten Forderungen, die nach einem gleichen Wahlrecht, noch nicht erfüllt war. Die Verhandlungen dazu, die seit 1917 geführt wurden, kamen zu keinem Abschluss. Im November 1918 begann auch in Sachsen die Revolution. In der Novemberrevolution hatten sich zwei Arbeiter- und Soldatenräte in Dresden gebildet; einer aus SPD-, der andere aus USPD- und Spartakusbundmitgliedern. Beide vereinigten sich am 10. November und riefen die Republik aus. In einem abgedunkelten Auto verließ König Friedrich August III. die Residenzstadt Dresden und dankte am 13. November ab.

1871–1918

1871
Sachsen wird Bundesstaat des Deutschen Reiches, das zahlreiche Souveränitätsrechte an das Reich abtritt.
11. Juli Heimkehr der sächsischen Truppen aus Frankreich.

1872
1. Januar Einführung der Längeneinheit Meter im Deutschen Reich, der die traditionellen Längeneinheiten ersetzt.
März Hochverratsprozess in Leipzig gegen August Bebel, Wilhelm Liebknecht und Adolf Hepner von der SPD. Liebknecht und Bebel werden zu zwei Jahren Festungshaft, einer Ehrenhaft, verurteilt.

1873
15. April Einsetzung des Landeskonsistoriums als oberste Einrichtung der evangelisch-lutherischen Landeskirche, das die kirchlichen Aufgaben des Kultusministeriums übernimmt. Schule und Kirche werden getrennt (bis auf den Religionsunterricht).
21. April Gesetz über die unteren Verwaltungsbehörden. Es werden 25 Amtshauptmannschaften gegründet, die vier Kreismannschaften angehören. Die Amtshauptmannschaften bleiben bis zum Kriegsende bestehen (seit 1939 Landkreise genannt).
24. April Revidierte Städteordnung und Revidierte Landgemeindeordnung.
26. April Gesetz über das Volksschulwesen. In den Amtshauptmannschaften werden Bezirksschulinspektionen (seit 1919 Bezirksschulämter) eingerichtet, die alle schulischen Angelegenheiten regeln.
29. Oktober König Johann stirbt, Nachfolger wird König Albert.

1876
1. Oktober Erste Veröffentlichung der SPD-Parteizeitung »Vorwärts« in Leipzig, die bis heute existiert. In der Zeit des Sozialistengesetzes erscheint die Zeitung illegal. Am 1. Januar 1891 Neugründung der Zeitung in Berlin.

1878
21. Oktober Sozialistengesetz im Deutschen Reich (bis 1890). Verbot aller sozialdemokratischen Bestrebungen.
29. Oktober Vertrag mit der Familie von Schönburg. Endgültige Integration der schönburgischen Herrschaften in das Königreich Sachsen.

1879
1. Oktober Gesetz über die Gerichtsordnung, Einrichtung des Reichsgerichts in Leipzig als obersten Gerichtshof Deutschlands.
Einführung der Einkommenssteuer.

1883/1889
Sozialgesetzgebung im Reich (Renten-, Kranken- und Unfallversicherung).

1884
Die Wettiner erhalten den Privatbesitz an Mobilien und Immobilien des aufgelösten Herzogtums Oels, darunter auch Schloss Sybillenort, das nach dem Ersten Weltkrieg Wohnort des abgedankten Königs Friedrich August III. wird.

1889
In ganz Sachsen finden Feiern zum 800-jährigen Jubiläum des Hauses Wettin statt.

Gründung der Tierärztlichen Hochschule in Dresden (1923 an die Universität Leipzig angegliedert).

1890
3. Februar **Umwandlung des Polytechnikums Dresden in die Königlich Sächsische Technische Hochschule (heute Technische Universität Dresden), 1900 erhält sie das Promotionsrecht.**
1. Mai **Erste Feier des 1. Mai als Kampftag der Arbeiter.**

1896
28. Februar **Einführung des Dreiklassenwahlrechts in Sachsen, d. h., Aufteilung der Wähler in Abhängigkeit der Steuerzahlungen. Die Wahlstimmen von Personen mit höheren Steuerzahlungen erhalten eine höhere Gewichtung als die von Personen mit geringen Steuerabgaben.**

1898
25. April **Gründung der Handelshochschule Leipzig.**

1900
1. Januar **Bürgerliches Gesetzbuch tritt im Reich in Kraft. Damals das modernste bürgerliche Gesetzbuch der Welt, das in zahlreichen Ländern nachgeahmt wird.**

1902
19. Juni **König Albert stirbt, Nachfolger wird König Georg.**

1904
10. Juni **Gesetz die Israelitischen Religionsgemeinden betreffend.**
25. Oktober **König Georg stirbt, Nachfolger wird Friedrich August III.**

1905
7. Juni **Gründung der expressionistischen Künstlergemeinschaft »Brücke« in Dresden.**

1908
Erste Gebäude der Gartenstadt Hellerau werden gebaut. Mit ihr sollen Arbeit und ländliches, gesundes Wohnen auch den Arbeitern ermöglicht werden.

1909
10. März **Gesetz gegen die Verunstaltung von Stadt und Land.**
5. Mai **Inkrafttreten des Pluralwahlrechts. Sozialdemokraten und Liberale fordern eine Wahlrechtsreform, da das Dreiklassenwahlrecht vor allem die SPD benachteiligt. Die Gewichtung der Wählerstimmen wird mit dem Pluralwahlrecht reduziert.**

1912
3. Oktober **Gründung der Deutschen Bücherei in Leipzig, heute Deutsche Nationalbibliothek.**
13. Oktober **Gründung der sorbischen Domowina (als Bund Lausitzer Wenden), die bis heute besteht.**

1913
11. Juli **Landgemeindeordnung.**
18. Oktober **Einweihung des Völkerschlachtdenkmals in Leipzig.**

1914
1. August **Mobilmachung in Deutschland, der Erste Weltkrieg bricht aus. Die sächsische Armee wird vor allem an der Westfront eingesetzt. 750.000 sächsische Soldaten kämpfen im Ersten Weltkrieg. Sachsen zählt 5 Millionen Einwohner.**

1915
1. Mai Friedensdemonstrationen in mehreren Städten Sachsens, auch am 1. Mai 1916.

1918
Januar »Januarstreik« in Deutschland. Vor allem Arbeiter fordern die Beendigung des Krieges, das allgemeine und gleiche Wahlrecht und eine bessere Lebensmittelversorgung.
23./26. Oktober Rücktritt des Kabinetts. Heinrich Gustav von Beck tritt als Vorsitzender des Gesamtministeriums am 24. Oktober zurück.
5. November Rudolf Heinze wird geschäftsführender Regierungschef.
6. November In Großenhain wird der erste Soldatenrat Sachsens gegründet.
8. November Demonstrationen in mehreren Städten Sachsens.
9. November Besetzung wichtiger öffentlicher Gebäude durch Revolutionäre. Der König verlässt Dresden.
10. November Gründung des Vereinigten Revolutionären Arbeiter- und Soldatenrats. Im Gebäude des Zirkus Sarrasani wird die Republik ausgerufen.
13. November Abdankung Friedrich Augusts III. Damit endet die über 800 Jahre währende Herrschaft der Wettiner über Sachsen.

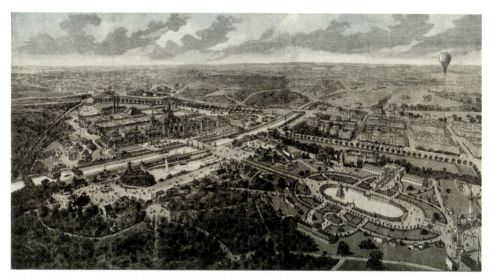

Blick auf das große Gelände der Sächsisch-Thüringischen Industrie- und Gewerbeausstellung 1897

Bevölkerungsentwicklung

Das »lange 19. Jahrhundert«, wie die Zeit zwischen 1789 und 1918 oft bezeichnet wird, prägte die moderne Welt und veränderte Europa radikal. Das Zeitalter der Industrialisierung begann und offen ist in der historischen Betrachtung, ob sich die Welt auch heute in einer Umbruchperiode befindet, deren aktuelle Veränderungen durch Computer die »dritte industrielle Revolution« bedeuten. Dieser Prozess, der ein starkes Bevölkerungswachstum sowohl verursachte als auch benötigte, hatte viele Ursachen. Eine Voraussetzung waren die höheren Erträge in der Landwirtschaft durch bessere Nutzung des Bodens, durch Züchtungen und den Einsatz von Maschinen, vor allem Lokomobilen und Dampfpflügen. 1850 lebten ungefähr 35 Millionen Menschen in den deutschen Ländern, davon 1,9 Millionen in Sachsen; 1910 waren es fast 64 Millionen, davon in Sachsen 4,8 Millionen. Die sächsische Bevölkerung hatte sich überproportional stark vermehrt; noch 1815 hatte sie lediglich eine reichliche Million Menschen umfasst. Das Wachstum fand vor allem in den Städten seinen Ausdruck: Um 1800 hatte Dresden 55.000 Einwohner, Leipzig 31.000 und Chemnitz 11.000. 100 Jahre später hatte sich die Einwohnerzahl vervielfacht: 396.000 in Dresden, 456.000 in Leipzig und in Chemnitz 207.000.

Sachsen war zum Industrieland geworden. In der Mitte des 19. Jahrhunderts arbeitete bereits nur ein Viertel in der Landwirtschaft, vor dem Ersten Weltkrieg nur noch ein Zehntel. In ganz Deutschland waren um 1850 noch über die Hälfte aller Beschäftigten in der Landwirtschaft tätig; d. h. in Sachsen lag die Zahl nur halb so hoch. Mitte des 20. Jahrhunderts erreichte die Bevölkerungszahl in Sachsen ihren Höchststand von 6 Millionen. Seitdem sinkt sie durch Abwanderung und die zurückgehende Zahl an Geburten. Heute leben noch 4,1 Millionen Menschen in Sachsen, was der Zahl von vor 1900 entspricht. Demografen prognostizieren für das Jahr 2025 einen Stand von 3,7 Millionen, womit Sachsen auf den Stand vor 1895 zurückfiele. Nicht berücksichtigt ist in dieser Zahl die dann existente Überalterung der Gesellschaft, während die Gesellschaft um 1900 eine sehr junge war. All dies führt zu einem Rückgang der Bevölkerung auf dem Land, dem Rückgang an öffentlicher Infrastruktur, Schulen, Ärzten, Einkaufsmöglichkeiten, dem Ausfall von Steuereinnahmen für die Gemeinden und anderen Begleitumständen, die eine Verödung von Regionen nach sich ziehen können. Die demografische Entwicklung gilt daher als eine der entscheidenden Zukunftsfragen Sachsens.

Bevölkerungsentwicklung

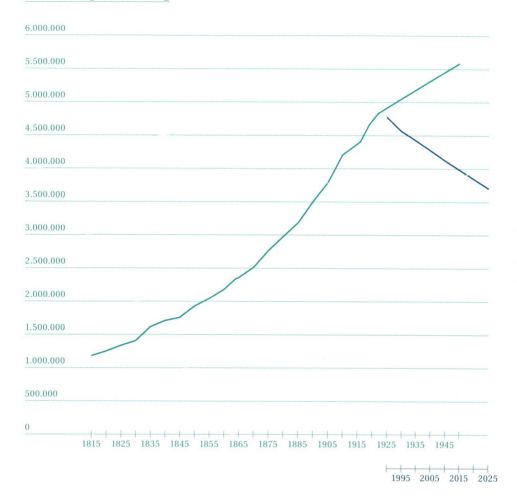

Die Bevölkerungsentwicklung ist durch den stabilen Anstieg während des 19. und in der ersten Hälfte des 20. Jahrhunderts gekennzeichnet. Mitte des 20. Jahrhunderts lebten, auch kriegs- und vertreibungsbedingt, 6 Millionen Menschen in Sachsen.

Sächsische Ergebnisse in den Reichstagswahlen

Als Vorstufe der Reichseinigung wurde 1866 unter der Führung Preußens nach dem Deutsch-Deutschen Krieg der Norddeutsche Bund gegründet, der alle deutschen Staaten nördlich des Mains vereinigte. Auch Sachsen gehörte dazu. Dieser erste deutsche Bundesstaat ersetzte den 1815 gegründeten Deutschen Bund, was Österreich im Friedensvertrag zu Prag am 23. August 1866 anerkennen musste. Österreich schied aus dem deutschen Dualismus aus; die »großdeutsche Lösung« der Einheit Deutschlands war damit unrealistisch geworden. Zunächst als reines Militärbündnis angelegt, nahm der Norddeutsche Bund eine Vielzahl von Funktionen des 1871 gegründeten deutschen Kaiserreichs vorweg. Die am 1. Juli 1867 in Kraft getretene Verfassung schrieb einen vom Volk zu wählenden Reichstag vor, der durch eine Länderkammer, den Bundesrat, ergänzt wurde. Die Verfassung delegierte schon zu dieser Zeit, also Jahre vor der Reichsgründung, die meisten Gesetzgebungskompetenzen der Länder an den Norddeutschen Bund. Die sächsische Armee wurde dem Reichsheer eingegliedert, über das im Krieg der preußische König befehligte.

Die erste Reichstagswahl des Norddeutschen Bundes fand 1867 statt. Wahlberechtigt waren alle männlichen Einwohner ab 25 Jahren. Durch den Ausschluss von Soldaten, Behinderten, Personen, die im Zeitraum eines Jahres vor der Wahl Armenunterstützung erhalten hatten, und anderen, war lediglich ungefähr ein Viertel der gesamten Bevölkerung überhaupt wahlberechtigt. Die Parteien im Reichstag, die auch nach 1871 das politische Leben bestimmten, waren im Wesentlichen Konservative, Nationalliberale, Linksliberale, das katholische Zentrum und die Sozialdemokraten. 1890 traten noch die Antisemiten hinzu. Von 1867 bis 1912 verzehnfachte die SPD in Sachsen ihren Stimmenanteil von 5 % auf 55 % und lag damit in Sachsen 20 % über dem Reichsdurchschnitt, während die Linksliberalen von 1867 bis 1912 zwei Drittel ihrer Wähler verloren. Die Nationalliberalen, zunächst bismarcktreu, wurden in Sachsen gegenüber dem Reichsdurchschnitt überdurchschnittlich viel gewählt, dies gilt jedoch auch für die Antisemiten.

Sächsische Ergebnisse in den Reichstagswahlen

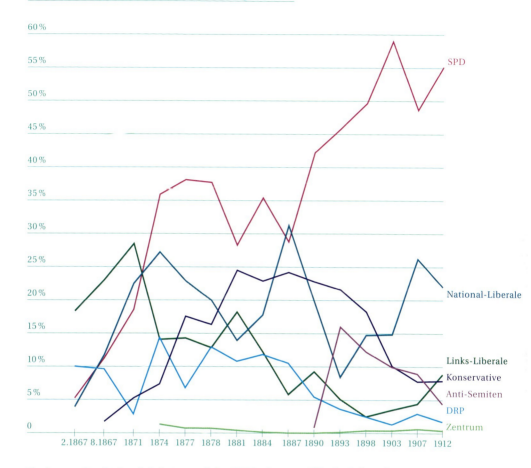

Sachsen galt seit den Reichstagswahlen 1903 als »rotes Königreich«, als Land der Sozialdemokratie. Die SPD gewann alle Wahlkreise bis auf einen (Bautzen). Die Wahlbeteiligungen lagen bei den Reichstagswahlen seit 1887 zwischen 73 und 89 %.

Hochschulen und vergleichbare wichtige Lehranstalten

1409 verließen 1.000 Professoren und Studenten die Prager Universität, die älteste deutsche überhaupt, und gründeten in Leipzig, der markmeißnischen Handelsmetropole, eine Universität, die damit die älteste Hochschule in Sachsen ist. Durch die Wittenberger Kapitulation von 1547 gewann das albertinische Sachsen eine weitere Universität, jene in Wittenberg, die der Ernestiner Friedrich der Weise 1502 gestiftet hatte und die als Lutherstätte Weltruhm erlangte. Durch die Beschlüsse des Wiener Kongresses 1815 ging allerdings auch Wittenberg an Preußen, sodass die Leipziger Landesuniversität bis 1961 die einzige Universität in Sachsen war. Die 1694 gegründete Universität Halle wurde 1817 mit der Wittenberger vereinigt. Eine zweite Gründungszeit für Hochschulen stellt die Mitte des 18. Jahrhunderts dar, als ein Jahr nach dem Hubertusburger Frieden 1764 die Kunstakademien in Dresden und Leipzig und ein weiteres Jahr später, 1765, die Bergakademie Freiberg entstanden. Es ist auffallend dass viele Hochschulen in Deutschland nach verlorenen Kriegen oder in wirtschaftlichen Krisenzeiten gestiftet wurden. Dies gilt auch für die Tharandter Forstakademie (1816) und die heutige Technische Universität Dresden (1828). Besonders die stürmische Entwicklung der angewandten Natur- und der Technikwissenschaften war die Ursache für eine Vielzahl weiterer Neugründungen bzw. Umwandlungen technischer Schulen in Hochschulen in der zweiten Hälfte des 19. Jahrhunderts, die, anders als beim universitären Studium, praxisorientiert mit Blick auf die Tätigkeit ausbildeten. Auch private, oft speziell auf ein kleines Fächerspektrum zugeschnittene Einrichtungen entstanden, wie die Leipziger Handelshochschule oder die Evangelische Hochschule Moritzburg.

Universitäten und Hochschulen erwiesen sich seit dem 19. Jahrhundert als wesentliche Motoren der Wissenschaft für das Land, da sich in ihrem Umfeld zahlreiche weitere Forschungsinstitute oder Gewerbebetriebe ansiedelten.

Seit 1906 durften Frauen an der Universität Leipzig studieren. Schon ab dem Wintersemester 1870/71 waren sie an der Universität Leipzig als Gasthörerinnen zugelassen, jedoch sollten noch 35 Jahre vergehen, bis sie Prüfungen ablegen durften und damit auch ein Studium aufnehmen und beenden konnten. 1914/15 studierten in Leipzig ungefähr 200 Studentinnen. Erst die vollkommene Gleichberechtigung der Frauen durch die Verfassung der Weimarer Republik führte zu einer deutlichen Erhöhung des Frauenanteils an Studierenden.

Gründungen von Universitäten und ausgewählten Hochschulen

○ Leipzig
1409, 1764, 1838, 1843, 1898

1872
○ Moritzburg
○ Dresden
1764, 1828, 1856, 1925

○ Tharandt
1816

○ Freiberg
1765

○ Chemnitz
1878

○ Zwickau
1862, 1897

Die Universität Leipzig ist die zweitälteste auf dem Gebiet der Bundesrepublik Deutschland überhaupt. Nach 1700 entstanden in jedem Jahrhundert neue Hochschulen, die bis heute zur Vielfalt der sächsischen Wissenschaftslandschaft beitragen.

Erstes Gebäude der technischen Bildungsanstalt Dresden, der heutigen TU Dresden

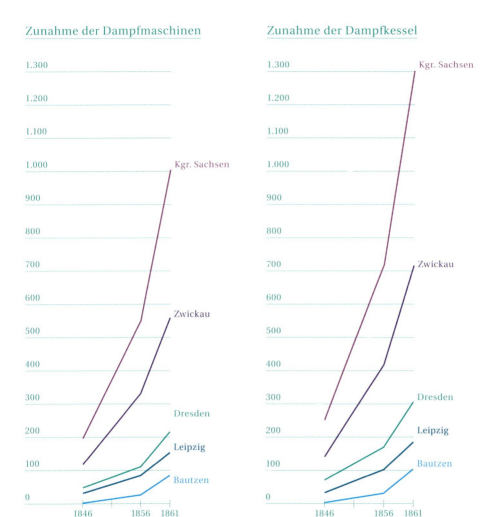

Die Zunahme des Dampfmaschinen- und Dampfkesselbestandes in den sächsischen Kreisdirektionsbezirken 1846 bis 1861 zeigt deutlich die Geschwindigkeit des industriellen Aufbaus. In nur wenigen Jahren verfünffachte sie sich.

Entwicklung des Eisenbahnstreckennetzes und der Dampfkesselzahl

Das 19. Jahrhundert war die Epoche der Dampfmaschine und damit auch der Eisenbahn. Beide, jeweils für die Industrialisierung und für den Verkehr, waren die entscheidenden Antriebe für die rasante Entwicklung. Sachsen als frühindustrialisiertes Land bot dafür besonders günstige Bedingungen, zumal mit Leipzig eine Handelsmetropole von europäischer Bedeutung existierte, die nach schnellen Verkehrsverbindungen verlangte. Der Ökonom Friedrich List regte 1833 in seiner Broschüre »Ueber ein sächsisches Eisenbahnsystem als Grundlage eines allgemeinen deutschen Eisenbahnsystems und insbesondere über die Anlegung einer Eisenbahn von Leipzig nach Dresden« eine solche Eisenbahnverbindung zwischen den beiden sächsischen Metropolen an. Nur fünf Jahre später wurde sie als erste deutsche Fernbahnstrecke eröffnet. Bis 1847 entstanden die Strecken Dresden–Görlitz und Leipzig–Reichenbach/Vogtland, die den Auftakt für einen schnellen Ausbau der sächsischen Eisenbahnlinien bildeten. Einen besonders hohen Netzzuwachs verzeichneten die Staatseisenbahnen zwischen 1868 und 1877. Das dichte Streckennetz hatte einen erheblichen Anteil an der raschen wirtschaftlichen Entwicklung Sachsens.

1881 eröffnete die erste der später zahlreichen sächsischen Schmalspurstrecken, die besonders abgelegene Gebiete an das Streckennetz der Eisenbahn anschlossen. Schon in den 1920er-Jahren wurden die Schmalspurlinien allerdings unrentabler, sodass die meisten ab Mitte der 1960er-Jahre stillgelegt wurden. Bis heute jedoch verfügt Sachsen immer noch über das dichteste Streckennetz eines deutschen Bundeslandes.

Bemerkenswert ist die erhebliche Vermehrung der Anzahl der Dampfmaschinen in Sachsen, die sich innerhalb weniger Jahre verfünffachte; die Hälfte von ihnen stand im Kreisdirektionsbezirk Zwickau. Die wachsenden Fabriken rekrutierten ihren Arbeitskräftebedarf vor allem aus den unteren sozialen Schichten. In der ersten Hälfte des 19. Jahrhunderts bestand in manchen Fabriken ein Viertel der Belegschaft aus Kindern, die einfache Arbeiten verrichteten. In Preußen wurde die Kinderarbeit seit 1839 gesetzlich geregelt, blieb aber legal. Andere deutschen Staaten wie Bayern folgten, Sachsen erst 1861. Der hohe Industrialisierungsgrad Sachsens erklärt nicht in vollem Umfang die wesentlich höhere Beschäftigungsquote: Hier war um 1840 die Kinderarbeit fünfmal höher als in ganz Preußen. Sie blieb trotz staatlicher Verbote trotzdem in den Armutsregionen gängig, vor allem in der handwerklichen Heimarbeit im Erzgebirge. Das Arbeiterschutzgesetz für das Reich vom 1. Juli 1891 hatte die Beschäftigung von Kindern im Alter von unter 13 Jahren in Fabriken verboten. Das Verbot war jedoch nur die eine Seite der Medaille, die andere war die Beseitigung der Notwendigkeit der Kinderarbeit durch bessere Löhne für die Erwachsenen. So wuchs die Kinderarbeit nach 1891 vor allem im Handwerk und in den Gewerbebetrieben weiter an, was seit dem 1. Januar 1904 ebenfalls verboten war (»Gesetz, betreffend Kinderarbeit in gewerblichen Betrieben«). Anders als bisweilen postuliert, spielte das Argument gegen die Kinderarbeit, dass die Wehrtüchtigkeit der männlichen Kinder erhalten bleiben sollte, keine Rolle.

Die Entwicklung Sachsens zum Industrieland veränderte ganze Landstriche und die sozialen Verhältnisse. Hatte die Gegenbewegung um die Mitte des 19. Jahrhunderts im Aufkommen der Maschinenstürmer, wie etwa in der Nagelschmiede in Mittweida bei Markersbach 1848, als die Maschinen einer Nagelfabrik zerstört wurden, bestanden, gehörten Maschinen Ende des 19. Jahrhunderts zum Alltag. (Ähnliche Szenen hatten sich in Elterlein abgespielt, als 1830 Leipziger Arbeiter versuchten, die Schnellpresse für den Buchdruck im Verlag Brockhaus außer Betrieb zu setzen.) Nun schienen aber neue Gefahren zu drohen, vor allem im Moloch Großstadt: Junge Menschen, ob in der Stadt großgeworden oder vom Land stammend, sahen sich den sogenannten Verlockungen der Stadt ausgesetzt, in der die sozialen Bindungen und die soziale Kontrolle geringer waren als auf dem Land. Man befürchtete ein Abgleiten der jungen Erwachsenen in Alkoholismus, Erwerbslosigkeit und »Unsittlichkeit«. Es wurden daher in der Mitte des 19. Jahrhunderts in jeder Großstadt Vereine gegründet, die mit Fortbildungen, Quartieren, Arbeitsmöglichkeiten und Betreuung versuchten, die Jugendlichen sozial einzubinden, damit sie nicht auf die falsche Bahn gerieten. Die Welt befand sich im Umbruch, der sich auch im Kleinen widerspiegelte und nach Antworten auf bisher noch nicht dagewesene Probleme verlangte.

Die Gegenbewegung des beginnenden 20. Jahrhunderts, die das Heimatbild, wie es vor der Industrialisierung und der mit dem Bevölkerungswachstum einhergehenden baulichen Umformung der Städte und Dörfer erhalten wollte, war aufgrund der Industrialisierung international relevant (bis nach Japan). Man versuchte, einen Ausgleich zwischen Moderne und Tradition zu schaffen, indem sich das Neue, also neue Gebäude, neue Infrastruktur und anderes, harmonisch in das alte Ortsbild einfügen sollte. Die sächsische Regierung bildete 1884 die Königliche Kommission zur Erhaltung der Kunstdenkmäler, die erstmals nicht mehr nur einzelne Gebäude oder Denkmale inventarisieren und schützen sollte, sondern ganze Straßenzüge. Dieser Aufgabe widmete sich vor allem der seit 1908 und bis heute bestehende Landesverein Sächsischer Heimatschutz, dem 1909 die Verabschiedung des Gesetzes gegen die Verunstaltung von Stadt und Land in Sachsen durch den Landtag gelang. Gleichem Sinn folgte die Gartenstadt Hellerau bei Dresden, die seit 1909 errichtet wurde. Der Gegensatz zwischen der Modernität in Industrie, Handel und in den Verkehrsmitteln auf der einen Seite, und der nicht vorhandenen Gleichberechtigung der Bevölkerung in der Politik und überkommenen Traditionen andererseits bildeten den Grundkonflikt des Kaiserreichs, der sich in der Weimarer Republik fortsetzte und durch den Ersten Weltkrieg lediglich überdeckt wurde. 1914 waren in Sachsen über 6.300 Autos, über 1.000 Lastkraftwagen und über 2.700 Motorräder zugelassen. Hatte wenige Jahrzehnte vorher die Eisenbahn die Entfernungen schrumpfen lassen und die Fahrzeit von mehreren Tagen in der Postkutsche auf wenige Stunden reduziert, kam mit der Motorisierung der Individualverkehr auf. Zunächst nur für wohlhabende Personen verfügbar, bestimmt er seit den 1950er-Jahren als Massenpersonenverkehr das Bild der Straßen.

Die Ausbreitung der Kgl. Sächsischen Staatseisenbahnen von 1837 bis 1887

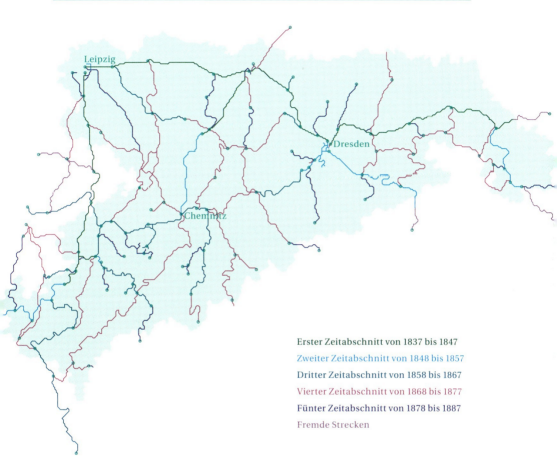

Erster Zeitabschnitt von 1837 bis 1847
Zweiter Zeitabschnitt von 1848 bis 1857
Dritter Zeitabschnitt von 1858 bis 1867
Vierter Zeitabschnitt von 1868 bis 1877
Fünfter Zeitabschnitt von 1878 bis 1887
Fremde Strecken

Sachsen ist ein Eisenbahnland: Das dichteste Streckennetz in ganz Deutschland besteht im Freistaat. Eisenbahn und Dampfmaschinen waren die Antriebsmotoren der stürmischen wirtschaftlichen Entwicklung Sachsens im 19. Jahrhundert.

Sachsens Kriegsopfer im Ersten Weltkrieg

Der Erste Weltkrieg, der historische Schlüssel zum Verständnis der Weimarer Republik und des Nationalsozialismus, wird in Deutschland nach 1945 durch das Vorherrschen der Erinnerung an den Zweiten Weltkrieg völlig überlagert. Erst die 100. Wiederkehr des Kriegsausbruchs im August 1914 lenkt die Aufmerksamkeit wieder auf dieses »große Völkerringen«, wie es zeitgenössisch auch genannt wurde. Der Erste Weltkrieg, der letzte Krieg der Vormoderne, in dem die Zivilbevölkerung in Deutschland nur indirekt von den Kriegsereignissen wie dem Verlust von Angehörigen oder Nahrungsmittelnot betroffen war, ist zugleich der erste Krieg der Moderne. Fast alle Waffenarten, die im Zweiten Weltkrieg eingesetzt wurden, kamen von 1914 bis 1918 erstmals überhaupt oder erstmals in einem größeren Umfang zum Einsatz. Dazu zählen u. a. Panzer, Maschinengewehre, Kriegsflugzeuge und die Verwendung von Kraftfahrzeugen. Insgesamt fielen dem Ersten Weltkrieg 10 Millionen Menschen zum Opfer, aus Deutschland waren es 2 Millionen. Die sächsische Armee war im Ersten Weltkrieg an zahlreichen Brennpunkten der Fronten eingesetzt und musste dementsprechend hohe Verluste hinnehmen. Das Statistische Landesamt bezifferte 1921 die Bevölkerungsverluste Sachsens auf über 120.000 gestorbene Soldaten, die kriegsbedingt erhöhte Sterblichkeit von Zivilpersonen durch Krankheiten und Nahrungsmangel auf 53.000 Tote und einen Geburtenausfall im Verhältnis zur Vorkriegszeit von 248.000 nicht geborenen Kindern. Kriegsbedingt hatte sich auch die Säuglingssterblichkeit erhöht. Noch im August 1919 waren 18.000 Soldaten vermisst – Tausende Familien waren ohne Nachricht darüber, ob ihre Familienangehörigeren noch am Leben waren. Die Materialschlachten hatten zahlreiche Soldaten in Bunkern verschüttet, deren Leichen zum Teil bis heute noch nicht gefunden wurden. Die meisten der gefallenen und gestorbenen Soldaten waren zwischen 21 und 25 Jahren alt.

Registrierte Gestorbene und Verwundete bis zum 31. August 1919

	Offiziere	Unteroffiziere	Mannschaften
Gefallen/gestorben	3.397	13.412	101.698
Verwundet	6.861	34.579	365.293

Gefallene Sachsen in den Kriegsjahren 1914–1918

insgesamt: 120.747 Gefallene

Der Erste Weltkrieg, die »Urkatastrophe des 20. Jahrhunderts«, wie ihn der US-amerikanische Historiker George F. Kennan nannte, gilt als erster moderner Krieg. 2 Millionen deutsche Soldaten fielen, davon über 120.000 aus Sachsen.

»Granaten-Einschlag«. Zeichnung von Emil Lohse, Frankreich 1915

Sachsen in der Weimarer Republik 1918–1933
Demokratie und Krise

1918 begann das »kurze 20. Jahrhundert«, das Zeitalter der Extreme. Eine parlamentarische Demokratie herrschte in Sachsen von 1918 bis 1989 lediglich in den Jahren 1918 bis 1933, also 15 Jahre, während das Land 56 Jahre totalitär regiert wurde. Eine über 800-jährige Epoche, die der wettinischen Herrschaft über Sachsen, war mit dem Jahr 1918 beendet. Die Ziele der Arbeiter- und Soldatenräte orientierten sich zunächst an der Sowjetunion: Privateigentum an Grund und Boden sollte es nicht mehr geben und enteignet werden, Ähnliches galt für die Banken, Fabriken und Bergwerke. Sachsen sollte in einer sozialistischen deutschen Republik aufgehen. Doch die Arbeiter- und Soldatenräte wurden schon seit Dezember von SPD-Mitgliedern dominiert. Die Radikalforderungen des äußersten linken politischen Spektrums fanden dadurch keine Zustimmung beim Rat der Volksbeauftragten. Deren Regierungserklärung vom 16. November verfolgte vielmehr die Schaffung eines parlamentarischen Systems nach westlichem Vorbild und eine Abkehr von linkssozialistischen Forderungen. Im Januar 1919 fanden Kommunal- und Reichstagswahlen statt, aus der in Sachsen die SPD als Sieger hervorging. Diese Wahlen wirkten sich stabilisierend auf die neue politische Ordnung aus, die im April 1919 jedoch mit Waffengewalt verteidigt werden musste. Zum ersten sächsischen Ministerpräsidenten wurde der Sozialdemokrat Georg Gradnauer gewählt. Es ging um nicht weniger als um die Schaffung eines neuen Staates innerhalb des Deutschen Reichs, in einer Zeit großer Widrigkeiten: Arbeitslosigkeit, Inflation, die Hypothek des verlorenen Krieges in jeder Hinsicht, die Teilhabewünsche bisher benachteiligter Bevölkerungsgruppen. Die Erlebnisse, Erfahrungen und Verarbeitungen der Traumata der Kriegsteilnehmer, eines Großteils der männlichen

Bevölkerung Sachsens, sind bisher bei der Darstellung der Geschichte nach 1918 noch nicht ihrem Anteil gerecht werdend eingeflossen. Hunderttausende Soldaten mussten, vom Kriegsausgang enttäuscht und von den Erlebnissen gezeichnet, wieder in die Gesellschaft integriert werden. Je trostloser die Lage für die wirtschaftlichen Verlierer in der Weimarer Republik wurde, desto stärker wurde die Verklärung des »Frontideals« von 1914 bis 1918.

Doch zunächst war die Reichseinheit in Gefahr. Das Saargebiet stand unter der Verwaltung des Völkerbundes, dort und im besetzten Rheinland versuchte Frankreich, diese Landesteile an sich zu binden. In Wiesbaden wurde am 1. Juni 1919 eine »Rheinische Republik« ausgerufen, vier Jahre später erwuchs die rheinländische Separatistenbewegung zur ernsten Gefahr. In Sachsen entstand im November 1918 ein »Wendischer Nationalausschuß«, der einen eigenen sorbischen Staat in den Hauptsiedelgebieten des slawischen Volkes forderte. Die neu entstandene Tschechoslowakei förderte diese Bestrebungen und hoffte auf den Anschluss des sorbischen Gebietes. Eine ähnliche Entwicklung gab es nach 1945 erneut. Doch beide Male fanden diese Planungen bei den siegreichen Mächten keinen Widerhall. Eine Verwirklichung der Idee hätte die Abtrennung des gesamten sorbischen Gebietes um und nördlich von Bautzen bedeutet. Ein weiterer Verlust der geografischen Ränder Sachsens drohte – wie 1815 – damit zum wiederholten Male. Im Erzgebirge befürchtete die Bevölkerung den Einmarsch tschechoslowakischer Truppen, sodass Grenzschutzeinheiten gebildet wurden.

Die Jahre 1919 bis 1933 waren befreiende Jahre für die sächsische Bevölkerung, die sich erst im Nachhinein der Leistungen der Weimarer Demokratie wirklich bewusst wurde. Der sächsische Landtag verabschiedete am 26. Oktober 1920 die Verfassung des Freistaats, Grundlage war die Gleichberechtigung aller Sachsen. Die Bildungspolitik wurde reformiert, das Verhältnis von Staat und Kirche neu definiert. Nur wenige Monate vorher war auch in Sachsen der Kapp-Putsch zusammengebrochen. Radikale linke Kräfte hatten ihn auszunutzen versucht, sodass der sozialdemokratische Regierungschef Buck die Arbeiterräte in Sachsen auflöste. Damit waren die einflussreichen Institutionen aus der Revolutionszeit ausgeschaltet.

Als 1923 der Ministerpräsident Erich Zeigner (SPD) KPD-Mitglieder in seine Regierung aufnahm, »proletarische Hundertschaften« bewaffnet wurden und damit das Gewaltmonopol des Staates ausgehöhlt wurde, brach der Konflikt zwischen der Reichsregierung und der sächsischen Regierung offen aus. Doch die Reichswehr marschierte am 21. Oktober 1923 in Sachsen ein und beendete die Arbeit des Kabinetts Zeigner durch die sogenannte Reichsexekution mit Waffengewalt. Sie bedeutete die Absetzung einer legalen Regierung, was einen schweren Eingriff in die demokratische Praxis bedeutete, für welches es jedoch keine Alternative im Sinne einer innenpolitischen Stabilisierung gab. Das Jahr 1923 war das Krisenjahr der jungen Weimarer Demokratie. Die Ereignisse in Sachsen und Hamburg, der misslungene Hitlerputsch am 9. November in München und der Höhepunkt der Inflation im November 1923 bedeuteten schwere Belastungen. Umso bemerkenswerter ist daher die Handlungsfähigkeit der Demokraten. Im November 1923 gab es für 1 Dollar über 4 Billionen Reichsmark, womit der Höhepunkt der Inflation erreicht war. Mit der Einführung der Rentenmark verbesserte sich die wirtschaftliche Situation in Sachsen. Zu den ökonomischen Schwierigkeiten, die sich aus der Gesamtsituation ergaben,

trat die Transformation von Rüstungs- auf Friedensproduktion.
Nach 1924 begann auch in Sachsen die kurze Periode der »Goldenen Zwanziger«, die die Jahre 1924 bis 1928 umfasste und auf der Verbesserung der Wirtschaftslage basierte. Diese fünf Jahre werden heute vor allem mit einer enormen kulturellen Vielfalt identifiziert; der Kinofilm wurde das Massenmedium. Neue Kunstformen kamen auf und wurden populär, junge Künstler prägten die Szene. Fast alle bedeutenden Expressionisten stammten aus Sachsen. Sachsens Musiklandschaft gehörte zu den führenden in Deutschland. Ernst Kreneks beliebte »Jazzoper« »Johnny spielt auf« wurde 1927 in Leipzig uraufgeführt und in Dresden dirigierte Fritz Busch Uraufführungen von Richard Strauss. Mary Wigman gründete 1920 die Schule für Ausdruckstanz.
Schon ein Jahr vor dem Ausbruch der Weltwirtschaftskrise geriet Sachsen in wirtschaftliche Schwierigkeiten. Im Januar 1929 war die Arbeitslosenzahl wieder fast so hoch wie im Januar 1924 nach dem Krisenjahr 1923. Die Wucht der Ereignisse des »Schwarzen Freitags« an der New Yorker Börse am 25. Oktober 1929 hätte schließlich jede sächsische Regierung, gleich, ob links, rechts oder Mitte, mit voller Wucht getroffen. Die stark exportabhängige sächsische Wirtschaft gehörte zu den in Deutschland am schwersten betroffenen. Die übertriebene Sparpolitik durch den Reichskanzler Brüning erschwerte noch zusätzlich die Situation der Länder. Als Ministerpräsident Bünger im Reichsrat, der Vertretung der Länder im Reich, für die Annahme des Youngplans stimmte, der Reparationsschulden von 36 Milliarden Reichsmark vorsah, stellten die Antidemokraten NSDAP und KPD im Landtag einen Misstrauensantrag, der den Ministerpräsidenten stürzen ließ. Die demokratischen Fraktionen im Landtag fanden zu keiner Einigung.

1918–1933

1918
15. November »Volksbeauftragte« von SPD und USPD übernehmen die Regierungsverantwortung.
19. November Gründung des Landes-Arbeiter- und Soldatenrats.
21. November Gründung des sächsischen Arbeits- und Wirtschaftsministeriums.
28. November Einführung des allgemeinen, geheimen und gleichen Wahlrechts (ab 21 Jahren).

1919
Sachsens Heer wird in die Reichswehr eingegliedert und gehört zum großen Teil zum Wehrkreis IV.
2. Februar Landtagswahlen (sächsische Volkskammer). Sieg der SPD mit 41,6 %.
28. Februar Verabschiedung der vorläufigen Verfassung.
Februar/März »Märzaktion« der KPD und anderer linksradikaler Gruppen: Entfachung des »Mitteldeutschen Aufstands«, besonders in der Region Merseburg, der militärisch niedergeschlagen wird. Max Hoelz verübt bewaffnete Raubzüge im Vogtland.
14. März Kabinett Georg Gradnauer (SPD).
12. April Mord an Minister Gustav Neuring (SPD) durch aufgebrachte Kriegsinvaliden. Verhängung des Ausnahmezustandes in Sachsen. Reichswehr bringt die Lage unter Kontrolle.
Mai Strukturänderung der evangelischen Kirche Sachsens, Gründung des späteren Landeskirchenamts.
11. Juli Volksschulgesetz, das zur Trennung von Kirche und Schule führt.
8. August Ausschreitungen in Chemnitz, Demonstranten werden von der Reichswehr erschossen.
6. Oktober Koalition aus SPD und DDP unter Ministerpräsident Gradnauer.

1920
13./14. März Reichsregierung flieht wegen des Kapp-Putsches und Generalstreiks nach Dresden. Arbeiter und Verwaltungsangestellte wie Beamte verweigern sich in einem Generalstreik den Putschisten, der Rechtsputsch wird militärisch niedergeworfen.
22. April Rücktritt Gradnauers.
4. Mai Wahl von Wilhelm Buck (SPD) zum Ministerpräsidenten.
21. Juni Auflösung der Arbeiterräte durch die sächsische Regierung, die so das Machtmonopol durchsetzt.
1. November Inkrafttreten der sächsischen Verfassung.
14. November Landtagswahlen, am 28. Oktober hatte sich die Volkskammer aufgelöst. SPD mit starken Verlusten mit 28,3 % dennoch stärkste Kraft.
9. Dezember Erneute Wahl Wilhelm Bucks zum Ministerpräsidenten (Koalition aus SPD und USPD).

1921
24. Juni Gründung des römisch-katholischen Bistums Meißen.
18. bis 24. September Görlitzer Parteitag der SPD, Verabschiedung des Görlitzer Programms.
11. Oktober Gründung der ersten NSDAP-Ortsgruppe außerhalb Bayerns, in Zwickau.

1922
Wahl von Ludwig Ihmels zum Bischof der evangelisch-lutherischen Landeskirche Sachsen.
14. September Auflösung des Landtags

durch die Mehrheit der bürgerlichen Parteien, die die Einführung des 1. Mai und des 9. November als Feiertage ablehnen (am 5. April durch den Landtag beschlossen).
5. November Landtagswahlen. Sieg der SPD mit 41,8 %.
18. November Verbot von Veranstaltungen der NSDAP.
5. Dezember Wahl Wilhelm Bucks zum Ministerpräsidenten (Minderheitskoalition aus SPD und USPD).

1923
30. Januar Misstrauensantrag der KPD. Kabinett Buck tritt zurück, übt aber weiter die Regierungsgeschäfte aus.
21. März Wahl Erich Zeigners (SPD) zum Ministerpräsidenten (SPD-Kabinett).
Mai/Juni Öffentliche Proteste gegen soziales Elend, Arbeitslosigkeit und Hunger.
1. August Einführung der Gemeindeordnung. Damit verbunden eine Stärkung der kommunalen Selbstverwaltung.
26. September Verhängung des Ausnahmezustandes im Deutschen Reich.
10. Oktober Zeigner bildet Koalition aus SPD und KPD.
13. Oktober General Müller, Befehlshaber des (sächsischen) Wehrkreises IV, verbietet die kommunistischen Proletarischen Hundertschaften, die sich bewaffnen wollen.
20. Oktober Reichsexekution in Sachsen. Reichswehr rückt in Sachsen ein (u. a. in Freiberg 27 Todesopfer).
29. Oktober Durch Reichserlass Absetzung der Regierung Zeigner, die einen Tag später zurücktritt. Einsetzung Rudolf Heinzes (DVP) als Reichskommissar.
1. November Übergangskabinett unter Alfred Fellisch (SPD) (SPD und DDP-Minderheitskabinett).

15. November Einführung der Rentenmark in Deutschland, Ende der Inflation. Die wirtschaftliche Lage bessert sich schnell.
23. November Verbot der NSDAP im Reich.
14. Dezember Rücktritt des Kabinetts Fellisch, das geschäftsführend im Amt bleibt.

1924
4. Januar Wahl von Max Heldt (SPD) zum Ministerpräsidenten (Koalition aus SPD, DDP, DVP).
22. Januar Gründung des Mitteldeutschen Rundfunks (MIRAG), 1934 Verstaatlichung und Übernahme durch den Reichssender Leipzig, besteht erneut 1946 bis 1952. 1991 neu gegründet.
9./10. Juli Fürstenabfindung mit den Wettinern, die eine Entschädigung für Kunstschätze u. Ä. erhalten. Grundlage für die Auseinandersetzungen nach 1990 um den Besitz des Hauses Wettin.

1925
27. Februar Wiederbegründung der NSDAP.

1926
15. April Spaltung der SPD in Sachsen in die Alte Sozialdemokratische Partei Deutschlands (ASPS/später ASPD) und SPD im Landtag, die ASPD wird am 6. Juni von Max Heldt als Partei gegründet. Erhebliche Schwächung des linken politischen Lagers.
31. Oktober Landtagswahlen führen zur politischen Pattsituation.

1927
11. Januar Wahl von Max Heldt zum Ministerpräsidenten, Koalition aus ASPS/ASPD, DDP, DVP, WP (Reichspartei des deutschen Mittelstandes (Wirtschafts-

partei)), DNVP und VRP (Reichspartei für Volksrecht und Aufwertung).
22. Juli Gründung von Arbeitsämtern.
7. Dezember Staatsvertrag mit Thüringen wegen der Grenzziehung.

1929
12. Mai Landtagswahlen mit einem ähnlichen Wahlergebnis wie 1927. Die Wahl wurde wegen Formfehlern annulliert.
5. Juni Wahl von Wilhelm Bünger (DVP) zum Ministerpräsidenten, der einem bürgerlichen Kabinett vorsteht.
25. Oktober »Schwarzer Freitag« – Beginn der Weltwirtschaftskrise, die auch in Sachsen als Exportland eine starke Krise hervorruft.

1930
18. Februar Rücktritt des Kabinetts Bünger nach einem Misstrauensantrag von KPD, SPD, NSDAP, DNVP und SLV (Sächsisches Landvolk). Die Regierung bleibt geschäftsführend im Amt.
6. Mai Wahl von Walther Schieck (DNVP) zum Ministerpräsidenten, dem letzten demokratisch gewählten Ministerpräsidenten bis 1990.
13. Mai Rücktritt des Kabinetts Schieck nach einem Misstrauensantrag von KPD, SPD und NSDAP. Die Regierung bleibt geschäftsführend im Amt.
16. Mai Eröffnung des Deutschen Hygienemuseums in Dresden.
22. Juni Landtagswahlen. SPD erzielt 33,4 %, KPD 13,6 % und die NSDAP 14,4 %.

1931
1. November Gründung der Auto-Union in Chemnitz (seit 1969 Audi).

1932
23. Februar Beisetzung des am 18. Februar gestorbenen ehemaligen Königs Friedrich Augusts III. in der Katholischen Hofkirche Dresden.
17. April Volksbegehren zur Auflösung des Landtags erfolgreich (KPD, NSDAP, DNVP und SLV), der Volksentscheid scheitert hingegen.
1. Juli Zusammenschluss der Kreishauptmannschaften Dresden und Bautzen. Auflösung der ASPD, die Mitglieder gehen in die SPD zurück.

*Aufruf zu einem Boykott der Strompreisbezahlung in Bermsgrün.
Aufnahme von Kurt Beck, 1932*

Wahlergebnisse

Nach der Ausrufung der Republik am 10. November 1918 und der Regierungsübernahme durch Volksbeauftragte von SPD und USPD (Unabhängige Sozialdemokraten) erklärte Friedrich August III. seine Abdankung. Noch im selben Monat erhielten erstmals Frauen und Männer das allgemeine und gleiche Wahlrecht – bis heute Grundlage der parlamentarischen Demokratie, die auf dem Gleichheitsgrundsatz aller Menschen beruht. Im Februar 1919 fanden die Wahlen zur sächsischen Volkskammer (Landtag) statt, aus denen SPD und USPD als Gewinner hervorgingen. Der erste sächsische Ministerpräsident wurde von den Abgeordneten der Volkskammer gewählt. Das Wahlergebnis reflektierte damit das Kräfteverhältnis im Landtag. Die Vorgänger, die Vorsitzenden des Gesamtministeriums, waren noch vom König, unabhängig von den Wahlergebnissen, zum Landtag ernannt worden.

Fünf Landtagswahlen fanden in der Zeit von 1920 bis 1933 statt, fast alle zwei Jahre eine, die nicht immer zu Mehrheitskoalitionen führten, sondern auch zu politisch instabilen Minderheitsregierungen. Die mangelnde Kompromissfähigkeit und die Demokratieunerfahrenheit führten zu harten Auseinandersetzungen in der Politik. Sachsen, als Land mit politisch linken Mehrheiten, erwies sich im Reich als einer der Brennpunkte politischer Entwicklungen. Die SPD blieb bis 1933 als Volkspartei mit Abstand die stärkste Fraktion im Landtag und erreichte zwischen 28 % und 42 % der Stimmen. Die nationalkonservative Deutschnationale Volkspartei und die liberale Deutsche Demokratische Partei (später Deutsche Staatspartei) hatten schon in der Mitte der 1920er-Jahre ihren Zenit überschritten. Eine besonders staatstragende, ausgleichende Funktion hatte die Deutsche Volkspartei unter dem Reichsaußenminister Gustav Stresemann. Ihr Bedeutungsverlust spiegelt symptomatisch auch den Wegfall der politischen Mitte in der Weimarer Demokratie wider. Die antidemokratischen Parteien KPD und NSDAP verfügten ab 1930 über ein Drittel der Abgeordneten im Landtag. Aufgrund des Verhältniswahlrechts und der nicht vorhandenen Fünf-Prozent-Klausel, die in der Bundesrepublik Splitterparteien aus den Parlamenten ausschließt, war die Demokratie in der Weimarer Republik im Reichstag und in den Landtagen instabil. Nicht zuletzt führten auch die fehlende Kompromissfähigkeit sowie die fehlende Erfahrung in der politischen Auseinandersetzung zu Lähmung und Stillstand in der Regierungsarbeit. Doch dann entspannte sich die Lage im Laufe des Jahres 1932 insofern, als dass in der Konferenz von Lausanne ein Ende der deutschen Kriegsreparationszahlungen beschlossen wurde. Ein sensationeller Erfolg der Außenpolitik, der durch krisenhafte Entwicklungen im Innern begleitet wurde. Der Stimmenanteil für die NSDAP ging in den Reichstagswahlen im November 1932 gegenüber den vorherigen Wahlen deutlich zurück, sodass nicht wenige annahmen, Hitler und der Nationalsozialismus wären im politischen Abstieg begriffen.

Auch im Sachsen der Weimarer Republik blieb die SPD stärkste politische Kraft und der wichtigste Träger der parlamentarischen Demokratie. Durch die fehlende Fünf-Prozent-Klausel erhielten auch Kleinstparteien Sitze im Parlament; die wachsenden Stimmenanteile für KPD und NSDAP sorgten für den Verlust der bestimmenden politischen Mitte im Parlament.

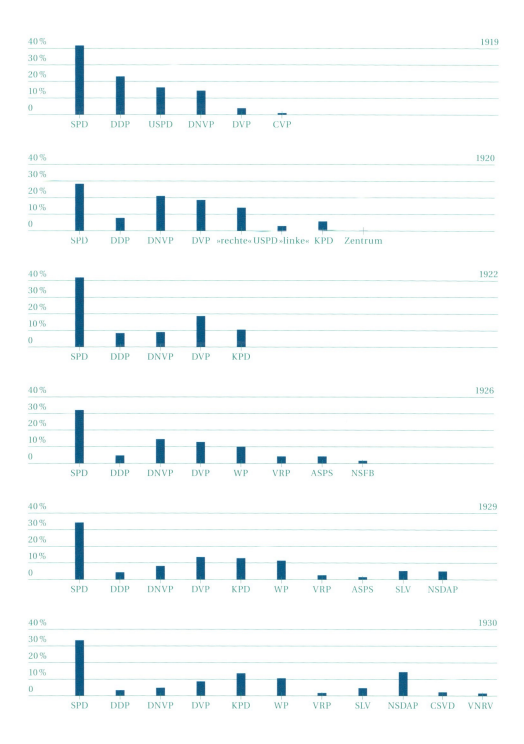

Arbeitslosenquoten

»Sie tragen die Buchstaben der Firma – aber wer trägt den Geist?« hatte Thomas Theodor Heine in seiner berühmten »Simplicissimus«-Karikatur 1927 gefragt. Die Republik konnte nur bestehen, wenn der Großteil der Bevölkerung wirtschaftlich sein Auskommen hatte. Zu einer schweren Belastung erwuchsen die weltwirtschaftlichen und innerdeutschen ökonomischen Probleme, die für den jungen Staat, auch aufgrund der instabilen Demokratie, besonders schwere Folgen hatten. Die demokratieunerfahrenen Deutschen mussten sich nach 1919 den großen Herausforderungen der neuen Regierungsform stellen, zumal das Kaiserreich, die »gute alte Zeit«, eine hohe Wirkungsmächtigkeit besaß. Gerade die in Sachsen dominierende Kraftfahrzeug- und Textilindustrie kämpfte in den 1920er-Jahren mit starken Umsatzeinbrüchen. In anderen Regionen, besonders in den agrarisch geprägten, blieben die Arbeitslosenquoten stabil. Der Frauenanteil der Bevölkerung lag um ungefähr 300.000 Personen höher als der der Männer. Seit 1923 strömten die geburtenstarken Jahrgänge ab 1903 auf den Arbeitsmarkt, nachdem schon seit 1919 Hunderttausende demobilisierte Soldaten in den Arbeitsmarkt integriert werden mussten. In Sachsen investiertes Kapital aus dem Ausland wurde aufgrund der unsicheren politischen und ökonomischen Lage abgezogen, sodass der Industrie das »frische Geld« ausging und damit die Modernisierungs- und Innovationsfähigkeit verlorenging. Nicht zuletzt spielte auch die geringer werdende Binnennachfrage eine wichtige Rolle beim Umsatzrückgang. Lediglich Anfang des Jahres 1925 war die Arbeitslosenquote gering; infolge der Weltwirtschaftskrise 1928 bis 1930 stiegen die Arbeitslosenzahlen in Sachsen stark an.

Doch trotz aller Krisenerscheinungen war die 1925 wiedergegründete NSDAP bei der Reichstagswahl 1928 noch bedeutungslos: In Sachsen erhielt sie lediglich 2,7 % der abgegebenen Stimmen. Sie war nicht in allen Regionen präsent und argumentierte im Landtag vor allem reichspolitisch, schrieb den Sozialdemokraten die Verantwortung für die Lage zu. Bei den Landtagswahlen 1929 erreichte die NSDAP einen Stimmenanteil von 5 %, 1930 schon mehr als 14 %. Zwischen diesen beiden Wahlen lag eine Aufwertung der nationalsozialistischen Fraktion im Landtag, als diese Wilhelm Bünger von der Deutschen Volkspartei zum Ministerpräsidenten wählte, der auf die Stimmen der Nazis angewiesen war. Mit der Stärkung der NSDAP ging eine Schwächung der älteren Rechtsparteien einher. Auch die KPD radikalisierte sich. Seit 1929 war ihr Hauptgegner nicht die NSDAP, sondern die SPD.

Im Januar 1932 waren über 700.000 Menschen arbeitslos, d. h. jeder vierte Sachse im erwerbsfähigen Alter, später sogar jeder dritte: Die Arbeitslosenquote lag 1931 noch bei 24 %; zwei Jahre später bei 29 %. Dass die junge deutsche Demokratie die Folgen des verlorenen Krieges sowie der Wirtschaftskrisen der 1920er- und 1930er-Jahre zu tragen hatte, erwies sich als (zu) schwere Hypothek. Nicht nur in den westsächsischen Industrierevieren, sondern auch in den ländlich geprägten Regionen legte die NSDAP stimmenanteilig zu, besonders nach der Agrarkrise 1927. In den Reichstagswahlen vom Juni 1932 schnitt die NSDAP auch in Sachsen als zweitstärkste ab, doch dort wie im Reich entspannte sich die wirtschaftliche Situation im Laufe des Jahres. Auch bei den Kommunalwahlen büßte die NSDAP Stimmen ein. Der Partei gelang es nie, in allen sächsischen Regionen und Städten mit vergleichbarer Stärke wie im Vogtland und Westerzgebirge Fuß zu fassen.

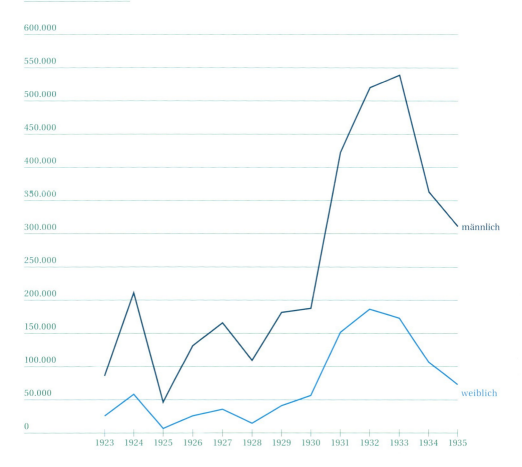

Arbeitslosenzahlen

Die hohen Arbeitslosenquoten, verursacht durch die geburtenstarken Jahrgänge, die schlechte Wirtschaftslage und in den Jahren nach 1919 durch die wieder in das Berufsleben zu integrierenden Soldaten destabilisierten die Demokratie in der Weimarer Republik erheblich. Sie erreichten 1932 und Anfang des Jahres 1933 ihren Höhepunkt, bei fast einem Drittel der erwerbsfähigen Sachsen.

Auswanderung

Erst die Entstehung moderner Nationalstaaten führte zu einer Diskussion über die Ab- und Zuwanderung nach der ethnischen Zugehörigkeit. Deutschland und auch Sachsen waren mit ihrer zentralen mitteleuropäischen Lage »Einwanderungsländer«, wenn auch die Zuwanderung meist aus anderen deutschen Ländern oder von Deutschen aus dem Ausland zurück in die Heimat erfolgte. Zu- und Abwanderung sind vor allem von zwei Faktoren abhängig: politischer Freiheit und wirtschaftlicher Situation. Der Begriff »Auswanderung« beschreibt das Verlassen der Heimat und das Einreisen in einen anderen Staat. Das beliebteste Auswanderungsland der Sachsen war für viele Jahre die USA. Schon nach der gescheiterten Revolution von 1848/49 zogen viele Revolutionäre aufgrund von politischer Verfolgung oder auch aus politischer Hoffnungslosigkeit dorthin. Vor allem seit 1848 war die Anziehungskraft der Vereinigten Staaten ungebrochen und die Auswanderungszahlen spiegeln vor allem die wirtschaftliche, aber auch politische Lage in Sachsen wider. Von 1871, dem Jahr der Reichsgründung, bis 1885 verließen 44.881 Sachsen ihre Heimat für immer. Von 1.945 Auswanderern (1871) erhöhte sich die Zahl 1872 auf 5.259, sank dann jedoch im Zuge der Gründerzeit (1875) auf 803. 1880 wanderten 4.083 Personen aus Sachsen aus. Die Hauptherkunftsregion der sächsischen Auswanderer war das Westerzgebirge. Zu regelrechten Auswanderungswellen kam es zwischen 1919 und 1933, als mehrere Tausend Sachsen die »Goldenen Zwanziger« in Deutschland hinter sich ließen und in den USA eine neue Heimat fanden. Erstmals wanderten 1931 mehr Frauen als Männer aus. Diese Zahlen sind mit denen aus den Jahren 1945 bis 1961 nicht zu vergleichen, als Hunderttausende Menschen Sachsen verließen. Die meisten sächsischen Auswanderer heute verlassen ihre Heimat Richtung Österreich, Schweiz, Großbritannien oder Spanien.

Nicht zu vergessen ist die erzwungene oder durch die politischen Verhältnisse nach 1933 bedingte Auswanderung von Juden und Oppositionellen, die sich in den europäischen Nachbarländern oder in Amerika ansiedelten.

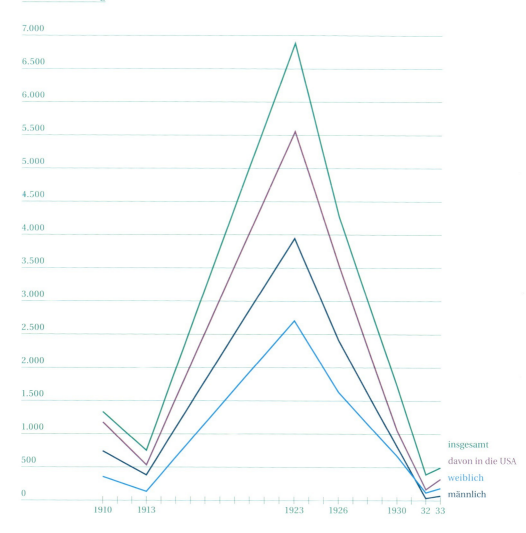

Die Auswanderzahlen schnellten nach dem Ersten Weltkrieg in die Höhe. Oft bildete die USA das Ziel der Ausreise, das im Gegensatz zum durch den Ersten Weltkrieg stark betroffenen Europa wirtschaftlich und politisch stabil war und sich zu einer Weltmacht herausbildete.

Volkshochschulen und Volksbühnen

Das »Volk« sollte nach der Revolution in der parlamentarischen Demokratie im Vordergrund stehen. Dies manifestierte sich auch in der fast inflationären Verwendung des Begriffs; der Landtag erhielt 1919 die Bezeichnung »Volkskammer« – ein Begriff, der in der DDR für das »Parlament« wieder aufgegriffen wurde –, die Minister hießen zunächst Volksbeauftragte, die Reichswehr avancierte zum »Volksheer« und nach 1918 entstanden in Sachsen zahlreiche Volksbühnen und Volkshochschulen. Alle sollten teilhaben an der Politik, der Wirtschaft, der Bildung und der Kultur. Als Schlüssel zu dieser Teilhabe wurde besonders die Bildung angesehen. Die 1920er-Jahre waren die große Zeit der Volksbüchereien, der heutigen kommunalen Bibliotheken, die einen wichtigen Bildungsauftrag verwirklichen.

Zwar existierten im Kaiserreich auch schon Volkshochschulen, doch erst nach der Revolution von 1918 entstanden sie in ganz Sachsen, manchmal auch in kleineren Orten. Fast 50 bestanden 1933, sie wurden allerdings oft aus politischen Gründen von den Nationalsozialisten aufgelöst oder in derem Sinne umgestaltet. Darüber hinaus existierten vier Heimvolkshochschulen in Sachsen. Nach 1945 wurde das Konzept, allerdings mit einem anderen Bildungsauftrag, wieder aufgegriffen. Heute bestehen in Sachsen 17 Volkshochschulen an 45 Standorten. Die Volkshochschulen bildeten allerdings nur einen Teil der Bildungsreform, die auch Schulen und Kindergärten beeinflusste.

Die neue Teilhabe der Bevölkerung zeigt sich auch in der Gründung von Volksbühnen, die nun Angehörigen unterer Schichten den Besuch von Theateraufführungen, aber auch Kinovorstellungen ermöglichen. Wie bei den Volkshochschulen bildete Sachsen aufgrund des starken Anteils von Arbeiterfamilien bei der Volksbühnenbewegung einen Schwerpunkt. 1928 bestanden in Sachsen über 40 Volksbühnenvereine mit 55.000 Mitgliedern. Volkshochschulen und Volksbühnen bildeten einen wichtigen Indikator für die Emanzipation der bis 1918 politisch fast ausgeschlossenen Schichten. Man orientierte sich aber auch hier am bürgerlichen Bildungsideal. Später luden die Volksbühnenvereine auch zu Filmvorführungen ein und griffen damit ein populäres Massenmedium auf.

Volksbühnen in Sachsen

Die Volksbühnen der Weimarer Republik bildeten, ähnlich wie die Volkshochschulen und Volksbibliotheken, einen wichtigen Beitrag für den persönlichen und wirtschaftlichen Aufstieg der »unteren Schichten«, als dessen Garant vor allem die Bildung angesehen wurde und wird.

Jüdisches Leben in Sachsen

Der Machtantritt der Nationalsozialisten beeinträchtigte zunächst und vernichtete schließlich in der Schoah das reiche jüdische Leben in Sachsen. 1900 lebten in Dresden ungefähr 3.000 Menschen, die Mitglieder der Jüdischen Gemeinde waren (ohne die zahlreichen zum Christentum konvertierten Juden), in Leipzig über 6.000. Die jüdische Geschichte Sachsens begann vor 800 Jahren, als sich die ersten Juden im 13. Jahrhundert in der Mark Meißen ansiedelten. Markgraf Heinrich der Erlauchte stellte sie 1265 mit der »Judenordnung« unter seinen Schutz. Nach der Ausweisung und Vertreibung Anfang des 15. Jahrhunderts ließ erst August der Starke wieder Juden in das Land. Im 19. Jahrhundert stieg die Zahl der Juden in Sachsen kontinuierlich und ein reichhaltiges jüdisches Leben entstand. Im Jahr der Reichsgründung, 1871, lebten 3.400 Juden in Sachsen, was einem Anteil von 0,13 % entsprach. Am 10. Juni 1904 erließ der Landtag das Gesetz über die israelitischen Religionsgemeinden, nach welchem in Sachsen acht Bezirke der jüdischen Gemeinde eingerichtet wurden: Bautzen, Zittau, Dresden, Leipzig, Chemnitz, Annaberg, Zwickau und Plauen. 1910 betrug der jüdische Bevölkerungsanteil 0,37 % (18.000 Juden) und 1925 0,47 % (23.000).

Jüdische Gemeinden bestanden in Aue, Bautzen, Crimmitschau, Chemnitz, Döbeln, Dresden, Freiberg, Freital, Glauchau, Löbau, Meißen, Meerane, Mittweida, Pirna, Plauen, Reichenbach, Wiesa und Werdau. Besonders in Plauen, dem Wohnort des NSDAP-Gauleiters Martin Mutschmann, stieg die jüdische Bevölkerung stark an. Erst seit Ende der 1870er-Jahre wohnten in Plauen wieder Juden. Vor dem Ersten Weltkrieg gab es hier 900 Juden und Ende der 1920er-Jahre bildeten sie die viertgrößte jüdische Gemeinde in Sachsen.

Schon im Ersten Weltkrieg wurden von nationalistischen Kreisen die Gerüchte gestreut, Juden würden sich vor allem in der Etappe aufhalten und nicht an der Front kämpfen. Die »Judenzählung« vom 1. November 1916 ergab jedoch, dass der jüdische Anteil an eingezogenen- und Frontsoldaten ihrem Bevölkerungsanteil entsprach. Auch die Zahl ihrer gefallenen Mitglieder aus Sachsen bedeutete für die jüdischen Gemeinden einen erheblichen Verlust. In die Zählung wurden die zum Christentum konvertierten, häufig assimilierten Juden nicht einbezogen.

Jüdisches Leben in Sachsen

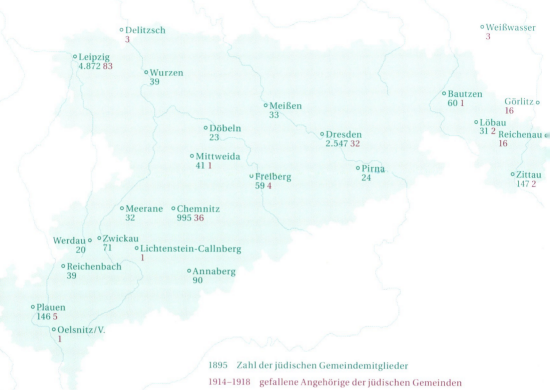

1895 Zahl der jüdischen Gemeindemitglieder
1914–1918 gefallene Angehörige der jüdischen Gemeinden

Das blühende jüdische Leben wurde durch die Nationalsozialisten in den Jahren 1933 bis 1945 vernichtet. Gegenüber den Nationalsozialisten beriefen sich die jüdischen Gemeinden auf die hohen Opferzahlen an Soldaten, die im Ersten Weltkrieg gefallen waren.

Nationalsozialismus und Krieg 1933–1945
Vom »roten Königreich« zum »braunen Gau«

Als Reichspräsident Paul von Hindenburg am 30. Januar 1933 Hitler als Führer der stärksten Fraktion zum Reichskanzler ernannte, zogen die Mitglieder der NSDAP und ihrer Gliederungen triumphierend durch die Straßen. Noch bestand aber eine bürgerliche Regierung ohne NSDAP-Beteiligung in Sachsen, die noch nicht unter der Kontrolle der Nationalsozialisten stand. Manfred von Killinger, SA-Obergruppenführer, setzte am 8. März 1933 die sächsische Regierung ab. In einem inszenierten Staatsstreich stürmten Nazis Rathäuser und Gewerkschaftsgebäude, entpflichteten Bürgermeister, verfolgten, inhaftierten und ermordeten politische Gegner und Juden. Die frühen Konzentrationslager entstanden, in denen zunächst willkürlich Personen inhaftiert wurden. Besonders Sozialdemokraten und Kommunisten waren Opfer politischer Verfolgung, die nicht selten in der Ermordung endete. Reichsinnenminister Frick ernannte Killinger zum Polizei- bzw. Reichskommissar für Sachsen. Sachsens NSDAP-Gauleiter Martin Mutschmann, der vom fernen Plauen aus den Aktionen seines Parteikonkurrenten zusah, zog am 9. März mit bewaffneten SS-Leuten durch den Landtag und jagte Abgeordnete. Der Machtkampf zwischen beiden tobte und wurde erst am 30. Juni 1934 zugunsten Mutschmanns gelöst. Dieser war am 7. April 1933 durch Hitler zum Reichsstatthalter von Sachsen ernannt worden, einem Amt mit pompösem Titel, aber nur wenig innenpolitischer Gestaltungsfreiheit (1935 wurde Mutschmann zusätzlich noch Ministerpräsident). Das »Vorläufige Gesetz zur Gleichschaltung der Länder mit dem Reich« vom 31. März 1933 löste die Landtage auf, die nach den Stimmenanteilen der Reichstagswahl ohne die verbotene KPD und Sozialistische Arbeiterpartei neu eröffnet wurden, bis sie sich im Oktober endgültig selbst auflösten. Damit erreichte die NSDAP die absolute Mehrheit. Im Juni 1933 wurde die SPD verboten, die bürgerlichen Parteien hörten auf zu existieren. Deutschland war zum Einparteienstaat geworden. Die NSDAP erhielt durch ein Gesetz den Status der einzig zugelassenen Partei. Die Gesetzgebung ging diktatorisch vom Landtag auf die Landesregierung über. Das Gesetz zum »Neuaufbau des Reichs« vom 30. Januar 1934, ein Jahr nach der »Machtergreifung«, entzog den Ländern ihre Hoheitsrechte und degradierte sie zu Verwaltungseinheiten.

Widerstand leisteten vor allem Mitglieder der aufgelösten SPD und KPD. Die evangelische Kirche in Sachsen, die seit 1933 über einen nationalsozialistischen Landesbischof verfügte, teilte sich in drei Richtungen auf: die Deutschen Christen (nationalsozialistisch), die Bekennende Kirche und die »Mitte«, die zwischen den beiden Strömungen zu vermitteln suchte. Pfarrer wurden amtsenthoben und inhaftiert. Trotz der geringeren Bindungswirkung der Kirche und dem Kirchenaustrittsgesetz von 1919 gehörten 90 % der Bevölkerung einer Kirche an. So avancierte die Bekenntnisbewegung in vielen Gemeinden zur Massenbewegung, die große Anteile der Bevölkerung mobilisierte. Die Nationalsozialisten versuchten daher, die Bevölkerung den Kirchen zu entfremden.

Die Bevölkerung maß den Erfolg der NS-Politik vor allem an den zurückgehenden Arbeitslosenzahlen und der wirtschaftlichen Entwicklung. Die Zahl von 545.000 Arbeitslosen im Januar 1933 sank bis 1939 auf 69.000. Dazu hatten mehrere Faktoren geführt: die weltwirtschaftliche Situation, die Autarkiepolitik der Nazis, die Einführung der Wehrpflicht und des Reichsarbeitsdienstes und die Zurückdrängung der Frauen, die vor allem Mutter sein sollten, aus dem politischen (Entzug des passiven Wahlrechts) und dem Erwerbsleben (Gesetz zur Überführung weiblicher Arbeitskräfte in die Haus-Wirtschaft, 12. Mai 1933). Dies verdeutlichen auch die Studentenzahlen der Universität Leipzig. Waren 1933 noch über 1.000 weibliche Studierende eingeschrieben, waren es 1939 nur noch 169. In der Weimarer Republik betrug der Studentinnenanteil an der Universität Leipzig 10 %. Die Frauenquoten stiegen erst mit der Wiedereinführung der Wehrpflicht und vor allem im Zweiten Weltkrieg bis auf 50 %. Die seit 1920 für Frauen bestehende Möglichkeit, zu habilitieren und damit die Lehrbefähigung an Universitäten zu erlangen, wurde rückgängig gemacht.

Grundlage dafür war das »Gesetz gegen die Überfüllung deutscher Schulen und Hochschulen« vom 25. April 1933, das die Zahl der Studierenden stark beschränkte, 1935 wurde es aufgrund Studentenmangels wieder aufgehoben. In erster Linie diente das Gesetz jedoch dem Ausschluss der Juden von höheren Schulen und Hochschulen. Ihnen, den Mitgliedern der jüdischen Gemeinden, aber genauso den »Rassejuden«, also getauften oder religionslosen Bürgern mit jüdischen Vorfahren, galt der Hass der Nationalsozialisten. Sie waren, neben den politischen Gegnern, die ersten Opfer der NS-Terrorherrschaft.

Schon am 1. April 1933 wurden jüdische Geschäfte im gesamten Reich boykottiert – der Beginn der fortschreitenden Entrechtung, die bis zur Schoah führte. Von den 1933 über 23.000 in Sachsen lebenden Juden überstanden den Krieg nur wenige. Einigen gelang die Ausreise und Emigration, die meisten blieben. Am 9. November 1938 brannten auch die sächsischen Synagogen, ein Jahr später wurden die Juden in »Judenhäusern« untergebracht. Von dort aus fuhren ab 1942 Züge in die Vernichtungslager, wie u. a. nach Auschwitz. 1945 waren die jüdischen Gemeinden in Sachsen ausgelöscht. Vernichtet wurde auch das Leben Tausender Behinderter im Rahmen der T4- bzw. »Euthanasieaktion«, besonders auf dem Sonnenstein in Pirna.

Beim indirekten Auftakt zum Zweiten Weltkrieg 1939, der Annexion der »Resttschechei«, wie Hitler sie nannte, also Böhmen und Mähren, war Sachsen durch die Stationierung von Truppen in Grenznähe beteiligt. Mit dem Ausbruch des Zweiten Weltkriegs, der von der Bevölkerung ohne große Kriegsbegeisterung , sondern mit eher gemischten Gefühlen aufgenommen wurde, avancierte Sachsen zu einem der Rüstungszentren des Reichs. Eine reguläre Landesregierung existierte seit 1943 nicht mehr. Mutschmann hatte in jenem Jahr die Ministerien aufgelöst, wandelte sie in Abteilungen um und beendete so das Kabinettsprinzip.

Am 12. April 1945 marschierten US-amerikanische Soldaten in Crimmitschau ein, die ersten alliierten Soldaten auf sächsischem Gebiet. Da Berlin den Verteidigungsschwerpunkt bildete, zog die Wehrmacht Einheiten von der »Westfront« ab, sodass die Amerikaner bis an die Mulde kamen. Am 25. April trafen sich erstmals amerikanische und sowjetische Soldaten in Strehla an der Elbe, am 26. in Torgau. Zwei Tage nach Inkrafttreten der Kapitulation der Wehrmacht am 8. Mai war ganz Sachsen, bis auf den Raum Schwarzenberg, besetzt.

1933–1945

1933

1. Januar Die Arbeitslosenquote in Sachsen beträgt 36,7 % (im Reich 31,5 %).
4. Februar Verordnung des Reichspräsidenten zum Schutze des Deutschen Volkes, Verbot aller kommunistischen Versammlungen in Sachsen.
28. Februar Verordnung des Reichspräsidenten zum Schutz von Volk und Staat, Absetzung der gewählten sächsischen Regierung durch die Nationalsozialisten.
5. März Reichstagswahl. Die NSDAP erringt in Sachsen 45 % der Stimmen.
8. März Besetzung öffentlicher Gebäude durch Nationalsozialisten.
10. März Manfred von Killinger wird zum Reichskommissar von Sachsen ernannt; Rücktritt des Ministerpräsidenten Schieck, Killinger kommissarischer Ministerpräsident.
24. März »Ermächtigungsgesetz«. Abschaffung der parlamentarischen Demokratie: Gesetze können auch allein durch die Reichsregierung beschlossen werden (vorher im Parlament), dadurch Aufhebung der Trennung von Exekutive und Legislative; Gesetze dürfen von der Verfassung abweichen, keine parlamentarische Kontrolle mehr.
31. März Vorläufiges Gesetz zur Gleichschaltung der Länder mit dem Reich: Sitze in Landtag und Kommunalparlamente werden entsprechend der Reichstagswahl vom 5. März vergeben (damit Auflösung der gewählten Landtage), unter Ausschluss der KPD und SAP. Dadurch deutlicher Zuwachs der Sitze für die NSDAP. Bis Ende 1934 scheiden 14 Bürgermeister von insgesamt 21 bezirks-(kreis-)freien Städten aus dem Amt aus.
März bis Mai Über 7.000 Menschen in Sachsen befinden sich in »Schutzhaft«.
1. April Boykott jüdischer Geschäfte im Reich, um die Juden aus dem Wirtschaftsleben zu drängen.
4. April Umbildung des Landtags unter Ausschluss von KPD und SPD.
7. April Gesetz zur Wiederherstellung des Berufsbeamtentums (im Reich): Entlassung »nichtarischer« und »politisch unzuverlässiger« Beamter. In Sachsen werden ca. 10 % der Beamten entlassen.
5. Mai Martin Mutschmann wird Reichsstatthalter von Sachsen (auf Grundlage von: »Zweites Gesetz zur Gleichschaltung der Länder mit dem Reich« vom 7. April 1933). Befugnisse u. a.: Ernennung und Entlassung des Vorsitzenden der Landesregierung sowie der Landesbeamten, Auflösung und Anordnung der Neuwahl des Landtags.
6. Mai Einsetzung der Regierung unter Killinger (nun Ministerpräsident).
16. Mai Einberufung des Landtags, der gegen die Stimmen der SPD-Abgeordneten das »Ermächtigungsgesetz« beschließt.
7. Juni Landesbischof Ludwig Ihmels stirbt.
23. Juni Verbot der SPD, ab 14. Juli werden alle Parteien außer der NSDAP verboten.
5. Juli Einrichtung der Staatspolizeileitstelle Dresden (Gestapo).
11. August Wahl des nationalsozialistischen deutschchristlichen Pfarrers Friedrich Coch zum Landesbischof der evangelisch-lutherischen Landeskirche Sachsen, danach Ausbruch des Kirchenkampfs zwischen Deutschen Christen und Bekennender Kirche. Die »Mitte« bezieht kirchenpolitisch keine klare Stellung.
22. August Letzte Sitzung des Landtags. Mit Auflösung des Reichstags am 14. Oktober auch Auflösung des sächsischen Landtags,

der bis zum Kriegsende nicht mehr zusammentritt.

1934
Durch die Zulassungsbeschänkungen an Universitäten gibt es 1934/35 nur noch 6.800 Studenten in Sachsen (1932/33: 11.500).
30. Januar Auflösung des Landtags (»Gesetz über den Neuaufbau des Reiches«); Hoheitsrechte gehen an das Reich über und der Freistaat Sachsen besteht nur noch als Verwaltungseinheit.
19. Juni Gründung des Landesbruderrats der evangelischen Kirche Sachsens als Führung der Bekennenden Kirche gegen die »Deutschen Christen«.
30. Juni Im Zuge des »Röhm-Putsches« Verhaftung Killingers als SA-Oberführer und Beurlaubung als Ministerpräsident. Mutschmann führt Landesregierung kommissarisch.

1935
30. Januar Deutsche Gemeindeordnung. Wahlen zu den Gemeindevertretungen finden nicht mehr statt, Bürgermeister werden eingesetzt. Beseitigung der kommunalen Selbstverwaltung.
28. Februar Nach Beendigung des Machtkampfs zwischen Killinger und Mutschmann wird Letzterer zusätzlich auch »Führer der Landesregierung«. Im März Auflösung des Gesamtministeriums. Verbot weiterer ministerieller Veränderungen in den Ländern durch Reichsinnenminister, um einem »Neuaufbau des Reichs« nicht vorzugreifen. Mutschmann opponiert gegen Zentralisierung durch Reichsbehörden.
1. April Sachsen tritt alle Kompetenzen im Bereich Justiz an das Reichsjustizministerium ab, Auflösung der Justizministerien der Länder.
16. Juli Einsetzung des Landeskirchenausschusses zur Beruhigung des Kirchenkampfes. Entmachtung des Landesbischofs Coch, der jedoch im Amt bleibt.

1936
Oktober Gründung des Heimatwerkes Sachsen für »sächsische heimatliche Belange auf allen Gebieten«, das sämtliche auf Sachsen bezogenen kulturelle Aktivitäten kontrolliert und steuert.

1937
9. August Vertreibung des Landeskirchenausschusses durch Johannes Klotsche im Landeskirchenamt. Erneutes Aufflammen des Kirchenkampfes. Verhaftung, Inhaftierung und Beurlaubung von Pfarrern.

1938
26. April Beginn der »Arisierung« von Unternehmen, d. h. der systematischen Enteignung von Juden und Vernichtung ihrer wirtschaftlichen Existenz.
18. September Aufstellung des Sudetendeutschen Freikorps, Kommandostab in Dresden.
1. Oktober Wehrmacht besetzt von Sachsen aus das Sudetenland, das die Tschechoslowakische Republik im Münchner Abkommen an Deutschland abtreten musste.
Oktober Abschiebung von 5.000 Leipziger Juden nach Polen.
9./10. November Pogromnacht. Verfolgung von Juden, Zerstörung jüdischer Wohnungen, Schändung jüdischer Friedhöfe und Synagogen.

1939
Einrichtung von »Judenhäusern«
1. Januar Umbenennung der Kreishauptmannschaften in Regierungsbezirke und der Amtshauptmannschaften in Landkreise.
1. September Beginn des Zweiten Weltkrieges.

1940/41
»T4-Aktion« (»Euthanasie«): Bis August 1941 werden fast 14.000 psychisch Kranke und über 1.000 Häftlinge aus Konzentrationslagern in Pirna-Sonnenstein ermordet.

1941
Herbst 140.000 Kriegsgefangene und »Fremdarbeiter« sind in Sachsen tätig, vor allem in der Rüstung und Landwirtschaft (1944: 375.000, damit kommt jede 5. Arbeitskraft in Sachsen aus dem Ausland).

1942
21. Januar Beginn der Deportation der jüdischen Bürger.

1943
10. April Umwandlung der Ministerien in »Abteilungen«.
5. Juli Das Reichsinnenministerium löst die sächsischen Regierungspräsidien auf.
ab Herbst In ganz Deutschland wird die Produktion im »totalen Krieg« radikal auf Kriegsproduktion umgestellt, die Konsumgüterproduktion stark eingeschränkt.
3./4. Dezember Bombardierung von Leipzig, 2.000 Tote. 1944 bis 1945 weitere Luftangriffe.

1944
Juli Schließung aller »kriegsunwichtigen Betriebe«, Geschäfte, Bars u. a.
1. September Im gesamten Reich müssen die Kultureinrichtungen, darunter Theater und Opernhäuser, schließen.

1945
5. Januar In Sachsen leben 486.000 Flüchtlinge, vor allem aus den Ostgebieten.
13./14. Februar Mehrere Bombenangriffe auf Dresden, die ca. 25.000 Menschenleben kosten.
6. Februar bis 11. April, besonders 5. März Bombenangriffe auf Chemnitz, ca. 3.600–4.000 Tote.
12. April US-amerikanische Truppen erreichen Sachsen, danach die sowjetische Armee.
8. Mai Bedingungslose Kapitulation der Wehrmacht und damit Ende des Zweiten Weltkrieges in Europa, vollständige Besetzung Sachsens bis auf den Raum Schwarzenberg.
17. Mai Verhaftung Mutschmanns. Anschließend wird er 1947 in einem Prozess in der Sowjetunion zum Tode verurteilt und am 14. Februar 1947 hingerichtet.

Propagiertes Bild und gewünschtes Selbstbild von Martin Mutschmann: Nationalsozialist, fürsorglicher Landesvater und mit voller Tatkraft. Als sächsischer Gauleiter, »Führer der Landesregierung« (Ministerpräsident) und Reichsverteidigungskommissar vereinigte er wie kaum ein anderer Gauleiter eine fast absolutistische Machtfülle im NS-Staat.

Den Juden galt der besondere Hass vieler Nationalsozialisten. Nur wenige Monate nach der »Machtergreifung«, am 1. April 1933, organisierten die Nazis einen Boykott gegen jüdische Geschäfte, nachdem es schon vorher zahlreiche Angriffe auf Juden gegeben hatte.

Orte der NS-Administration

Sachsen als Industrieland, am dichtesten von allen deutschen Flächenstaaten besiedelt, mit einem hohen Bevölkerungsanteil an Jugendlichen, war erheblich von den politischen und wirtschaftlichen Fieberkurven der »Goldenen Zwanziger« betroffen. Dadurch hatte es die aus dem Nachbarland Bayern stammende junge NSDAP relativ leicht, auch in Sachsen Anhänger zu finden. Die erste außerbayrische Ortsgruppe der NSDAP wurde am 11. Oktober 1921 in Zwickau gegründet, ein Jahr später folgten Chemnitz, Markneukirchen und Plauen. In der sächsischen Industriemetropole entstand der BDM, der Bund deutscher Mädel. Markneukirchen war die erste Stadt in Sachsen, die Hitler die Ehrenbürgerschaft verlieh. Im heimatlichen Plauen etablierte Martin Mutschmann, seit 1925 Gauleiter, die Zentrale der sächsischen NSDAP, mit der er das »rote Königreich« zum »braunen Gau« machen wollte.

Wie in jedem Reichsgau der NSDAP gab es auch in Sachsen die jeweiligen Einrichtungen der Partei und ihrer Gliederungen. Doch auch schon vor der »Machtergreifung« gründete die NSDAP in Sachsen zentrale Einrichtungen wie die SA-Führerschule in Hammerleubsdorf 1932. Nach 1933 überzog sie das ganze Land mit Schulungsheimen und »Führerschulen« ihrer zahlreichen Gliederungen wie SA, Reichsarbeitsdienst (RAD), NS-Lehrerbund (NSLB), Reichsnährstand (Bauernschaft), NS-Reichsbund für Leibesübungen (NSRL) oder Deutsche Arbeitsfront (DAF), sodass Sachsen einer der Gaue war, der am stärksten mit solchen Einrichtungen ausgestattet war. Auf der Wettinhöhe in Schneckengrün, bewusst in geografischer Nähe zum alten Sitz der sächsischen NSDAP-Gauleitung in Plauen gewählt, sollte eine Eliteschule des Reichs entstehen, eine der Adolf-Hitler-Schulen. 1938 wurde der Grundstein des unvollendet gebliebenen Baus gelegt. Das Vogtland und Westerzgebirge bildeten aufgrund der räumlichen Nähe zu Bayern einen Schwerpunkt der frühen NSDAP-Entwicklung in Sachsen, sodass sich gerade in der »Kampfzeit« der NSDAP vor 1933 viele Parteistellen ansiedelten. Gauleiter Martin Mutschmann verlegte 1933, nach der Machtübernahme, die Gauleitung aus dem vogtländischen Plauen nach Dresden.

Unterhalb der Gauebene war die NSDAP in Kreisleitungen organisiert, die die Struktur der Gauverwaltung widerspiegelte. Wie in der Parteireichsleitung und nach der Machtübernahme auf der Regierungsebene führten die zahlreichen Parteiämter, Gliederungen wie BDM, HJ, Frauenschaft, Reichsnährstand, Fachberater, Fachgruppen und Abteilungen zu einem Kompetenzwirrwarr und Bürokratiechaos. Doch darf dies nicht über die immer mehr perfektionierte Gewaltherrschaft der Nationalsozialisten, vor allem im Verlauf des Zweiten Weltkriegs, hinwegtäuschen. Auch in Sachsen funktionierte die Verfolgung und Ermordung, die Kriegsvorbereitung und -durchführung zum großen Teil reibungslos.

Orte der NS-Administration

1 Adolf-Hitler-Schule Schneckengrün
2 Oberwiesenthal NS-Reichsbund für Leibesübungen
3 Bermsgrün Deutsche Arbeitsfront
4 Cranzahl NS-Reichsbund für Leibesübungen
5 Großstädteln Bezirksschule des Reichsarbeitsdiensts
6 Schloss Hof bei Stauchitz Motorsportschule NS-Kraftfahrkorps
7 Rochlitz Motorsportschule NS-Kraftfahrkorps
8 Mittweida Motorsportschule NS-Kraftfahrkorps
9 Sachsenburg Gauführerinnenschule der NS-Frauenschaft
10 Hainichen Reichsarbeitsdienst Truppführerschule 16
11 Augustusburg NSDAP-Gauschulungsburg
12 Hammerleubsdorf NSDAP-Gauschule
13 Zinnwald Bauernschaft
14 Schellerhau Margarete-Cronau-Heim des Vereins für das Deutschtum im Ausland Region Erzgebirge
15 Zwiesel Bauernschaft
16 Bielatal Schulungsheim der Deutschen Arbeitsfront
17 Ostrau bei Bad Schandau Gauschule des NS-Lehrerbunds
18 Heidenau Reichsarbeitsdienstschule
19 Haideberg bei Dresden Gauschule der NS-Volkswohlfahrt
20 Pulsnitz Schule für Kommunalpolitik
21 Ottendorf Bund Deutscher Mädchen-Schule
22 Ruppersdorf Bund Deutscher Osten-Schule
23 Grethen HJ-Gebietsführerschule
24 Frauenstein RAD-Vorschulungslager
25 Amtshainersdorf RAD-Vorschulungslager
26 Glauchau HJ-Gebietsführerschule
27 Dresden SA-Gruppenschule

Frühe Konzentrationslager und KZ-Außenlager in Sachsen

Schon vor 1933 drohten die Nationalsozialisten ihren politischen Gegnern Verhaftung und Verurteilung für die Zeit nach ihrer Machtübernahme an. Die ersten Verhaftungen folgten der »wilden Inhaftierung« ohne gesetzliche Grundlage. Besonders die SA verfolgte, drangsalierte, verprügelte und ermordete sofort nach der »Machtergreifung« Sozialdemokraten, Kommunisten, Juden, Bibelforscher u. a. Diese wurden in Turnhallen, Restaurant- und Rathauskellern oder in ehemaligen Gewerkschaftshäusern gefoltert und festgehalten. Ein besonderer geografischer Schwerpunkt lag im Vogtland und Westerzgebirge, denn hier waren SPD und KPD durch den hohen Arbeiteranteil und der politische Widerstand besonders stark. Durch die Verhaftungswellen und das Ende der »wilden Inhaftierung« wurden für die Vielzahl der Gefangenen deshalb besonders in diesen Regionen Lager benötigt.

Schon im März und April 1933 gab es daher die ersten Bestimmungen zur »Schutzhaft«, d.h. zur Errichtung von ersten Konzentrationslagern im Reich und in Sachsen. Die KZs sollten vorgeblich dem »Schutz des Inhaftierten vor der Gesellschaft« dienen, vor allem bei der Inhaftierung der politischen Gegner aus SPD und KPD. Anfang Mai 1933 waren bereits über 7.700 Menschen in sächsischen Konzentrationslagern inhaftiert, für die Jahre 1933 bis 1937 in Sachsen mehrere Zehntausend. Diese frühen KZs wurden noch 1933 oder 1934 aufgelöst, Sachsenburg 1937.

KZ-Stammlager, die heute allgemein unter dem Begriff »Konzentrationslager« zusammengefasst werden, existierten in Sachsen nicht. Jedoch sind bisher fast 40 sächsische KZ-Außenlager für die Zeit des Zweiten Weltkriegs nachgewiesen. Diese waren dem Wirtschafts- und Verwaltungshauptamt der SS unterstellt und dienten der Ausbeutung der Häftlinge durch Arbeit in der Rüstungsindustrie. Sachsen als Standort der Rüstungsindustrie verfügte jedoch, aufgrund des Fehlens eines Stammlagers, über verhältnismäßig wenig Außenlager, die jedoch über das ganze Land verteilt waren. Die Überlebenschancen für die Häftlinge waren hier oft deutlich geringer als in den Stammlagern, da mit dem Einsatz der Häftlinge für die Rüstung das Prinzip »Vernichtung durch Arbeit« ohne jede Rücksicht brutal umgesetzt wurde. Eine Gesamtzahl der insgesamt in sächsischen KZ-Außenlagern Inhaftierten ist nicht bekannt.

Frühe KZs und KZ-Außenlager

Die Nationalsozialisten richteten nach der »Machtergreifung« 1933 sofort Konzentrationslager ein, in denen mehrere Zehntausend Menschen inhaftiert waren. Im Zweiten Weltkrieg entstanden ungefähr 40 KZ-Außenlager, in denen Menschen für die Rüstung arbeiten mussten. Diese »Vernichtung durch Arbeit« kostete Tausenden das Leben.

Garnisonen der Wehrmacht in Sachsen

Die sächsische Armee war durch die Beschlüsse des Wiener Kongresses und die Forderungen des nördlichen Nachbarn Preußen größenmäßig begrenzt. Erst ein Jahr nach dem Deutsch-Deutschen Krieg (1866), an dem Sachsen als Bundesgenosse Österreichs Preußen unterlag, gestand der Sieger Sachsen ein vergrößertes Heer und die Einführung der allgemeinen Wehrpflicht zu. Damit wurden in großer Zahl Kasernen benötigt, denn bis in das 19. Jahrhundert hinein waren die Soldaten in Privatquartieren untergebracht. So entstand, vor allem nach 1867, der Typus der Militärkasernen in Sachsen. Die seit 1873 errichtete Dresdner Albertstadt war eine der größten Kasernenanlagen in ganz Deutschland. Die Friedensstärke der sächsischen Armee, deren Garnisonen über das ganze Land verteilt waren, betrug 1908 über 45.000 Soldaten. Zwei Regimenter waren im »Reichsland« Elsass-Lothringen stationiert.

Nach dem Ersten Weltkrieg und der Beschränkung der Reichswehr auf 100.000 Soldaten und 4.000 Offiziere reduzierte sich die Zahl der Garnisonen in Sachsen von 19 auf acht. Hitler ordnete 1935 («Gesetz über den Aufbau der Wehrmacht und Wiederherstellung der Wehrhoheit«) die massive Aufrüstung der Wehrmacht und die Wiedereinführung der durch den Versailler Vertrag verbotenen allgemeinen Wehrpflicht an. Auch in Sachsen entstanden Militärstandorte neu oder alte wurden reaktiviert. Bewusst wurde dabei auf Garnisonen der »alten Armee«, des königlichen Heeres, zurückgegriffen. Im Zweiten Weltkrieg kamen neue Standorte hinzu; vor allem von Ersatz- und Flakeinheiten zur Auffrischung und zum Schutz von Städten und Industrieanlagen. In Mittweida eröffnete 1942 eine Berufsschule der Waffen-SS.

Die Ansiedlung von Armeeeinheiten in Sachsen erfolgte vor allem aus drei Motiven: Bis 1938 war Sachsen Grenzland zur Tschechoslowakei (über die sächsisch-böhmische Grenze erfolgte der Einmarsch in das Sudetenland) und nach 1939 ein lange vor Luftangriffen geschütztes Gebiet gewesen; nach 1943 wurde das Land zum Standort von Flakeinheiten zur Sicherung vor Luftangriffen.

Garnisonen

○ Garnisonen 1908
○ Garnisonen 1927
○ Größere Garnisonen NS-Zeit (gesamte Zeit)

Bewusst wurden nach der Wiedereinführung der Wehrpflicht 1935 Garnisonen der sächsischen Armee reaktiviert und neue Standorte errichtet. Aufgrund der Grenzlage befanden sich fast alle wichtigen Garnisonen im Landesinnern.

Rüstung

Mit der Wiedereinführung der Wehrpflicht und der Aufrüstung der Wehrmacht ging die Förderung der Kriegsindustrie einher. Sachsen blieb allerdings, trotz seines hohen Industrialisierungsgrades, bis zum Zweiten Weltkrieg am deutschen Rüstungsgeschäft nur mit knapp 10% beteiligt, da die lange Grenze zur Tschechoslowakei die Ansiedlung von Rüstungsbetrieben erst in den nördlichen Gebieten verteidigungspolitisch erlaubte. Ab Mitte der 1930er-Jahre fand innerhalb der sächsischen Rüstungsindustrie ein Strukturwandel statt: Mit den neuen Waffensystemen entstanden neue Industriezweige. Das Zentrum verlagerte sich von der traditionellen Maschinenbauregion Chemnitz-Zwickau in den Raum Halle-Leipzig, wo die metallverarbeitende Industrie eine wichtige Rolle spielte und die wichtigen synthetischen Treibstoffe hergestellt wurden. Die Region Leipzig-Eilenburg-Schkeuditz bildete ein Zentrum der Kriegsflugzeugfertigung. Im Dresdner Gebiet, wo die Feinmechanik und optische Industrie vorherrschten, wurden ebenfalls Bauteile für Waffen produziert und in Pockau-Görsdorf wurde die Maschinenkanone 108 für Jagdflugzeuge gefertigt, außerdem baute die HASAG in Leipzig seit 1944 die Panzerfaust. In vielen sächsischen Rüstungswerken arbeiteten unter kaum vorstellbaren Bedingungen Tausende von Zwangsarbeitern. Dabei ist nicht zu vergessen, dass sächsische Firmen nach dem 1. September 1939 nach Osten expandierten, dort Ansiedlungen gründeten oder andere Firmen übernahmen. Sächsische Rüstungswirtschaft spielte sich nicht nur innerhalb der Grenzen des Landes, sondern auch außerhalb davon ab.

1945 galten 683 Rüstungswerke in Sachsen als völlig zerstört und 812 als schwer oder mittelschwer beschädigt. Insgesamt hatte es in Sachsen 1.883 Rüstungsbetriebe und weitere 2.200 Firmen, die Rüstungsgüter herstellten, gegeben. Sachsen hatte sich damit im Zweiten Weltkrieg zu einem Zentrum der deutschen Rüstungsindustrie entwickelt, das aufgrund der geografischen Lage lange Jahre von alliierten Luftangriffen fast vollständig verschont blieb.

Eine Zwangsarbeiterbaracke der Arbeitsgemeinschaft Eisen und Metall in Dresden in der Löbtauer Straße. In solchen Hütten mussten die Zwangsarbeiter für die Rüstungsindustrie hausen.

Sächsische Städte im Bombenkrieg

Das öffentliche Bewusstsein zum Zweiten Weltkrieg wird in Sachsen heute vor allem durch die Erinnerung an die »Heimatfront«, d. h. an Bombenangriffe und letzte Kampfhandlungen am Kriegsende bestimmt. Mit dem Sterben der Zeitzeugen erhält auch die mediale und historische Darstellung eine immer größere Bedeutung. Vor allem die Angriffe auf Dresden am 13. und 14. Februar 1945 sind fest im öffentlichen Gedächtnis verankert und bilden inzwischen ein quasi »nationales Erinnerungsereignis«. Nicht nur durch mündliche Überlieferungen, sondern mittlerweile auch durch Bücher, Dokumentationen und Fernsehfilme hat »Dresden 1945« in ganz Deutschland und bisweilen auch in Europa und den USA in der kollektiven Erinnerung einen festen Platz inne.

Doch dies überdeckt, dass Sachsen aufgrund seiner geografischen Lage bis 1942/43 vor Bombenangriffen der Alliierten relativ gut geschützt war und daher trotz seiner starken Rüstungsindustrie keinen Angriffsschwerpunkt bildete, da die Bomber nur von Großbritannien aus starten konnten. Erst die Erhöhung der Reichweite und die Besetzung großer Gebiete von Europa durch die Alliierten ließen Flächenangriffe auf Sachsen zu, zumal sich auch das militärische Konzept der Alliierten geändert hatte. Das »moral bombing/area bombing« sah den Angriff auf dicht besiedelte Gebiete vor. Angriffsziel war nun nicht mehr das einzelne militärische oder wirtschaftliche Objekt, sondern Zielzonen in den Städten. Nicht zuletzt sollte der Widerstandswille der Bevölkerung gebrochen werden. Der erste schwere Angriff wurde am 4. Dezember 1943 auf Leipzig geflogen und kostete 1.800 Menschen das Leben. Vor allem die Großstädte Leipzig (insgesamt 6.000 Tote), Dresden (25.000 Tote) und Chemnitz (3.600–4.000 Tote) waren das Ziel der Bomber. In Berlin fielen über 11.000, in Hamburg über 30.000 Menschen den Bomben zum Opfer. 1944 und 1945 erfuhren auch mittlere Städte Tag- und Nachtangriffe wie Plauen im Vogtland mit fast 2.400 Toten. Alle anderen sächsischen Städte wie Freiberg, Markkleeberg oder Pirna hatten Opferzahlen im niedrigen dreistelligen Bereich zu verzeichnen. Insgesamt starben ungefähr 40.000 Menschen, meist Frauen, Kinder, ältere Männer, aber auch Häftlinge, bei den Bombenangriffen auf Sachsen.

Größere Bombenangriffe auf Sachsen

Schwerpunkte der alliierten Bomberangriffe im Zweiten Weltkrieg waren auch in Sachsen die Industriezentren, vor allem Dresden, Leipzig und der Chemnitzer Raum. Insgesamt 40.000 Menschen fielen in Sachsen den Angriffen zum Opfer.

Nachkriegszeit und DDR 1945–1989
Die neue Diktatur

Der Gau Sachsen war mit der Besetzung Geschichte geworden. Die US-Amerikaner zogen sich bis Anfang Juli aus Sachsen zurück, so wie es die Aufteilung in Besatzungszonen vorsah. Als am stärksten vom Zweiten Weltkrieg betroffener alliierter Staat ging die sowjetische Besatzungsmacht am kompromisslosesten gegen die Nationalsozialisten vor. Schuldige und Unschuldige wurden in zehn Speziallagern, darunter Bautzen und Torgau, später auch Waldheim, inhaftiert. Bis 1947 starben in diesen Lagern über 30.000 Menschen. Die Waldheimer Prozesse 1950 führten zu 3.318 Verurteilungen der in den Lagern Internierten, die keinerlei rechtsstaatlichen Prinzipien standhalten. Die berechtigte Forderung »Nie wieder« nach 1945 schien auch politische Verbrechen zu rechtfertigen – die Katastrophe des Nationalsozialismus war übermächtig und begünstigte die Sehnsucht nach einem rigorosen Neuanfang, notfalls auch mit radikalen Mitteln. Die häufig genannte »Stunde Null« gab es 1945 praktisch gesehen nicht – es waren schließlich dieselben Menschen, die in Deutschland wohnten.

Mit der Sowjetarmee kamen die Initiativgruppen der KPD auch nach Sachsen. Unter ihren Mitgliedern waren Kurt Fischer und Anton Ackermann. Seit dem 10. Juni gestattete die SMAD die Bildung demokratischer Parteien, noch im Juni entstanden SPD und KPD, im Juli die Liberal-Demokratische Partei (LDP) und die Christlich Demokratische Union Deutschlands (CDU). Anfang Juli ordnete die Sowjetische Militäradministration die Bildung von Landesverwaltungen an. Am 1. Juli 1945 wurde der Sozialdemokrat Rudolf Friedrichs zum Präsidenten der Landesverwaltung Sachsen ernannt. Fünf Vizepräsidenten standen verschiedenen Ressorts vor. Der erste Vizepräsident war der Geheimdienstoffizier Kurt Fischer, dem u. a. die wichtigen Bereiche Polizei,

Bildung zugeordnet waren; die Kommunisten besetzten sofort die Schlüsselpositionen. Im April 1946 wurden SPD und KPD zwangsvereinigt, die Sozialistische Einheitspartei Deutschlands entstand. Dies waren die politischen Rahmenbedingungen. Die Massenflucht aus Sachsen in die westlichen Besatzungszonen, die Bodenreform und spätere Kollektivierung, die Demontagen und die Enteignungen veränderten die wirtschaftlichen und sozialen Bedingungen grundlegend. Schon vor Gründung der DDR 1949 entstanden nach sowjetischem Vorbild die Volkseigenen Betriebe (VEBs), die zur typischen Unternehmensform in Ostdeutschland avancierten. Die gesamte Gesellschaft wurde sukzessive nach den sozialistischen Prinzipien durchorganisiert. Die SED, die »Blockparteien« und Massenorganisationen bildeten seit 1949 die »Nationale Front«; nur noch deren Kandidaten fanden eine Zulassung zu Wahlen. Mit der Einrichtung der Bezirke statt der Länder am 23. Juli 1952 schien Sachsen nur noch für historische Darstellungen relevant zu sein; die Nichtstaatlichkeit des Landes begann.
Die Geschichte Sachsens zwischen 1952 und 1990 ist die Geschichte der drei Bezirke Dresden, Chemnitz/Karl-Marx-Stadt und Leipzig. Sie waren für die DDR von besonderer Bedeutung, da sie nahezu die einzigen traditionellen Industrieregionen in Ostdeutschland überhaupt bildeten. Deshalb war die Unzufriedenheit auch hier am größten: Die Schwerpunkte der Aufstände am 17. Juni 1953 lagen neben Ost-Berlin vor allem in diesen drei sächsischen Bezirken, besonders in Dresden, Leipzig und Görlitz. Mit der blutigen Niederschlagung und dem Mauerbau 1961 waren die Rahmenbedingungen für die Zeit bis 1989 gesetzt. Sachsen war im zentralistischen Einheitsstaat Teil der allgemeinen Entwicklungen in der DDR. Eine zusammenfassende, ausführliche Darstellung der

Ereignisse in den drei sächsischen Bezirken und Akzentuierung eigenständiger Entwicklungen steht noch aus. Eine besondere Rolle spielten die Bezirke Dresden und Karl-Marx-Stadt 1968, da sich in den grenznahen Räumen zur Tschechoslowakei die sowjetischen und NVA-Truppen zur Niederschlagung des »Prager Frühlings« sammelten. Während die ostdeutschen Einheiten in ihren Sammelräumen verblieben und nur wenige Grenzverletzungen vornahmen, marschierten am 21. August die sowjetischen Streitkräfte aus Sachsen in die Tschechoslowakei ein. Trotz des Aufbaus neuer Industriezentren in der DDR blieb Sachsen das wichtigste Wirtschaftsgebiet der DDR auf Bezirksebene. Hier und in anderen Gebieten wurde unbewusst und bewusst an sächsische Traditionen angeknüpft. Der Name »Sachsen« verschwand nicht und blieb in einigen Namen wie dem der Sächsischen Akademie der Wissenschaften, den Landesbühnen Sachsen, der Sächsischen Landesbibliothek oder der Zeitschrift »Sächsische Heimatblätter« erhalten. Gerade die Kulturleistungen des 18. und 19. Jahrhunderts waren für die Bewahrung des sächsischen Bewusstseins von herausragender Bedeutung. August der Starke bot auch in der DDR-Zeit in den drei Bezirken genügend Inhalt für eine Identifikation. Die 750-Jahrfeier Berlins im Jahr 1987 wurde zur Wegmarke der Renaissance des sächsischen Landesbewusstseins, die große Bevölkerungskreise erfasste.

Sachsen ist das Land der Reformation und wurde 1989 das Land der Revolution. Diese kurze Formel verdeutlicht ein 400-jähriges Spannungsfeld und die Langzeitwirkungen der Geschichte. Die evangelische Kirche ermöglichte erst die Friedliche Revolution, die »Wende«, von 1989. Viele Kirchen boten trotz ihres neuen Verhältnisses zum DDR-System seit 1969 oppositionellen Gruppen und Einzelpersonen einen Frei- und

Schutzraum. Ein Netz von ehemaligen Bausoldaten, aus denen viele aktive Oppositionelle hervorgingen, überzog das gesamte Land. Frühe Umweltgruppen unter dem Dach der Kirche prangerten die verheerende Umweltzerstörung in der DDR an, Tausende sahen keine Zukunft mehr in dem verkrusteten Staat. Die Staatssicherheit, die oft auch noch in den kleinsten Gemeinden ihre bezahlten »Informellen Mitarbeiter« (IMs) als Zuträger unterhielt, war ein wichtiger Teil des Repressionsapparats in der DDR. Die Situation eskalierte am 6. Mai 1989, als die Bevölkerung immer mutiger wurde; Fälschungen der Wahlergebnisse in den Kommunalwahlen waren zu offensichtlich gewesen. Die Erschütterung des Ostblocks durch die Reformen Gorbatschows führte im Juni 1989 zur Grenzöffnung zwischen Ungarn und Österreich. Zehntausende DDR-Bürger nutzten die Gelegenheit und flüchteten über Ungarn. Die Antwort der ostdeutschen Regierung bestand in der Nichtgenehmigung aller Ungarnreisen. Dasselbe geschah bezüglich der Tschechoslowakei. Den DDR-Bürgern war damit fast jede Reise in die Nachbarländer verwehrt. Immer mehr Menschen versammelten sich zu friedlichen Protesten, die erste Montagsdemonstration fand am 4. September 1989 statt, noch mit 1.200 Teilnehmern, zwei Monate später demonstrierten 500.000. Am 3./4. Oktober fuhr der Zug mit den Besetzern der Prager Botschaft durch Sachsen und am Dresdner Hauptbahnhof kam es deshalb zu Ausschreitungen. Am 8. Oktober 1989 entstand in Dresden die »Gruppe der 20« und hier fanden auch die ersten Gespräche zwischen einem Oberbürgermeister und der Opposition in der DDR statt. Am 18. Oktober wurde Honecker zum Rücktritt gezwungen, am 9. November 1989 die Grenze zur Bundesrepublik geöffnet. Sachsens kurze Grenze zu Bayern, im Vogtland, wurde für Hunderttausende zur Station für den Grenzübertritt.

1945–1989

1945

8. Mai Eintreffen der KPD-Initiativgruppe in Dresden.
9. Juni Gründung der Sowjetischen Militäradministration (SMAD) (Befehl Nr. 1).
5. Juni Festlegung der vier Besatzungszonen in Deutschland.
10. Juni Befehl Nr. 2 der Besatzungsmacht zur Zulassung demokratischer Parteien.
11. Juni Aufruf der KPD zur politischen Neuordnung.
12. Juni Einsetzung Hermann Materns zum Politischen Sekretär für die KPD in Sachsen.
13. Juni bis 1. Juli US-amerikanische Truppen ziehen sich aus der Sowjetischen Besatzungszone zurück.
26. Juni Wiederbegründung der SPD.
29. Juni Die SMAD beauftragt Rudolf Friedrichs (SPD) mit der Bildung der Landesverwaltung, deren Präsident er wird.
2. Juli Gründung der Demokratischen Partei Deutschlands (Liberal-demokratische Partei).
11. Juli Gründung des Freien Deutschen Gewerkschaftsbundes (FDGB).
21. Juli Gründung der Christlich Demokratischen Union Deutschlands (CDU).
17. August Verordnung über den personellen Neuaufbau (Entnazifizierung).
20. August Beschluss über den »Demokratischen Block« der Parteien in Sachsen. Damit ist die Einbindung der bürgerlichen Parteien in die spätere »Nationale Front« gewährleistet, die als Blockparteien bezeichnet werden.
10. September Beginn der Bodenreform. Zunächst werden alle Güter über 100 Hektar enteignet, später auch kleinere.

1945–1947

Demontage von Betrieben für die Sowjetunion. Bis Mai 1946 werden 800 Betriebe in Sachsen demontiert und in die UdSSR gebracht.

1946

12. Februar Verordnung über die Schulaufsicht, die nun der Landesverwaltung obliegt, nicht mehr den Bezirksschulämtern.
7. April Zwangsvereinigung von KPD und SPD zur Sozialistischen Einheitspartei Deutschlands (SED). Zusammenschluss der Parteiorganisationen von SPD und KPD.
30. Juni Volksentscheid zur »Enteignung der Nazi- und Kriegsverbrecher«.
25. Juli Verordnung über den Aufbau der Verwaltung in Sachsen.
1. September Kommunalwahlen.
20. Oktober Landtagswahlen, Wahl von Rudolf Friedrichs (SED, vorher SPD) zum Ministerpräsidenten.

1947

28. Februar Der Landtag beschließt die Verfassung des Landes Sachsen.
8. Mai Verstaatlichung aller Bergwerke und Bodenschätze.
13. Juni Rudolf Friedrichs stirbt.
30. Juni Wahl von Max Seydewitz (SED) zum Ministerpräsidenten.

1948

26. Februar Beendigung der Entnazifizierung in der SBZ durch den SMAD-Befehl 35.
24. bis 28. Juni Währungsreform in der Sowjetischen Besatzungszone als Reaktion auf die Einführung der Deutschen Mark in den westlichen Besatzungszonen.
13. Oktober Der Bergmann Adolf Hennecke fährt »Hennecke-Schicht« in Oelsnitz, Beginn der propagandistischen Hennecke-Bewegung.

1949
7. Oktober Gründung der Deutschen Demokratischen Republik.

1950
Januar Auflösung der sowjetischen Internierungs-/Speziallager. Die Lager Torgau und Mühlberg werden 1947 bzw. 1948 und Bautzen 1950 aufgelöst. Bis 1948 bestehen zehn Lager, 1950 noch vier, darunter Waldheim.
21. April bis 14. Juli Waldheimer Prozesse. Wirkliche und angebliche NS-Täter werden zu langen Haftstrafen oder sogar zum Tode verurteilt. Die Prozesse verletzen rechtsstaatliche Regeln.
1. Juli Änderung der Kreisgrenzen und Gemeindefusionen in Sachsen (Gesetz über Änderung von Grenzen der Länder vom 13. Juli 1950).
15. Oktober Landtagswahlen, die nicht mehr frei, geheim und allgemein sind. Die Kandidaten werden mittels Einheitslisten gewählt. Mit den durch die SED kontrollierten Massenorganisationen verfügt diese über die Mehrheit im Landtag.

1952
23. Juli Auflösung der Länder, Gliederung in Bezirke und Kreise (bis 1990).
25. Juli Gründung der ersten LPG in Sachsen in Cranzahl.

1953
10. Mai Umbenennung von Chemnitz in Karl-Marx-Stadt (bis 1. Juni 1990).
17. Juni Volksaufstand in der DDR. In über 50 Städten und Gemeinden gibt es größere Proteste gegen die DDR-Staatsführung und SED, die zum Teil mit Waffengewalt niedergeschlagen werden.

1955/1958
Rückgabe von Kunstschätzen an die Staatlichen Kunstsammlungen Dresden, die als »Beutekunst« 1945 in die Sowjetunion gebracht worden waren.

1958
Auflösung der Länderkammer. Damit wird der letzte Bestandteil des Föderalismus in der DDR beseitigt.

1959/60
Kollektivierung der Landwirtschaft, oft gegen den Widerstand der Bauern, die in die Landwirtschaftlichen Produktionsgenossenschaften eintreten müssen.

1961
13. August Schließung der Grenze zu Westdeutschland und West-Berlin. Teile des Vogtlandes liegen damit an der streng überwachten innerdeutschen Grenze.

1968
23. März Treffen der Staaten des Warschauer Vertrags in Dresden, um Alexander Dubček, Generalsekretär der Kommunistischen Partei der Tschechoslowakei, vom Reformkurs (»Prager Frühling«) abzubringen.
21. August Einmarsch sowjetischer Truppen und Truppen anderer Warschauer-Vertrags-Staaten in die Tschechoslowakei vom Territorium Sachsens aus, um die Reformbewegung des »Prager Frühlings« niederzuschlagen.

1971
seit 1971 Ausrichtung des Internationalen Dixielandfestivals in Dresden.

1973
19. Mai Erstes Friedensforum in Königswalde, das zweimal im Jahr stattfand. Damit vernetzen sich die unabhängigen Friedensgruppen in der DDR, die ein wichtiger Bestandteil der Opposition werden.

1985
13. Februar Wiedereröffnung der kriegszerstörten Semperoper Dresden.
14. Februar Friedensforum in der Kreuzkirche Dresden.

1987
Sommer Die pompösen Vorbereitungen zur 750-Jahrfeier Berlins führen zu einem erneuten Aufflammen des brandenburgisch-sächsischen Konflikts und verstärken die »Sachsenrenaissance«, die Rückbesinnung auf die sächsische Identität.

1989
7. Mai Kommunalwahlen in der DDR. Bürgerrechtler decken die massive Wahlfälschung auf.
19. August Beginn der Massenflucht aus der DDR über Ungarn, die den Druck auf die ostdeutsche Regierung erheblich vergrößert und zu den Montagsdemonstrationen führt.

*Polizeieinsatz in Bad Schandau (Durchfahrt der Botschaftsflüchtlinge)
und Einsatz der Polizei am Dresdner Hauptbahnhof, jeweils am 4. Oktober 1989,
Standbilder aus einem Video der Volkspolizei*

Das Land Sachsen 1945 und Auflösung des Landes 1952

Nachdem man den Krieg überlebt hatte, ging es zunächst auch nach dem 8. Mai 1945 weiterhin um das Überleben, gerade in den Großstädten. Die Nahrungsmittelknappheit zwang zu Hamsterfahrten auf das Land, die Infrastruktur für Wasser, Verkehr und Strom musste erst wiederhergestellt werden, was der Leitung durch die sowjetische Besatzungsmacht oblag.

Die Landesgrenze Sachsens entsprach 1945 zum großen Teil, bis auf den abgetretenen Teil um Reichenau östlich von Zittau und der Integration der niederschlesisch-preußischen Gebiete um Görlitz, der Vorkriegsgrenze. 1945 gelangte der Ostzipfel Sachsens, das Gebiet um den Industrieort Reichenau, unter polnische Verwaltung. Die 25.000 deutschen Einwohner flohen oder wurden vertrieben. Seit 1990 gehört das Gebiet völkerrechtlich zu Polen.

Das föderale System der Länder in der Weimarer Republik, das den Bestand der jahrhundertelang gewachsenen deutschen Bundesstaaten garantierte und fortführte, war mit seinem Gegengewicht gegen eine Zentralgewalt ein wichtiges Instrument zur Verhinderung neuer totalitärer Strukturen in Deutschland. Die Länder bildeten nach 1945 zunächst wieder die Basis für Politik und Verwaltung. SED und Besatzungsmacht versuchten jedoch, die Rechte der Länder zu beschneiden und sie als Mittel des Aufbaus einer neuen Diktatur zu instrumentalisieren.

Daher sollten Landtags- und Kommunalwahlen stattfinden, doch unter den Bedingungen einer freien und geheimen Wahl hätte die SED keine Mehrheit erringen können. So ließ die SMAD zu den Gemeinderatswahlen am 1. September 1946 Wahllisten nur in den Gemeinden zu, wo jeweils Ortsgruppen der Parteien bestanden. Da aber die Besatzungsmacht Ortsgruppen der CDU und LDP nicht anerkannte, entsprachen die Wahlen nicht mehr demokratischen Regeln. Auch die Landtagswahlen 1946 und 1950 waren keine demokratischen Wahlen im rechtsstaatlichen Sinne mehr. Bürgerliche Parteien und Kandidaten wurden von der Besatzungsmacht massiv behindert. Auch die vorgebliche Wählbarkeit der Massenorganisationen wie FDJ, Kulturbund u.a. diente der Durchsetzung der Diktatur, nicht wenige Abgeordnete dieser Massenorganisationen gehörten der SED an. Der Landtag konstituierte sich und auch in vorgeblichen Kleinigkeiten der Abstimmung manifestierte sich die Diktaturdurchsetzung: Als Zustimmung galt nun, wenn der Abgeordnete in seiner Position verharrte. Nur derjenige, der gegen die Anträge stimmte, musste sich mit Handzeichen dazu bekennen. Der Landtag verabschiedete 1947 die Verfassung, die bereits die sozialistische Diktatur ankündigte.

Sachsen 1945

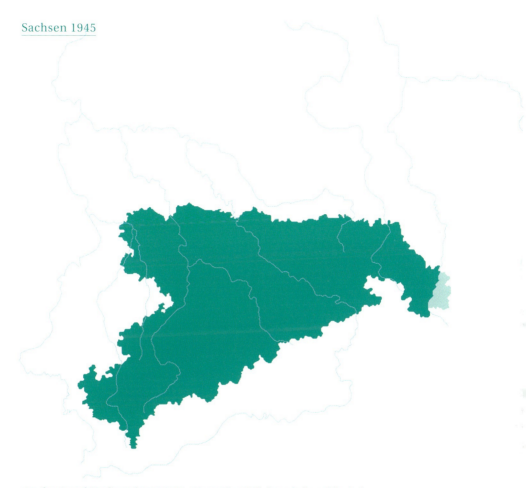

An das Land Sachsen kam 1945 ein großer Teil der niederschlesischen Gebiete, die zu Preußen gehörten, aber bis 1815 sächsisch waren. Dazu zählte der Landkreis Hoyerswerda (1952 an den Bezirk Cottbus) und der Landkreis Weißwasser-Görlitz (Niesky). Die sächsischen Landesteile östlich der Lausitzer Neiße, der Reichenauer Zipfel, wurden von Polen verwaltet und gehören seit 1990 auch völkerrechtlich zum östlichen Nachbarn.

Demontagen, Bodenreform, Enteignungen

Neben der politischen Neugestaltung bedurfte es im Sinne der Besatzungsmacht und der Kommunisten einer wirtschaftlich-sozialen Umgestaltung mit der Begründung, »Faschismus« (der in der DDR gebräuchliche Begriff für den Nationalsozialismus) nie wieder zuzulassen. Sachsen war Industrie-, aber keinesfalls Großgrundbesitzerland. 744 Betriebe mit einer Größe über 100 Hektar besaßen 8 % der Gesamtfläche Sachsens (134.983 Hektar). Zunächst setzten die SMAD und die KPD auf »spontane« Bodenreformen der Bevölkerung, was in Sachsen nur selten geschah. Der Gründungsaufruf der KPD vom 11. Juni 1945 forderte die »Liquidierung des Großgrundbesitzes« und nach Beschluss der sächsischen Landesverwaltung wurde die Bodenreform im Oktober 1945 ab einer Gütergröße von 100 Hektar durchgeführt. In Einzelfällen wurden auch kleinere Güter aufgeteilt. Bis Sommer 1946 hatte man 1.798 Güter mit 314.425 Hektar enteignet, worauf 80.756 Neubauernstellen eingerichtet wurden. 38 % der Neubauern waren Vertriebene oder Flüchtlinge. Die Gutsbesitzer, die nicht in den Westen geflohen waren, wurden in ein Sammellager auf der Insel Rügen verbracht, in welchem katastrophale Bedingungen herrschten. 1.414 Personen aus Sachsen, darunter auch Frauen und Kindern, kamen in das Lager. Nachdem die »Klasse der Großagrarier liquidiert« worden war, enteignete die DDR die Großbauern, die Güter zwischen 50 und 100 Hektar besaßen. Zunächst freiwillig, konnten sich schließlich die Bauern dem Eintritt in die 1952 gegründeten Landwirtschaftlichen Produktionsgenossenschaften (LPGs) kaum entziehen. Nach der Kollektivierung und dem Leipziger Bauernkongress im Februar 1953 verließen immer mehr Landwirte ihre Höfe in Richtung Westen, insgesamt kehrten von 1949 bis 1961 fast 2,7 Millionen Menschen der DDR den Rücken. Die Bodenreform führte teilweise zur physischen Vernichtung der Gruppe der Großgrundbesitzer – deren Einfluss auf die Landbevölkerung groß gewesen war und den die Besatzungsmacht ausschalten wollte – sowie mit den Neubauern zu einer der Besatzungsmacht verbundenen Klientel auf dem Land. Dennoch wurde sie in mehreren Gerichtsurteilen nach 1990 für rechtsgültig erklärt.

Sachsen als Hochindustrieland, in dem sich zwei Drittel der Produktionskapazität der gesamten Sowjetischen Besatzungszone befanden, wurde zum »Testfall« für Demontagen und Enteignungen ausgewählt, an dessen Industrieanlagen die Sowjetunion großes Interesse hatte. Die Besatzungsmacht ging außerdem davon aus, dass der starke Arbeiteranteil in Sachsen die Umsetzung solcher Maßnahmen erleichtern würde. Doch auch hier kam es zu vielen Protesten, die aber die Demontage von 800 Betrieben bis Mai 1946 nicht verhindern konnten.

Mit der Bodenreform korrespondierend änderte die Besatzungsmacht auch die Grundlage der Industrie. Die Landesverwaltung Sachsen beschloss mit der SMAD am 30. Juni 1946 einen »Volksentscheid zur Enteignung von Nazi- und Kriegsverbrechern«. 2.297 Betriebe wurden »Volkseigentum«, womit fast alle größeren Unternehmen enteignet wurden und auch hier eine soziale Umgestaltung auf Kosten der Besitzer stattfand. Die mittleren und kleineren Betriebe wurden spätestens Anfang der 1970er-Jahre mittels »staatlicher Beteiligungen« verstaatlicht.

Einzug von Rockauer und Helfenberger Bürgern in das Rittergut Helfenberg, das den Wettinern gehörte.

Bezirks- und Kreisgliederung von 1952 bis 1990

Die immer stärkere Zentralisierung durch die SED-Führung führte zu einem Machtverlust der Landesregierungen. 1950 fanden die letzten sächsischen Landtagswahlen in der DDR statt. Um die verbliebenen »bürgerlichen Bastionen« in der Verwaltung zu schleifen, mussten die Länder in ihrer Selbstständigkeit beseitigt werden. Denn die föderale Struktur der Länder bildete für die SED eine behindernde Zwischeninstanz und erschwerte die Durchsetzung des »demokratischen Zentralismus«. Mit dem »Gesetz über die weitere Demokratisierung des Aufbaus und der Arbeitsweise der staatlichen Organe in den Ländern in der Deutschen Demokratischen Republik« vom 23. Juli 1952 wurden die Landesregierungen gezwungen, Kreise und Bezirke einzurichten und ihre Aufgaben an diese zu übergeben. So entstanden auf dem Gebiet der DDR 14 Bezirke und die Hauptstadt Ost-Berlin als eigenständige Verwaltungseinheit; in Sachsen drei Bezirke: Dresden, Leipzig und Chemnitz/Karl-Marx-Stadt. Bei deren Grenzziehung wurde wenig auf die historischen Ländergrenzen geachtet. Die Bezirke waren die Mittelinstanzen zwischen Regierung und Kreisen und verfügten über keine politische Autonomie.

Die Landtage lösten sich mit der Bezirksgliederung 1952 auf. 1949 hatte es neben der Gründung der Volkskammer, des DDR-Parlaments, die Gründung einer Länderkammer als Pendant dazu gegeben, die auch nach der Auflösung der Länder bis 1958 bestand, aber politisch völlig bedeutungslos blieb. Ihre Aufhebung bedeutete das Ende der Länder in Ostdeutschland – deren »Nichtstaatlichkeit« bis 1990 nahm ihren Anfang. In den 1980er-Jahren begann in den sächsischen Bezirken eine »Sachsenrenaissance«, die an sächsische Traditionen anknüpfte und diese zum Teil offen darstellte. Die Bezirke wurden als künstliche Verwaltungseinheiten, ohne jede Identifizierungsmöglichkeit für die Bevölkerung, betrachtet. Das wiedererwachte Bewusstsein für Sachsen war eine der Voraussetzungen für das Entstehen der Friedlichen Revolution von 1989.

1 Dresden
2 Kamenz
3 Bautzen
4 Niesky
5 Görlitz
6 Löbau
7 Zittau
8 Bischofswerda
9 Sebnitz
10 Pirna
11 Dippoldiswalde
12 Freital
13 Meißen
14 Riesa
15 Großenhain

16 Leipzig
17 Delitzsch
18 Eilenburg
19 Torgau
20 Oschatz
21 Wurzen
22 Grimma
23 Döbeln
24 Geithain
25 Borna
26 Altenburg
27 Schmölln

28 Karl-Marx-Stadt
29 Rochlitz
30 Hainichen
31 Freiberg
32 Flöha
33 Brand-Erbisdorf
34 Marienberg
35 Zschopau
36 Annaberg
37 Schwarzenberg
38 Johanngeorgenstadt
39 Aue

40 Schneeberg
41 Stollberg
42 Hohenstein-Ernstthal
43 Glauchau
44 Werdau
45 Zwickau
46 Reichenbach
47 Plauen
48 Auerbach
49 Oelsnitz
50 Klingenthal

Die Auflösung der Länder 1952 und die Schaffung von Bezirken und kleinen Kreisen sollten die Durchsetzung der Diktatur vereinfachen und alte gewachsene Strukturen zerschlagen.

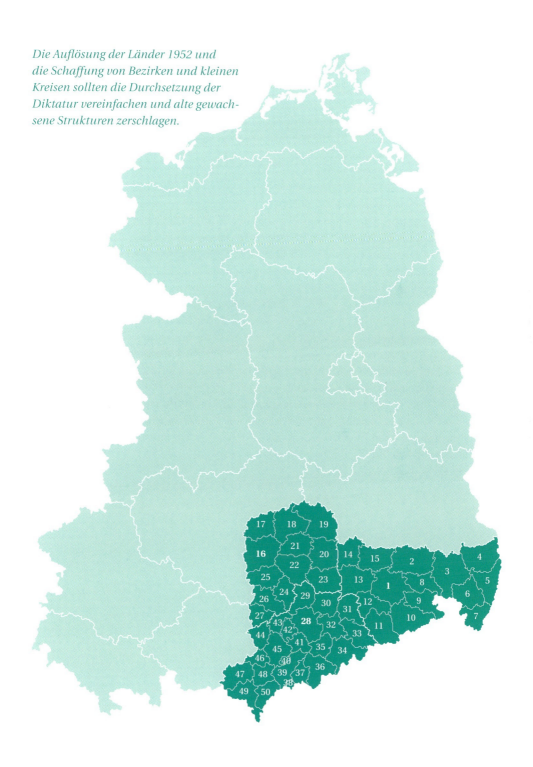

Der Volksaufstand vom 17. Juni 1953 in Sachsen

Der Volksaufstand von 1953 in der DDR, der in der neueren Literatur als »zweite Staatsgründung« bezeichnet wird, fand seinen Widerhall in allen drei sächsischen Bezirken. Die psychologische Langzeitwirkung der brutalen Niederschlagung, die sich lange Jahre lähmend auf die Bevölkerung auswirkte, stabilisierte die Diktatur, und die Angst vor einem erneuten Eingreifen der Sowjetarmee bremste alle größeren oppositionellen Aktionen. Verstärkt wurde diese Befürchtung noch durch die Niederschlagung der Demonstrationen auf dem Platz des Himmlischen Friedens in Peking im Juni 1989, zumal SED-Politiker wie Egon Krenz offen verdeutlichten, dass sie diese Lösung für die DDR nicht ausschlossen. Noch Anfang November 1989 befürchteten die DDR-Bürger ein Ende der Friedlichen Revolution durch Waffengewalt wie 1953.

Die Anhebung der Arbeitsnormen war 1953 der Auslöser für den Volksaufstand, der bei den Bauarbeitern in der Berliner Stalinallee am 16. Juni begann. Einen Tag später folgten Streiks und Demonstrationen in allen drei sächsischen Bezirken. Die Demonstranten forderten die Rücknahme der Anhebung der Normen, freie Wahlen, den Rücktritt der Regierung und den Abzug der Besatzungsmacht. Diese rief den Ausnahmezustand aus. In vielen größeren Orten, aber auch in kleineren, d. h. in ganz Sachsen, gab es Demonstrationen gegen die ostdeutschen Machthaber. In Dresden demonstrierten über 100.000, außerhalb der Bezirksstädte in Görlitz ungefähr 25.000 bis 30.000 Menschen, in Pirna ebenso viele, in Niesky 1.200, in Riesa 3.600. So streikten u. a. die Belegschaften des Sachsenwerkes Dresden-Niedersedlitz, der LOWA-Waggonwerke in Görlitz, des EKM-Maschinenbaus und der NAGEMA. In weit mehr als 50 Städten und Gemeinden Sachsens gab es größere Proteste gegen die Herrschaft der SED. Die Reaktion der Machthaber war rigoros: »Rädelsführer« wurden zum Tode verurteilt, Demonstranten kamen für viele Jahre in Haft. 1953 verließen über 330.000 DDR-Bürger ihr Land Richtung Westen. Durch eine verstärkte Grenzabriegelung sank die Zahl der Flüchtlinge danach deutlich.

Die Presse der DDR berichtete ausführlich über den angeblich »konterrevolutionären, faschistischen Putsch« vom 17. Juni 1953, der durch sowjetische Soldaten niedergeschlagen wurde. In den Tagen danach betonten die Medien die Fehlereingeständnisse der Regierung, die jedoch bald den politischen Kurs wieder verschärfte.

Sächsische Zeitung

ORGAN DER BEZIRKSLEITUNG DRESDEN DER SOZIALISTISCHEN EINHEITSPARTEI DEUTSCHLANDS

Dresden | Freitag, 19. Juni 1953 | 8. Jahrgang | Nr. 139 | Preis 15 Pf.

Sie lesen heute auf Seite 3:

Die programmatische Erklärung Max Reimanns vor westdeutschen Journalisten

Einige Lehren aus den Vorgängen im Sachsenwerk Niedersedlitz

Die Ereignisse, die in diesen Tagen alle Menschen unserer Elbestadt Dresden bewegen und erregen, können nur richtig verstanden werden, wenn wir sie mit den Geschehnissen in Berlin und überhaupt in der Welt in Verbindung bringen.

Alle Werktätigen, die den Frieden lieben, waren zutiefst befriedigt darüber, daß die Entspannung der internationalen Lage in der ganzen Welt ein breites Echo ausgelöst und zu großen Erfolgen der Friedensbewegung geführt hat. Die Regierung unserer Republik, die in ihren Bestrebungen immer die Schaffung eines einheitlichen, demokratischen Deutschlands und die Erhaltung des Friedens im Auge hat, hat deshalb Maßnahmen beschlossen, die eine Angleichung der beiden Teile Deutschlands erleichtern. Sie hat diese Maßnahmen auch ergriffen, weil die forcierte Entwicklung der Schwerindustrie dazu geführt hat, daß seit vorigem Sommer die Lebenslage der Werktätigen unserer Republik sich verschlechtert hat.

Die Regierung erkannte ihre Fehler, zog die Schlußfolgerungen und schlug einen anderen Kurs ein, der es ermöglichen wird, die Konsumgüterindustrie schneller zu entfalten, bald mehr Waren des täglichen Bedarfs für unsere Werktätigen zum Verkauf zu bringen.

Sind diese Maßnahmen nicht im Interesse der Werktätigen? Sie sind es! Und eben gerade deshalb nahmen das Agenten und Provokateure zum Anlaß, um vorhandene Unzufriedenheit eines Teiles der Arbeiter auszunützen und für ihre verbrecherischen Zwecke zu mißbrauchen.

Diese Provokationen verfolgen den Zweck, die Beschlüsse unserer Regierung zu torpedieren und vor allen Dingen die friedliche Wiedervereinigung unseres Vaterlandes, eine Verständigung unter den Deutschen zu hintertreiben. Alle Arbeiter sollten erkennen, daß sie gegen ihre ureigensten Interessen handeln, wenn sie sich von Provokateuren irreführen lassen.

Bereits gestern berichteten wir, wie faschistische Rowdys in Berlin Kioske anbrannten, den greisen Minister Nuschke verschleppten, Fensterscheiben zerschlugen, raubten und plünderten. Es ist klar, daß sich jeder ehrliche Arbeiter, auch der, der unzufrieden ist, von solchen faschistischen Verbrechern distanziert.

Auch in Dresden versuchen faschistische Provokateure, unzufriedene Arbeiter für ihre verbrecherischen Interessen einzuspannen. So knüpften sie beispielsweise im Sachsenwerk Niedersedlitz an die falsch behandelte Frage der Normerhöhung an. Nachdem Partei und Regierung den fehlerhaften Beschluß über die generelle Normerhöhung rückgängig gemacht hatten, versuchte der 1. Sekretär der Betriebsparteiorganisation im Betriebsfunk die Dinge so hinzustellen, als wäre die Parteileitung schon immer gegen generelle Normerhöhung gewesen.

Dies war nach Schilderung der Kollegen neben einigen anderen zur Verärgerung führenden Tatsachen einer der Anlässe, der viele von ihnen bewegte, an einer einberufenen Versammlung im Werkgelände teilzunehmen. Dort gelang es gekauften Provokateuren aus der ABUS Niedersedlitz, die Unzufriedenheit auszunutzen, um einen Teil der Sachsenwerker, vorwiegend unbesonnene Jugendliche, zu einer Demonstration zu veranlassen.

Leidenschaftlich distanzierten sich die Kollegen bei unserer Aussprache von den während der Demonstrationen verübten Ausschreitungen einiger Rowdys. Der Kollege Betthausen — aus der Werkzeugausgabe der Stanzerei — ist der Meinung, daß dem Klassenfeind solche Provokationen niemals gelungen wären, wenn die Parteiorganisation des Sachsenwerkes die Verbindung mit den parteilosen Werktätigen des Betriebes nicht so sträflich vernachlässigt hätte. Kollege Betthausen äußerte sinngemäß, daß sich die Parteimitglieder viel zuwenig mit den parteilosen Kollegen befassen und sich scheuen, ihnen Aufgaben zu stellen.

Auch der junge Kollege Mader betonte: Die Parteiorganisation muß sich mehr mit den Massen verbinden, damit es nicht wieder vorkommen kann, daß der erste Parteisekretär des Werkes unsere Abteilung besucht und kaum einer wußte, wer er war.

Das ist eine richtige Schlußfolgerung. Partei und Parteilose, alle Arbeiter und die technische Intelligenz müssen sich jetzt eng zusammenschließen.

Die erste Forderung aller ehrlichen Kumpel ist: die Arbeit geordnet weiterführen. Wenn wir das nicht tun würden, schnitten wir uns ins eigene Fleisch. Die Absichten der Regierung für eine weitere Verbesserung der Lebenslage der Werktätigen können nur erfüllt werden, wenn wir diese guten Waren produzieren. Um ordnungsgemäß arbeiten zu können, muß jeder ehrliche Kumpel mithelfen, Provokateure zu fassen.

Ueber unklare Fragen und berechtigte Beschwerden muß mit den Partei- und Gewerkschaftsleitungen diskutiert werden. Aber nur dann, wenn die Voraussetzungen da sind, daß das in aller Ruhe und Sachlichkeit geschieht. Das ist im Interesse aller ehrlichen Arbeiter, weil dort, wo man sachlich, wenn auch mit aller Schärfe und Härte, diskutiert, Mängel und Schwächen überwunden werden können. Dort aber, wo unsachlich diskutiert und nur geschimpft und randaliert wird, kann nichts erreicht werden, und keinem Menschen ist geholfen.

Die Kollegen vom Sachsenwerk Radeberg an ihre Kollegen vom Sachsenwerk Niedersedlitz

An die
Belegschaft des
Sachsenwerkes Niedersedlitz

Die Kolleginnen und Kollegen der Brigade Mütze in der Televisor-Endmontage haben die Nachricht erhalten, daß Ihr nur zögernd die Arbeit aufgenommen habt.

Wir sind der Meinung, daß unsere Regierung ihre Fehler eingesehen hat und sie bereits korrigierte.

Die Regierung wird weitere Maßnahmen treffen, die zur Verbesserung der Lebenslage der Bevölkerung in der Deutschen Demokratischen Republik beitragen werden.

Wir wissen, daß die Kolleginnen und Kollegen des Sachsenwerkes Niedersedlitz in der Vergangenheit bewiesen haben, daß sie große Leistungen beim Aufbau unserer Friedensindustrie in der Republik vollbracht haben.

Aus diesem Grunde können wir es nicht verstehen, daß Ihr den westlichen Provokationen zum Opfer gefallen seid, und fordern Euch deshalb auf, Eure Arbeit vollständig wiederaufzunehmen und unserer Regierung der Deutschen Demokratischen Republik das Vertrauen zu geben.

Televisor-Endmontage
Brigade Mütze

gez.: Erich Mütze, Lotte Schuch, Ella Hoyer, Erna Mütze, Paul Albrecht, Ilse Tauchmann, Ernst Tirnke, Paul Walther, Paul Großmann, Gretel Jirschik, Anna Pleil, Erika Henker.

Kongreß deutscher Aerzte verschoben

Berlin (ADN). Die Friedensgemeinschaft Deutscher Aerzte teilt mit: Der für den 19. und 20. Juni angesetzte Kongreß deutscher Aerzte wird auf einen späteren Zeitpunkt verschoben. Es ergeht eine neue Einladung.

Werktätige des Bezirkes Dresden!

Die Bezirksleitung der Sozialistischen Einheitspartei Deutschlands wendet sich an Euch!

Besonders an die Mitglieder der Sozialistischen Einheitspartei Deutschlands!

In dieser Stunde, wo faschistische Agenten und Provokateure versuchen, die Durchführung der Beschlüsse der SED und der Regierung der Deutschen Demokratischen Republik, die auf eine Verbesserung des Lebens und auf eine Ueberwindung der Spaltung Deutschlands hinauslaufen, zu hintertreiben und unmöglich zu machen, kommt es auf Euch alle an.

Die faschistischen Provokationen sind zusammengebrochen.

In Berlin ist die Arbeit in allen Betrieben wiederaufgenommen und das Leben hat wieder seinen normalen Gang genommen.

Es liegt in der Hand aller gutwilligen und fortschrittlichen Bürger auch unseres Bezirks, die Maßnahmen, die zur Aufrechterhaltung der Ordnung notwendig wurden, überflüssig zu machen, wenn Ihr selbst entschlossen den Provokateuren entgegentretet.

Die ursprünglichen Begründungen für Arbeitsniederlegung und Demonstrationen sind durch die Beschlüsse der Regierung und der Gewerkschaften in Wegfall gekommen.

Es liegt jetzt an Euch, mit dafür zu sorgen, daß der ordnungsgemäße Ablauf des Lebens in unserem Bezirk voll wiederhergestellt wird.

Tretet darum allen provokatorischen Versuchen zur Störung der Ordnung entschieden entgegen. Unterstützt die Organe der Staatsmacht bei der Wiederherstellung des normalen Lebens.

Das ist für uns, für unsere Kinder und für unser Volk der Weg zu einem besseren Leben und zur Wiederherstellung der Einheit unseres Vaterlandes.

Den Provokateuren die gebührende Antwort erteilen

Werktätige unseres Bezirkes sagen ihre Meinung – Berechtigte Wünsche so schnell wie möglich erfüllen

(SZ) Die Werktätigen Dresdens in ihrer übergroßen Mehrheit haben den Appell unserer Regierung gehört und verstanden. Alle Betriebe arbeiten wieder, auch die, von denen ein Teil der Belegschaft vorgestern noch auf die Straße gingen in dem Glauben, daß die Demonstration das richtige Mittel sei, um der Regierung Forderungen zu übermitteln.

Auch diese Arbeiter haben erkannt, daß die einzigen Nutznießer ihrer gerechten Empörung in der Agentenzentrale Westberlin sitzen. Diese Elemente sind nicht an der Einheit unseres Vaterlandes interessiert, sondern schüren bewußt die Erregung unter den Werktätigen der Deutschen Demokratischen Republik. Damit wollen sie die aussichtslose Lage Adenauers verschleiern.

„Wir verurteilen das Rowdytum", sagte der Kollege Emil Kanneberg aus der Lehrwerkstatt des VEB Maschinenfabrik Heidenau. „Was wir uns mühselig aufgebaut haben, das wollen wir nicht zerstören." Eben das war der Grund, warum sich die Belegschaft dieses Betriebes nicht an der Demonstration beteiligte.

Auch die Kollegen der Dreherei der Schiffswerft Uebigau verurteilen die Ausschreitungen auf das schärfste. „Schreibt in der Zeitung ruhig, es soll sich ja keiner von diesen Provokateuren in unserem Betrieb sehen lassen, und wenn sie es doch wagen sollten, werden wir ihnen die gebührende Abfuhr erteilen", erklärten die Kumpel einem unserer Mitarbeiter, die heute früh einige Dresdner Betriebe besuchten.

Mit ihrer Ablehnung des Rowdytums verbanden jedoch die Kumpel ernste Beratungen über zu ergreifende Maßnahmen und unterbreiteten der Regierung Vorschläge zur sofortigen Verbesserung ihrer Lebenslage. Die Betriebsversammlung des VEB Maschinenfabrik Heidenau hat deutlich gezeigt, daß die Belegschaft hinter ihrer Werkleitung, der BGL und der Parteiorganisation des Betriebes steht. Weil sie den Beschluß unserer Regierung zur Normerhöhung nicht bürokratisch durchführten, sondern mit jedem einzelnen Belegschaftsmitglied gesprochen haben, konnten Meinungsverschiedenheiten geklärt werden. Aehnlich liegen die Verhältnisse im Hauptwerk des VEB Zeiss Ikon, wo die Belegschaft auf Grund der persönlichen Aussprachen mit der Parteiorganisation nicht daran dachte, sich an Demonstrationen zu beteiligen.

Um so schwerer wiegt die Kritik der Arbeiter an Parteifunktionären, die in dieser wichtigen Frage sich auf die administrative Anweisung der Regierung verließen, statt individuell zu überzeugen. Die Lehrlinge der Lehrlingswerkstatt Reick des VEB Zeiss Ikon bedauerten unseren Mitarbeitern gegenüber, daß mit ihnen bisher noch keiner so wie am gestrigen Tage diskutiert habe. Sie kritisierten die FDJ-Arbeit und verlangten, daß die demokratische Presse noch viel mehr als bisher die Sorgen und Wünsche der Werktätigen beachten und vor allem mit jeglicher Schönfärberei Schluß machen soll.

Die Atmosphäre der sachlichen Diskussion ist hergestellt. Partei und Regierung werden alle Anstrengungen machen, um die berechtigten Wünsche der Werktätigen zu untersuchen und so schnell wie möglich zu erfüllen. „Die Belegschaft des VEB Maschinenfabrik Heidenau ist bereit", heißt es am Schluß ihrer Resolution an die Regierung, „zur Erhöhung des Lebensstandards wie bisher ihre Pflicht gegenüber unserer Regierung zu tun, und erwartet, daß ebenfalls unsere Regierung den Vorschlägen der Werktätigen gerecht wird."

Versorgung im gesamten Bezirk gesichert

Rowdys verhinderten Milchtransport nach Görlitz – Achtet auf diszipliniertes Verhalten beim Einkauf!

Dresden (SZ). Auf einer Pressekonferenz ging am gestrigen Nachmittag der Stellvertreter des Vorsitzenden des Rates des Bezirkes, Kollege Dedek, auf Fragen der Versorgung innerhalb unseres Bezirkes ein. Im allgemeinen ist die Versorgung mit lebenswichtigen Nahrungsmitteln im gesamten Bezirk vollauf gesichert. Vorübergehende Schwierigkeiten ergaben sich nur dort, wo — wie in Görlitz — durch das skrupellose Auftreten faschistischer Provokateure am 17. Juni die Geschäfte zeitweilig geschlossen werden mußten oder Nahrungsmitteltransporte, z. B. mit Frischmilch für unsere Säuglinge und Kinder, von Rowdys an der Stadtgrenze zur Umkehr gezwungen wurden.

Kollege Dedek erwähnte im einzelnen, daß infolge reichlicher Obstzufuhren an die verarbeitenden Fabriken Marmelade ab sofort in ausreichenden Mengen zur Verfügung steht; das gleiche gilt für Fleisch, Eier, Brot. Bei Butter, Margarine und Zucker können die Markenansprüche in den gesetzlich festgelegten Mengen völlig befriedigt werden, eine Erhöhung des Zuckerkontingents für die privaten Geschäfte ist dabei in Kürze zu erwarten.

Lediglich bei einigen Teigwaren besteht noch ein gewisser Engpaß — verschuldet allein durch die ganz und gar grundlosen „Angstkäufe" der Bevölkerung. Von diesen unsinnigen Käufen abzulassen (es gibt Beispiele, daß zweiköpfige Familien sich an einem Tag mit 15 Broten „eindeckten") muß ernste Mahnung sein, die allen vernünftigen Hausfrauen — und das ist jedenfalls die Mehrzahl — aus dem Herzen gesprochen ist. Je disziplinierter wir uns verhalten, je besonnener wir handeln, desto schneller überwinden wir alle noch bemerkbaren Folgen des verbrecherischen Anschlags auf unsere Republik und ihren friedlichen Aufbau.

Wir gestatten nicht, daß unsere Erfolge zerstört werden

Aufruf von 1000 Belegschaftsmitgliedern des VEB Edelstahlwerk Döhlen an die Kollegen des Sachsenwerkes Niedersedlitz

Liebe Kolleginnen und Kollegen!

Wir Arbeiter, Angehörigen der Intelligenz und Angestellten des VEB Edelstahlwerk Döhlen haben gehört, daß Ihr die Arbeit niedergelegt habt. Glaubt Ihr, daß Ihr damit Euren Familien und Euch selbst helft? Habt Ihr vergessen, daß wir als Arbeiterklasse in gemeinsamer Arbeit mit der Intelligenz aus Schutt und Trümmern des faschistischen Raubkrieges unsere Betriebe in mühevoller Arbeit wieder aufgebaut haben?

Nehmt Ihr an, daß die barbarischen Zerstörer unserer Heimatstadt Dresden, die amerikanischen Imperialisten, Euch und Euren Kindern Lohn und Brot geben und an der Verbesserung unserer Lebensverhältnisse interessiert sind? Sie freuen sich nur, wenn sich die Arbeiter untereinander uneinig sind und gegenseitig totschlagen. Während Ihr Eure Arbeitsplätze verlassen habt, haben unsere Kumpel in der vergangenen Nacht, um unsere Produktion voll aufrechtzuerhalten, freiwillig eine zweite Schicht gefahren.

Wir lassen es nicht zu, daß die von uns bisher erzielten Erfolge durch die Machenschaften der Feinde der Arbeiterklasse zerstört werden.

Durch unseren persönlichen Einsatz haben wir uns entschieden von den Provokateuren distanziert und sind bereit, jeden, der versucht, unsere friedliche Arbeit zu stören, zu entlarven.

Uns ist klar, daß die Ereignisse der letzten zwei Tage das Machwerk der gleichen Kräfte sind, die Deutschland schon zweimal in das Unglück gestürzt haben und es jetzt ein drittes Mal versuchen. Kein ehrlicher Arbeiter kann sich damit einverstanden erklären, wenn die rote Fahne der Arbeiterklasse in den Dreck getreten wird und die HO- und die Konsumläden angegriffen werden.

Diese Handlungen können nur das Werk von Faschisten sein, die alles, was wir unter schweren Opfern erarbeitet haben, vernichten wollen.

Deshalb, Kolleginnen und Kollegen vom Sachsenwerk Niedersedlitz, rufen wir Euch in ernster Stunde zu: Laßt Euch nicht vor den Karren der amerikanischen Kriegstreiber und der Adenauer-Clique spannen. Unsere Regierung hat selbstkritisch und ehrlich eingesehen, daß sie einige große Fehler gemacht hat. Diese Fehler sind bereits korrigiert, und neue Maßnahmen zur Verbesserung der Lebenslage der werktätigen Bevölkerung der DDR werden vorbereitet.

Auf Vorschlag des Bundesvorstandes des FDGB ist der Beschluß der Regierung vom 28. Mai 1953 über die zehnprozentige Normerhöhung aufgehoben, so daß jetzt kein Grund mehr besteht, die Arbeit niederzulegen. Wir fordern Euch auf: Geht sofort wieder an Eure Arbeitsplätze und erteilt den amerikanischen Imperialisten und ihren deutschen Handlangern eine entschiedene Abfuhr!

Die Arbeiter, Angehörigen der Intelligenz und Angestellten des VEB Edelstahlwerk Döhlen

Für die Erfüllung des Plans!

Stellungnahme der Kollegen der Gewerkschaftsgruppe Arbeitsdirektion, VEB Edelstahlwerk Döhlen

An die Regierung der Deutschen Demokratischen Republik, Berlin

Wir Kolleginnen und Kollegen vom Edelstahlwerk Döhlen treten entschieden den Gerüchten entgegen, die in unserem Werk von Unruhen und Streik sprechen.

Wir erkennen den ehrlichen Protest der Berliner Arbeiter gegen administrative Normerhöhungen an, wenden uns aber schärfstens gegen Provokateure und Brandstifter, die bei dieser Gelegenheit versuchen, Unruhe und Chaos hervorzurufen, und fordern deren Bestrafung.

Von der Regierung aber müssen wir verlangen, daß sie die Lehren aus den gemachten Fehlern zieht und die Verbindung mit der Masse stärker als bisher aufrechterhält, um in Zukunft derartige Fehler und Härten zu vermeiden.

Im Edelstahlwerk Döhlen wird weiter an der Erfüllung des Plans gearbeitet.

Wirtschaft und soziales Leben

In der DDR bestanden im Jahr 1955 laut Statistischem Jahrbuch 19.837 Betriebe aller Eigentumsformen, davon im Bezirk Dresden 2.804 und im Bezirk Leipzig 2.088. Hinzu kamen 4.507 Betriebe im Bezirk Karl-Marx-Stadt, wo sich mit Abstand die größte Anzahl von Unternehmen in einem Bezirk befand. Die drei sächsischen Bezirke machten mit 9.399 Betrieben die Hälfte in der gesamten Sowjetischen Besatzungszone aus, die ungefähr ein Drittel der gesamten Bruttoproduktion erwirtschafteten. 1988 hatten sich die Anteile zwischen den Bezirken leicht verschoben. Die höchste Bruttoproduktion erzielte der Bezirk Halle aufgrund der chemischen Industrie, gefolgt vom Bezirk Karl-Marx-Stadt. Die drei sächsischen Bezirke machten aber immer noch einen Anteil von einem Drittel an der Gesamtindustrieproduktion der DDR aus.

Eine besondere und fast weltgeschichtliche Bedeutung hatte die Sowjetisch-Deutsche Aktiengesellschaft Wismut im westlichen Erzgebirge, die aber Außenstandorte im übrigen Sachsen, bis Königstein, besaß. Die DDR war der viertgrößte Uranlieferant weltweit und die Sowjetunion bezog von ihr das Ausgangsmaterial für Atomwaffen. Noch 1945 waren die ersten sowjetischen Abordnungen im späteren Abbaugebiet und ein Jahr später begann die Förderung. Zahlreiche Arbeiter wurden zunächst zwangsverpflichtet, viele Vertriebene und Flüchtlinge arbeiteten in der Wismut und bezahlten dies mit schweren Gesundheitsschäden.

Betriebe waren in der DDR und so auch in den drei sächsischen Bezirken weit mehr als bloßer »Arbeitgeber«. Anders als in der Bundesrepublik wurden sie nicht betriebswirtschaftlich geführt oder ausschließlich unter der Gewinnrechnung gesehen. Die Betriebe waren vielmehr zusätzlich Träger sozialer Einrichtungen und boten Kindergärten, Betreuung von Schülern (Patenbrigaden), Bibliotheken, medizinische Versorgung, Sportförderung, Orchester, Urlaubsplätze, aber auch Betriebskampfgruppen und ähnliches. Als nach 1990 die großen Betriebe mit mehreren Tausend Beschäftigten zusammenbrachen, folgte für die Entlassenen nicht nur eine Entwurzelung aus dem Arbeitsprozess, sondern auch aus dem kulturell-sozialen Netz, denn mit dem Ende der Betriebe kam auch das Ende der sozialen Einrichtungen dieser Unternehmen. Die Überfrachtung der ostdeutschen Betriebe mit sozialen und kulturellen Aufgaben konnte nach 1990 keine Fortsetzung finden. Die Menschen in der Bundesrepublik, die mit der Möglichkeit der Arbeitslosigkeit vertraut waren, konnten, aufgrund der fehlenden Kenntnisse über die Bedeutung der Betriebe für das soziale Leben in der DDR, zunächst nicht nachvollziehen, welche Erschütterungen es durch die Schließung und Abwicklung von Betrieben in der Bevölkerung gab.

Ein weiterer großer Unterschied zwischen Bundesrepublik und DDR bestand in der Frauenbeschäftigung. In Ostdeutschland arbeiteten 1989 über 90 %, die Hälfte aller Werktätigen waren Frauen. Mitte der 1950er-Jahre war die Frauenbeschäftigungsquote zwischen West- und Ostdeutschland noch fast gleich (ca. 50 %), 1989 betrug sie in der Bundesrepublik nur unwesentlich mehr, 55 %. Auch hier gab es nach 1990 Anpassungen. Heute arbeiten im Durchschnitt 70 % der Frauen in ganz Deutschland.

Unbelastet von der Vergangenheit sollten die Kinder und Jugendlichen in der DDR erzogen werden. Wirtschaft und soziales Leben standen in enger Verbindung. Foto einer Wohnanlage mit Kindergarten in einem der sächsischen Bezirke, 1983

Sachsen seit 1989
Friedliche Revolution und Freistaat

Der 9. November 1989, der Tag der Maueröffnung, änderte alles. Die bisher fast sagenhafte Wirtschaftsleistung der Bundesrepublik wurde nun für jeden DDR-Bürger offenkundig, Arbeitslosigkeit und Wohnungsnot in Großstädten übersah man in der ersten Euphorie. Die DDR hatte dem wenig entgegenzusetzen. Vor allem Ostdeutsche jüngeren und mittleren Alters hatten Angst, durch weitere sozialistische Experimente wertvolle Lebenszeit zu verlieren; diese Generationen waren daher die Triebkräfte des Reformprozesses. Die Opposition verhinderte den Plan des DDR-Ministerpräsidenten Hans Modrow, die Bezirke mit dem alten Personal in Länder zurückzuwandeln, die Länderneugründung musste unbelastet erfolgen. Im Juli 1990 entstand das »Sächsische Forum«, das bei der Vorbereitung der Wiedererstehung des Freistaats entscheidend tätig war. Als am 3. Oktober gleichzeitig mit der deutschen Wiedervereinigung auch das Land Sachsen wieder staatsrechtlich entstand, verfügte es keinesfalls über eine größere Handlungsfähigkeit. Diese musste erst durch die Arbeit des Landtags, der Regierung, der Behörden und der Bürger erreicht werden. Besonders enge Beziehungen beim Verwaltungsaufbau unterhielt Sachsen mit dem in Größe und Struktur vergleichbaren Bundesland Baden-Württemberg. Als erstes der neuen Bundesländer gab sich der Freistaat Sachsen am 6. Juni 1992 eine Verfassung. Sachsen war bei seiner Neuentstehung 1990 größer als 1945, da das Gebiet um Torgau, Eilenburg und Delitzsch hinzukam. Seitdem wurden mehrere Kreisgebietsreformen durchgeführt; die von 1994 (1995 modifiziert) legte z. B. die kleinen Kreise der DDR zu größeren zusammen. Der demografische Wandel war die Ursache für die Kreisreform 2008, die in einigen Landesteilen abgelehnt wurde, da Großkreise entstanden, die bisher kaum identitätsstiftend für die Bevölkerung sind.

Auch in der DDR war Sachsen die wichtigste Industrieregion geblieben, trotz der Förderung der Industrie in den Bezirken der ehemaligen Länder Sachsen, Sachsen-Anhalt und Brandenburg. Die Abwanderung oder Schließung wichtiger Industriebetriebe nach 1945/1990 erschwert bis heute die Wirtschaftslage, da es an zugkräftigen, großen Unternehmen fehlt. Die Treuhandanstalt in Berlin übernahm die noch nicht privatisierten Volkseigenen Betriebe 1990 in ihre Verantwortung, ihre Aufgabe war die Privatisierung der Betriebe, d. h., deren Vermarktung. Aus verschiedenen Gründen war das Ergebnis nach Schließung der Treuhandanstalt 1994 durchwachsen. Industriekerne der DDR wurden zerschlagen; ob sie eine Zukunft unter einer langsameren, aber damals politisch völlig unmöglichen Transformation gehabt hätten, bleibt offen, ist aber unwahrscheinlich. Der Schlüssel zu einem erfolgreichen Aufbau lag zunächst in der Schaffung einer funktionierenden Infrastruktur auf westdeutschem Niveau. Straßen, Eisenbahnlinien und Telekommunikation waren in der DDR hoffnungslos veraltet, die Baubranche war in den ersten Jahren nach 1990 dementsprechend der wichtigste Wirtschaftszweig überhaupt. Die öffentliche Hand richtete Gebäude wieder her, die für Verwaltungs- oder Wohnzwecke genutzt wurden, Unternehmer bauten Bürogebäude und ließen, wie auch viele Immobilieneigentümer, Wohnhäuser sanieren oder restaurieren. Zu Konflikten führte dabei die Frage der Enteignungen in der SBZ und in der DDR. Die Bodenreform blieb nach langem politischem und rechtlichem Streit als Ergebnis des Handelns der Besatzungsmacht bestehen, Enteignungen nach 1949 wurden nach dem Prinzip »Rückgabe vor Entschädigung« behandelt, sodass die Alteigentümer wenigstens die Möglichkeit besaßen, auf den alten Besitz zurückzukehren, wenn auch die meisten Enteignungen vor 1949 erfolgten.

Die Landwirtschaft wurde allerdings umstrukturiert. Nach 1990 konnten wieder Einzelbauern arbeiten, 2008 existierten in Sachsen über 8.000 landwirtschaftliche Betriebe. Die LPGs wandelten sich in Agrargenossenschaften um, Bauern konnten nun austreten und ihre Felder selbst bewirtschaften. Die Zahl der Erwerbstätigen in der sächsischen Landwirtschaft sank dennoch von 105.000 im Jahr 1990 auf 40.000. Eine der großen Hypotheken war die Umweltverschmutzung in der DDR. Am Ende der sozialistischen Diktatur galten nur noch 3 % der Fließgewässer in Sachsen als ökologisch intakt, die Hälfte des Baumbestandes als krank. Aus Böhmen wehte die Industrieluft über den Kamm des Erzgebirges, im Leipziger Raum flossen ungefiltert chemische Schadstoffe in die Flüsse und Seen. Viele Milliarden DM flossen in die Umweltinstandsetzung, die Sanierung der Braunkohlenmondlandschaften der DDR führte z. B. zu guten Ergebnissen in der Naturierung. Ähnlich wie der Aufbau einer modernen Infrastruktur ist auch die Umweltsanierung nach 1990 eine der großen Leistungen des Freistaates. Der Zusammenbruch der ostdeutschen Wirtschaft machte der Bevölkerung eine unterschätzte Gefahr bewusst: die der Arbeitslosigkeit, die bis heute doppelt so hoch ist wie in den alten Bundesländern. Sachsen wies jedoch neben Thüringen die niedrigste Arbeitslosenquote der ehemaligen DDR auf: 1991 lag sie noch unter 10 %, verdoppelte sich bis 2005 und liegt heute wieder auf dem Stand von 1991. Die »betriebliche Heimatlosigkeit« machte die Arbeiter und Angestellten auch im sozialen Leben zunächst heimatlos, der Zorn darüber entlud sich oft gegen Ausländer. Die Ausschreitungen im September 1991 vor einem Hoyerswerdaer Wohnhaus für vietnamesische Vertragsarbeiter markierten den Beginn einer Serie von ausländerfeindlichen Anschlägen in Deutschland. Auch in Sachsen

kam es zu mehreren Todesopfern rechtsextremistischer Gewalt. Eine Schlüsselrolle bei der Entwicklung des Landes kommt der Bildung und Wissenschaft zu. Die drei sächsischen Bezirke verfügten über ein historisch gewachsenes dichtes Netz von Universitäten, Hochschulen, Fachhoch- und Ingenieurschulen. Im Sommer 1991 wurde das sächsische Schulgesetz verabschiedet, das zunächst für kurze Zeit das dreigliedrige, später das zweigliedrige Schulsystem und freie Schulen einführte.
Die Schulzeit bis zum Abitur blieb bei zwölf Jahren wie in der DDR. Die geringe Zahl von Kindern führte zur Schließung mehrerer Hundert Schulen, wodurch vor allem im ländlichen Raum sehr lange Fahrtwege entstanden. Zwischen 1990 und 2000 sank die Zahl der eingeschulten Kinder um fast 60 %. In den PISA-Studien schnitten die sächsischen Schüler sehr gut ab, was den Ruf Sachsens als Bildungsland erneuerte bzw. stärkte. Auch in der Wissenschaft ist Sachsen als überdurchschnittlich gute Ausbildungsstätte bekannt. Die vier Universitäten (Dresden, Leipzig, Chemnitz, Freiberg) und mehrere Fachhochschulen gelten inzwischen auch bei Westdeutschen als attraktiv, zumal die TU Dresden seit 2012 den Status einer Exzellenzuniversität genießt.
Für die insgesamt positive Entwicklung des Freistaates gibt es viele Ursachen. Eine der wichtigsten dürfte aber die stabile politische Lage sein, die durch klare Mehrheiten im Landtag bedingt ist und in der Sachsen von politischen Skandalen nur in einem verhältnismäßig geringen Umfang betroffen wurde. Die Regierungen des Freistaats haben auf eine solide und damit zukunftsfähige Ausgabenpolitik geachtet, sodass Sachsen die niedrigste Pro-Kopf-Verschuldung aller Bundesländer hat und die Schuldenlast in den vergangenen Jahren deutlich reduzieren konnte.

Seit 1989

1989
4. September Erste Montagsdemonstration in Leipzig, die von den Friedensgebeten in der Nikolaikirche ausgeht. Ihr folgen weitere in anderen sächsischen Städten. Am 9. Oktober, zwei Tage nach dem »Republikgeburtstag« der DDR, nehmen 70.000 Demonstranten an der Montagsdemonstration in Leipzig teil.
4. Oktober Die Volkspolizei löst gewaltsam die Demonstration vor dem Hauptbahnhof in Dresden auf, die sich wegen der Durchfahrt der Züge mit den Flüchtlingen aus der Prager Botschaft gebildet hatte.
7. Oktober Erstmals gelingt es der Volkspolizei nicht, eine Demonstration aufzulösen (in Plauen/Vogtland).
8. Oktober Bildung der »Gruppe der 20« in Dresden, die das Gespräch mit dem Oberbürgermeister und anderen Vertretern der Staatsmacht führen. Erstmals finden auf offizieller Ebene Gespräche zwischen Opposition und Regierung statt.
6. November An der Leipziger Montagsdemonstration nehmen 500.000 Menschen teil. Erich Honecker war als Staats- und Parteichef am 17. Oktober zurückgetreten, ihm folgt Egon Krenz (bis 6. Dezember).
9. November Die Öffnung der Berliner Mauer und die Grenzöffnung zur Bundesrepublik lässt Tausende Menschen die vogtländisch-bayrische Grenze passieren.

1990
18. März Erste freie Volkskammerwahlen in der DDR, aus der die Allianz für Deutschland aus CDU, Demokratischem Aufbruch und Deutsche Soziale Union (DSU) als Gewinner hervorgehen, die einen schnellen Beitritt der DDR zur Bundesrepublik anstreben.
6. Mai Erste freie Kommunalwahlen, aus der die CDU mit 34,7 % als Sieger hervorgeht.
17. Mai Das Gesetz über die Selbstverwaltung der Gemeinden und Kreise der DDR (Kommunalverfassung) gibt den Gemeinden ihre Selbstständigkeit zurück.
1. Juli Die Wirtschafts-, Währungs- und Sozialunion zwischen der DDR und der Bundesrepublik tritt in Kraft. Die Deutsche Mark ersetzt die Mark der DDR.
22. Juli Das Ländereinführungsgesetz der DDR stellt die Länder in Ostdeutschland mit Wirkung vom 3. Oktober wieder her.
31. August Einigungsvertrag zur Wiedervereinigung der beiden deutschen Staaten.
3. Oktober Wiedervereinigung Deutschlands. Damit werden gleichzeitig die fünf neuen Bundesländer gegründet, darunter auch der Freistaat Sachsen.
14. Oktober In den Landtagswahlen erreicht die CDU die absolute Mehrheit von 53,8 % und kann ohne Koalitionspartner regieren.
27. Oktober Auf der konstituierenden Sitzung des Landtags wird Kurt Biedenkopf (CDU) zum sächsischen Ministerpräsidenten gewählt.

1991
1. Januar Die Regierungspräsidien Dresden, Leipzig und Chemnitz werden als Mittelinstanz zwischen Landesregierung und Kreisen eingerichtet.
16. April Beschluss über eine Kreisgebietsreform, nach der die neuzubildenden Kreise jeweils mindestens 125.000 Einwohner haben sollten. Aufgrund des Einspruchs mehrerer Kreise sind drei Änderungsgesetze erforderlich, sodass die Umsetzung 1995 stattfindet.

21. April Die Gemeindeordnung beseitigt die Kommunalverfassung der DDR.
25. Juli Inkrafttreten des Hochschulerneuerungsgesetzes, das die Struktur und Aufgaben sächsischer Universitäten und Hochschulen regelt.
1. August Inkrafttreten des Schulgesetzes als grundlegendes Gesetz für das sächsische Schulwesen.
31. Dezember Der Mitteldeutsche Rundfunk nimmt den Sendebetrieb auf.

1992
11. Februar Erster Staatsvertrag mit Thüringen zur Festlegung der Ländergrenzen.
26. Mai Verabschiedung der sächsischen Verfassung im Landtag, die am 6. Juni in Kraft tritt.
4. bis 6. September Der erste »Tag der Sachsen« findet in Freiberg statt.

1993
22. Januar Leipzig wird Sitz des Sächsischen Verfassungsgerichtshofs.
31. Juli Die Landkreisordnung tritt in Kraft, die die Aufgaben der Landkreise regelt.

1994
4. Mai Neuerrichtung des römisch-katholischen Bistums Görlitz.
15. Mai Gründung der Sächsischen Akademie der Künste.
1. August Das Kulturraumgesetz tritt in Kraft, das die Finanzierung der nicht staatlichen Kultureinrichtungen regelt.
31. August Abzug der letzten Sowjet-(GUS-)Truppen aus Sachsen.
11. September Bei den Landtagswahlen kann die CDU ihren Stimmenanteil auf 58,1 % steigern.

22. September Zweiter Staatsvertrag mit Thüringen zur Festlegung der Ländergrenzen.

1998
13. Juni Eröffnung der ersten Sächsischen Landesausstellung im Kloster St. Marienstern in Panschwitz-Kuckau. Zwei weitere folgen: 2004 in Torgau, 2011 in Görlitz.

1999
30. April Inkrafttreten des »Gesetzes über die Rechte der Sorben«, die als nationale Minderheit einem besonderen Schutz des Staates unterliegen.
19. September Bei den Landtagswahlen siegt erneut die CDU mit 56,9 %.

2001
9. August Eröffnung des sächsischen Landesgymnasiums St. Afra für Hochbegabtenförderung in Meißen, einer der drei ehemaligen sächsischen Fürstenschulen.
15. September Wahl Georg Milbradts zum sächsischen CDU-Vorsitzenden.

2002
18. April Nach dem Rücktritt Biedenkopfs wird Georg Milbradt zum Ministerpräsidenten gewählt.
August »Jahrhunderthochwasser« an der Elbe und anderen Flüssen in Sachsen.
26. August Leipzig wird Sitz des Bundesverwaltungsgerichts.

2003
10. September Verwaltungsverfahrensgesetz für den Freistaat Sachsen, das die Verwaltungstätigkeit der Behörden regelt.

2004
1. Januar Vereinigung der evangelischen Kirche der schlesischen Oberlausitz (Görlitz) mit der Brandenburgischen Landeskirche.
19. September Bei den Landtagswahlen muss die CDU starke Stimmenverluste hinnehmen (41,1 %), und bildet mit der SPD eine Regierung.

2005
30. Oktober Weihe der Frauenkirche Dresden, die seit 1994 wiedererrichtet wurde.
31. Dezember Die Arbeitslosenquote in Sachsen beträgt 20 %.

2006
13. Mai Eröffnung des Schlesischen Museums in Görlitz.

2007
26. August Übernahme der 1992 gegründeten Landesbank Sachsen gegen eine Bürgschaft des Freistaates Sachsen durch die Landesbank Baden-Württemberg. Die Bank war in eine Liquiditätskrise geraten; die Höhe der Bürgschaft beträgt 2,75 Milliarden Euro. Im Zuge der Landesbankenkrise muss Ministerpräsident Georg Milbradt seinen Rücktritt erklären (14. April 2008).

2008
28. Mai Wahl Stanislaw Tillichs (CDU) zum Ministerpräsidenten.
1. August Inkrafttreten der umstrittenen Kreisgebietsreform, die zehn Großkreise errichtet (vorher 22). Kreisfreie Städte bleiben Chemnitz, Dresden und Leipzig.

2009
4. Juni Besuch Sachsens durch den US-amerikanischen Präsidenten Barack Obama.
30. August Bei den Landtagswahlen erreicht die CDU 40,2 % und geht mit der FDP eine Koalition ein.

2011
1. bis 5. Juni Der Evangelische Kirchentag findet in Dresden statt.
13. Juni Seligsprechung des römisch-katholischen Priesters Alios Andritzki in Dresden.
November Bekanntwerden der rechtsextremistischen Vereinigung »Nationalsozialistischer Untergrund« in Zwickau, die mindestens neun Menschen ausländischer Abstammung in Deutschland ermordet hat.

2012
15. Juni Die TU Dresden erhält den Status einer Elite-Universität.

2013
Juni Hochwasser in Sachsen, das aufgrund der umgesetzten Schutzmaßnahmen weniger Schaden anrichtet als 2002.

Erstmals gelang es am 7. Oktober 1989 in Plauen/Vogtland der Staatsmacht nicht mehr, auch nicht unter Anwendung von Gewalt, eine Demonstration aufzulösen. Dieser Sieg der Bürgerbewegung fand Ausdruck im 2010 errichteten Wende-Denkmal in Plauen, das der Künstler Peter Luban schuf.

Bundesland Sachsen 1990 und Kreisreformen

Die Grenzziehung der 1990 wiedererrichteten Länder weist zum Teil erhebliche Unterschiede zu den Vorkriegsgrenzen auf. Die Diskussion um den Zuschnitt der »neuen Bundesländer« war 1990 durch eine Vielzahl von Überlegungen bestimmt. Berücksichtigt wurden dabei: die historischen Grenzen, der Wille der Bevölkerung, aber auch die fast 40 Jahre dauernde Existenz der Bezirke, die zu anderen Strukturen geführt hatte. So durchschnitt die Grenzziehung von 1990 das Industriegebiet Leipzig-Halle, das seit 1952 in einem Bezirk vereinigt war. Auch die Teilung der Lausitz und damit der Sorben wurde nicht beendet, da kein Bundesland, weder Brandenburg noch Sachsen, auf den jeweiligen Anteil verzichten wollte. Bestrebungen der Sorben in der DDR, in einem Bezirk zusammengefasst zu werden, waren ebenso wenig verwirklicht worden. Von Thüringen wechselten einige Gemeinden zu Sachsen, während Altenburg als ehemaliges ernestinisches Herzogtum Sachsen-Altenburg bei Thüringen verblieb. Im Norden wurde das Gebiet um Torgau-Eilenburg-Delitzsch Sachsen zugeschlagen, das seit 1815 preußisch war, 1947, nach der Auflösung Preußens, an das neu gegründete Land Sachsen-Anhalt kam und 1952 an den Bezirk Leipzig. Insgesamt jedoch entspricht das Territorium des heutigen Bundeslandes Sachsen den Grenzen von 1815. Einer tief greifenden Länderneuordnung oder Zusammenlegung zu einem Land »Mitteldeutschland«, wie sie schon 1990 diskutiert wurden, blieb bis heute jede politische Realität verwehrt. Dies gilt auch für das andere Extrem. 1989/90 gab es Bestrebungen in einzelnen Landesteilen wie Niederschlesien oder dem Vogtland, eigene Bundesländer zu gründen. Diese politischen »Kleinstaaten« wären jedoch nicht lebensfähig gewesen.

Die 1952 gebildeten 48 Kreise wurden in der Kreisgebietsreform von 1994 bis 1996 durch Landkreise mit einer Mindestbevölkerungszahl von 125.000 Einwohnern ersetzt. Sieben kreisfreie Städte (Chemnitz, Dresden, Leipzig, Görlitz, Hoyerswerda, Plauen und Zwickau) folgten auf die ursprünglichen sechs. Die stark umstrittene Kreisreform von 2008 nahm den demografischen Wandel, den Rückgang der Bevölkerung, vorweg. Somit existieren neben den drei kreisfreien Städten Dresden, Leipzig und Chemnitz heute zehn Kreise in Sachsen. Nur in geringem Maß orientierte sich die Kreisgliederung an den historisch gewachsenen Strukturen.

Bundesland 1990 und Kreisgliederung seit 2008

BZ Bautzen
C Chemnitz
ERZ Erzgebirgskreis
DD Dresden
FG Mittelsachsen
GR Görlitz
MEI Meißen
L Leipzig
PIR Sächsische Schweiz-Osterzgebirge
TDO Nordsachsen
V Vogtlandkreis
Z Zwickau

Die Grenzen des 1990 wiedergegründeten Freistaats Sachsen entsprechen nur zum Teil denen vor 1952. Durch zwei Kreisreformen haben sich die administrativen Zuständigkeiten seit 1990 deutlich geändert.

Wahlergebnisse seit 1990

Am 14. Oktober 1990, zwei Wochen nach der Wiederherstellung des Freistaats Sachsen, wählten die Bürgerinnen und Bürger das erste Mal seit 1930 in demokratischer, freier, gleicher und geheimer Wahl den Landtag, aus der die CDU mit über 53% Stimmenanteil als deutlicher Sieger hervorging. Mit absoluter Mehrheit regierte sie den Freistaat, mit dem Ministerpräsidenten Kurt Biedenkopf an der Spitze, bis 2004. Anders als in den meisten anderen neuen Ländern erwiesen sich die politischen Verhältnisse in Sachsen als im Wesentlichen sehr stabil. Die für die ostdeutschen Länder fast typischen kurzen Amtszeiten der Ministerpräsidenten Anfang der 1990er-Jahre, wie in Mecklenburg-Vorpommern, Sachsen-Anhalt oder Thüringen, gab es in Sachsen nicht und dies verschaffte dem Freistaat eine zusätzliche Stabilität. In der Legislaturperiode von 1990 bis 1994 war der Landtag ein Fünf-Parteien-Parlament (CDU, SPD, PDS, FDP und Bündnis 90/Grüne), von 1994 bis 2004 waren aufgrund der Fünf-Prozent-Hürde nur drei Parteien im Landtag vertreten (CDU, SPD, PDS). Auch der Einzug der NPD in den Landtag im Jahr 2004, dem politisch mit einer gemeinsamen Strategie der anderen Fraktionen im Landtag begegnet wird, rief keine Destabilisierung hervor. Der noch nach 1945 in Sachsen starken SPD gelang es seit 1990 nicht, in ihrem Stammland einen dem Bundesdurchschnitt entsprechenden Wähleranteil auf sich zu vereinigen. Sie beteiligte sich von 2005 bis 2009 an der großen Koalition mit der CDU; seit 2009 regiert die CDU mit der FDP. 2002 trat Biedenkopf zurück; der Landtag wählte Georg Milbradt zum Ministerpräsidenten. Seit 2009 führt Stanislaw Tillich den Freistaat Sachsen als erster gebürtiger Sachse nach 1990.

Ein deutlicher Unterschied zu den westlichen Bundesländern besteht in der relativ geringen Mitgliederstärke der Parteien in den ostdeutschen Ländern, die damit auch eine geringere politische Kampagnenfähigkeit besitzen. Die Parteien stellen in der Demokratie das Rückgrat der Politik dar, sodass ihre unzureichende Verwurzelung in der Bevölkerung langfristig Nachteile für die demokratische Entwicklung des Landes bedeuten kann.

Wahlergebnisse zum sächsischen Landtag

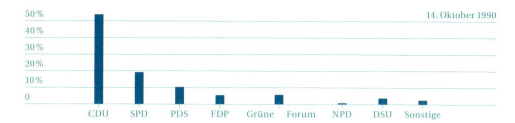

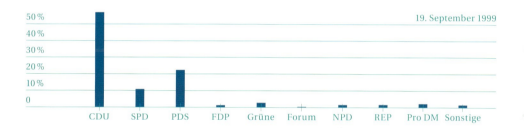

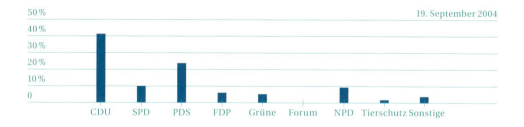

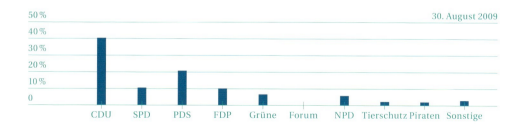

Umbau der Wirtschaft

Die Menschen nach 1990 erhofften sich Teilhabe an der gesamten Gesellschaft, am politischen, sozialen und wirtschaftlichen Leben. Sachsen bot dafür von allen Bundesländern die besten Voraussetzungen, gleichzeitig aber auch die schlechtesten. Es war ein industrielles Kernland, jedoch war der Maschinenpark oft hoffnungslos veraltet. Die Textilindustrie, die schon in Westdeutschland nicht mehr rentabel zu betreiben war, gehörte zu den wichtigsten Branchen, vor allem im Bezirk Karl-Marx-Stadt. Bessere Zukunftsaussichten hatten der Maschinen- und Werkzeugmaschinenbau, traditionell eine der wichtigsten Exportindustrien Deutschlands, und die sächsische Automobilfertigung. Im Bezirk Dresden lagen die Schwerpunkte vor allem bei der optischen, der Computer- und der Nahrungsmittelindustrie. Die Einführung der D-Mark am 1. Juli 1990 traf jedoch alle Wirtschaftszweige hart. Die Absatzmärkte im Osten, aber auch im Westen, brachen zusammen, weil die VEBs auf einen Schlag zu Marktbedingungen produzieren mussten. Die Produkte waren durch die Umstellung auf die D-Mark nicht mehr konkurrenzfähig, zumal die Zahl der Belegschaften viel zu hoch war. Die deutsche Politik hoffte auf die Selbstregulierung des Marktes, diese war aber angesichts der wirtschaftsrevolutionären Umwälzung nach 1990 überfordert und konnte, zumindest in einer politisch akzeptablen Zeit, nicht greifen. Die nach der Einheit in ganz Ostdeutschland boomende Baubranche reduzierte sich in den letzten Jahren auf einen marktwirtschaftlich gerechtfertigten Anteil. Die wirtschaftlichen Probleme Sachsens waren auch allgemein die der neuen Bundesländer überhaupt.

Die sächsische Politik versuchte recht erfolgreich, mittels wirtschaftlicher »Leuchttürme« industrielle Wachstumskerne aufzubauen, um die sich weitere Unternehmen ansiedeln sollten. Es handelt sich dabei um die IT-Branche in Dresden und Umgebung, um die Automobilindustrie in der Chemnitz-Zwickauer Region und im Leipziger Raum sowie um die pharmazeutische und Biotechnologie, ebenfalls in Dresden. In den vergangenen Jahren entstand in und um Freiberg die Solarindustrie, die jedoch seit 2012 vor einer unsicheren Zukunft steht. Wegfallende Subventionen und billigere Produkte aus China lassen offen, wie es mit diesem »Leuchtturm« weitergeht. Sachsen ist heute weit von einer wirtschaftlichen Stärke, wie sie vor 1945 bestanden hatte, entfernt. Perspektivisch werden sich wohl Wirtschaftsräume im Land bilden, etwa in Dresden-Freiberg, Chemnitz-Zwickau und Leipzig, die dadurch eine positive demografische Entwicklung erfahren könnten.

Die Erweiterung des BMW-Werkes in Leipzig, einer der industriellen Wachstumskerne in Sachsen nach 1990. Aufnahme von 2011

Demografische Entwicklung

Der Schlüssel für die Zukunftsfähigkeit Sachsens liegt in der demografischen Entwicklung. Nur eine ausreichend junge Bevölkerung, sowohl auf dem Land als auch in der Stadt, garantiert eine hohe Wirtschaftsleistung, genügend Steuereinnahmen und damit wiederum Investitionen, die zur Familiengründung und zum Zuzug nach Sachsen animieren. Seit 1990 verlor der Freistaat über 750.000 Menschen durch Fortzug, d. h. ein Siebentel der Gesamtbevölkerung. Die meisten verließen Sachsen in den Jahren 1990 bis 1992, doch seitdem gibt es nur wenige Jahre mit einer ausgeglichenen oder sogar positiven Wanderungsbilanz. Es sind vor allem die Jungen, die, meist gezwungenermaßen, dem Freistaat den Rücken kehren und damit jene, die am nötigsten sind, da sie für die Erhöhung der Geburtenziffer sorgen würden. Jeder vierte Sachse ist älter als 65 Jahre. Schon nach 1961 wanderten jedoch mehr Menschen aus den drei sächsischen Bezirken ab als dazu kamen; es handelt sich demnach um keine neue Entwicklung; Sachsen überalterte schon in der DDR schneller als andere Regionen. Bedingt durch die unsichere wirtschaftliche Situation nach 1990 erreichte die Geburtenzahl 1994 ihren Tiefststand. Der Rückgang der Geburten macht 75 % des Bevölkerungsrückgangs aus, ein Viertel ist durch Fortzüge bedingt. Doch Kinder, die nicht geboren werden, können auch später keine Kinder bekommen. Die Hauptursache für den negativen Geburtentrend ist das Fehlen der potenziellen Mütter. So besteht die einzige Möglichkeit eines positiven Geburtentrends in einer Zuwanderung aus anderen (deutschen) Ländern oder einer durchschnittlich erhöhten Kinderzahl pro Frau. Erzielen die prosperierenden Großstädte wie Dresden und Leipzig Bevölkerungszugewinne, sinkt die Zahl der Menschen in wirtschaftlichen Problemregionen, vor allem in ländlichen Zonen durch Abwanderung und Geburtenrückgang. Bereits mittelfristig besteht die Gefahr der Abkopplung ländlicher Regionen nicht nur im kulturellen Leben oder dem Angebot an Arbeitsplätzen, sondern auch in einer schlechteren Infrastruktur, in medizinischer Versorgung und Schulen sowie unbefriedigenden Einkaufsbedingungen.

Zuverlässig kann die Bevölkerungsentwicklung bis 2025 prognostiziert werden, denn schon früher als andere Bundesländer hat sich der Freistaat Sachsen der Erforschung der demografischen Entwicklung gestellt und Handlungsszenarien entworfen. Keine Entwicklung ist unumkehrbar und selbst wenn die Negativszenarien eintreffen, können die damit zusammenhängenden Probleme gelöst werden.

Zu- und Abwanderung

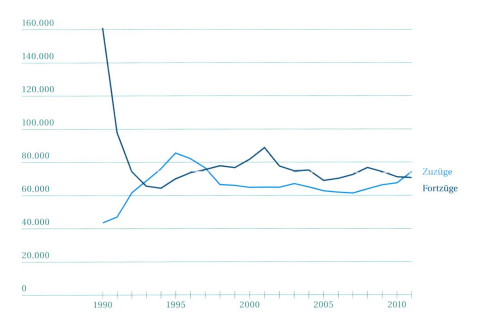

In der Bevölkerungsentwicklung Sachsens liegt der Schlüssel für die Zukunft des Landes. Die Zahl der in Sachsen lebenden Menschen wird weniger werden und nach sicheren Prognosen im Jahr 2025 wieder den Stand des Jahres 1895 erreichen. Die Altersstruktur wird sich weiter zu den Älteren, sich im Ruhestand befindenden Menschen verlagern.

Zukunft und Hoffnung

Das Meinungsforschungsinstitut Emnid befragte 2013 die sächsische Bevölkerung repräsentativ nach den persönlichen und sächsischen Zukunftsaussichten, die auch durch die Langzeitwirkungen sächsischer Geschichte beeinflusst werden. Danach beurteilten 77 % aller Befragten die wirtschaftliche Situation besser als in den anderen neuen Ländern, Sachsen brauche den Vergleich mit den alten Ländern nicht zu scheuen. 66 % sehen die Zukunft des Freistaats optimistisch. Die persönliche wirtschaftliche Lage wird von 58 %, die Sachsens von 55 % positiv gesehen. Trotz der Euro- und Schuldenkrise sanken die Werte gegenüber 2012 kaum. 84 % der Befragten stimmten der Aussage zu, dass die Sachsen auf das seit 1990 Erreichte stolz sein könnten. Das sächsische Bildungssystem findet trotz aller Schulschließungen großes Vertrauen, was sicher auch auf die positiven Ergebnisse der PISA-Tests zurückzuführen ist. Als wichtigste Felder für größere Ausgaben werden die Bekämpfung der Arbeitslosigkeit und die sozialen Probleme genannt. Die sächsische Bevölkerung gilt in Ostdeutschland als besonders heimatverbunden und traditionsbewusst. Das sächsische Bewusstsein hatte von Anfang an auch eine wichtige Funktion als Wirtschaftsmotor inne. Der erste Ministerpräsident nach 1990, Kurt Biedenkopf, sah deshalb die sächsische Identität vom Beginn seiner Amtszeit als besonderes Zugpferd bei der Entwicklung des Freistaates an. So war Sachsen auf Anregung Biedenkopfs das erste der neuen Bundesländer, welches einen Landestag (»Tag der Sachsen«) feierte. Diese Strategie erwies sich als richtig. Ohne die gefestigte, auch in der Zeit von 1952 bis 1989/90 erhalten gebliebene sächsische Identität wären diese hohen Werte bezüglich einer positiv besetzten Zukunft nicht möglich. So meinen 52 % aller Befragten einer anderen Umfrage, die in ganz Deutschland durchgeführt wurde, Sachsen habe ein positives Image und weise interessante Kulturstätten auf. Wenn Sachsen den eingeschlagenen Weg der weltoffenen Entwicklung von Bildung, Wissenschaft, Wirtschaft und Kultur, der der Entwicklung der vergangenen Jahrhunderte entspricht, fortsetzt und jeweils den neuen Entwicklungen anpasst, wird er auch für das 21. Jahrhundert zukunftsträchtig sein.

Erwartung der Zukunft

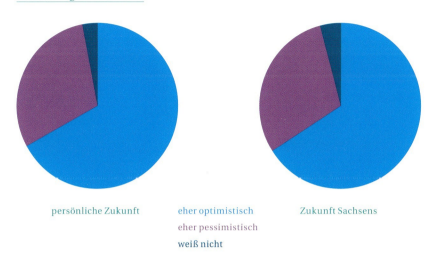

persönliche Zukunft eher optimistisch Zukunft Sachsens
eher pessimistisch
weiß nicht

Zwei Drittel der Sachsen sehen heute die Zukunft ihres Landes optimistisch: Das seit 1990 Erreichte und die starke Identität und Identifizierung der Bevölkerung, u. a. mit der Geschichte des Landes, bilden ein sicheres Fundament.

Mehrheit ist stolz auf die Entwicklung Sachsens seit 1990

lehne völlig ab | stimme völlig zu
lehne eher ab | stimme eher zu

Im Gegensatz zu den anderen ostdeutschen Ländern (außer Brandenburg) weist Sachsen seit 1990 eine stabile demokratische Entwicklung auf, die sich auch in den Wahlergebnissen widerspiegelt. Dies ist einer der Gründe für den insgesamt wirtschaftlichen Erfolg Sachsens seit der Wiedervereinigung.

Register

Orte (außer Sachsen, Dresden und Leipzig)
Altenburg S. 22, 25, 26, 28, 29, 31, 36, 38, 42, 44, 46–49, 65, 73, 78, 210, 224
Altzelle S. 25, 59
Annaberg S. 56, 59, 60, 61, 71, 76, 137, 177–179, 189, 191, 210
Annaburg S. 77
Arnshaugk S. 77
Aue S. 177, 178, 189, 191, 210
Auerstädt S. 113, 128
Augsburg S. 78, 96
Augustusburg S. 71, 77, 189
Aussig S. 48
Baden S. 116, 124, 136, 140, 216, 222
Bautzen S. 10–12, 22, 24, 27, 29, 38, 42, 43, 46–48, 61, 68, 69, 91, 105, 119, 130, 134, 137, 153, 156, 163, 168, 177–179, 189, 191, 193, 198, 203, 210, 225
Beesenstedt S. 28
Beeskow S. 58, 60
Beierfeld S. 104, 105
Berg S. 58, 59, 79, 81
Berlin S. 98, 101, 128, 136, 146, 183, 196, 199, 203, 210, 217, 220
Böhmen S. 13, 14, 20, 21, 24, 27, 28, 30, 31, 41–46, 49, 50, 73, 74, 88, 108, 183, 218
Boritz S. 13, 24
Borna S. 43, 44, 60, 61, 177, 189, 193, 210
Brandenburg-Preußen S. 86, 101, 108, 142
Braunschweig-Lüneburg S. 82
Breitenfeld S. 80, 86
Brügge S. 59
Brüx S. 48, 49
Buch S. 26
Chemnitz S. 25, 31, 36, 38, 42, 44–46, 48, 71, 86, 91, 104, 105, 119, 137, 141, 143, 150, 155, 159, 166, 168, 177–179, 186, 188, 189, 191, 193, 194, 196, 197, 199, 203, 210, 219, 220, 222, 224, 225, 228
Chutici, Gau S. 12
Coburg S. 44, 76
Cölbigk S. 12
Colditz S. 13, 24, 25, 45–47, 119, 191
Corvey S. 14
Cottbus S. 91, 128
Crimmitschau S. 119, 141, 178, 183
Dahlen S. 102
Daleminzien, Gau S. 11
Dänemark S. 96, 100, 127
Delitzsch S. 71, 102, 179, 193, 216, 224
Deutschneudorf S. 88
Döben S. 13, 36
Döbeln S. 48, 61, 71, 108, 137, 177–179, 189, 193, 210
Doberschau S. 12
Dohna S. 25, 26, 36, 43, 46, 47
Dolgowitz S. 12
Dux S. 46
Ehrenfriedersdorf S. 141
Eilenburg S. 14, 46, 47, 80, 119, 193, 194, 210, 216, 224
Eisenach S. 30, 76, 129
Elterlein S. 158
Erzgebirge S. 16, 22, 34–36, 44, 61, 75, 76, 83, 88, 138, 157, 163, 172, 174, 189–190, 214, 218, 224
Frankenhausen S. 61
Frankreich S. 82, 108, 112, 115, 116, 122, 124, 128, 134, 138, 145, 146, 161, 163
Frauenstein S. 49
Freiberg S. 22, 25–27, 29, 30, 42, 43, 46, 49, 58, 60, 62, 63, 76, 86, 99, 104, 105, 108, 114, 137, 154, 155, 167, 177–179, 189, 191, 193, 196, 197, 210, 219, 221, 228
Freital S. 178, 197, 210
Friedrichsthal S. 104, 105
Friesland S. 56, 59, 60
Frohnau S. 75
Fulda S. 30
Gana S. 10
Georgenfeld S. 88
Gera S. 27, 28, 42, 44, 49
Geringswalde S. 27
Glauchau S. 137, 178, 189, 193, 210
Göda S. 12
Gohrisch S. 140
Görlitz S. 22, 29, 42, 43, 45, 48, 59, 63, 68, 91, 119, 137, 157, 166, 179, 191, 193, 199, 206, 210, 212, 221, 222, 224, 225
Gotha S. 43, 76
Grimma 38, 47, 64, 105, 119, 189, 193, 210
Grobi S. 13
Groitzsch S. 13, 14, 24, 25, 30, 33, 34
Großenhain S. 38, 47, 48, 71, 105, 119, 129, 137, 148, 189, 193, 210
Großgörschen S. 128, 134
Großsedlitz S. 102
Halle S. 25, 43, 106, 154, 194, 214, 224
Hamburg S. 164, 196
Hammerleubsdorf S. 188, 189
Hammerunterwiesenthal S. 88
Henneberg S. 78
Herrnhut S. 97, 105
Hochkirch S. 108
Hof/Stauchitz S. 10, 189
Hohenmölsen S. 13
Hohnstein S. 49, 191
Hoyerswerda S: 49, 108, 122, 193, 218, 224
Hubertusburg S. 102, 108, 109, 119, 193
Jena S. 128
Johanngeorgenstadt S. 81, 88, 191, 210
Jülich S. 58, 59, 79
Kamenz S. 27, 28, 42, 43, 62, 68, 137, 189, 191, 193
Kesselsdorf S. 99

Kleinjena S. 12
Kleve S. 79
Kloster Mildenfurth S. 26
Kloster Pegau S. 14, 24
Kloster Pforte (Schulpforta) S. 25, 63
Kloster Schwarzach S. 14
Kloster St. Emmeram S. 28
Kloster St. Marienstern S. S. 28, 221
Kloster St. Marienthal S. 27
Kloster Zschillen S. 25, 29
Königgrätz S. 127, 132
Königstein S. 108, 131, 191, 214
Königswalde S. 204
Kössern S. 102
Kotzschenbroda S. 80
Krakau S. 100, 101
Kühren S. 25
Landsberg S. 28–29, 30, 42, 43
Lauban S. 43, 68, 119
Lausick S. 24
Lausitz S. 12, 16, 18, 25-30, 34, 40, 42–44, 48, 58, 60, 61, 64, 68, 69, 73, 75, 79, 80, 88, 108, 120, 129, 130, 147, 207, 220, 224
Lauterberg S. 25
Lechfeld S. 10
Leisnig S. 13, 24–26, 31, 34, 36, 42–44, 61, 193
Lichtenwalde S. 102
Livland S. 93, 96, 100
Löbau S. 43, 68, 137, 178, 179, 189, 193, 210
Löbsal S. 10
Lucka S. 30, 36
Lützen S. 80, 86, 128, 134
Magdeburg S. 11, 18, 42, 44, 64, 78–80, 90, 91
Mansfeld S. 78
Marienberg S. 56, 61, 189, 210
Markkleeberg S. 191, 196
Markneukirchen S. 119, 188
Maxen S. 99, 108
Mecklenburg S. 88, 226
Meerane S. 107, 177–179
Meißen S: 10–14, 18, 20–22, 24–31, 33, 36, 38, 42–49, 54, 48, 63, 68, 71, 76–79, 83, 97, 104, 105, 137. 145, 166, 177, 178–179, 189, 193, 210, 221, 225
Merseburg S. 8, 11, 12, 18, 20, 21, 63, 64, 76, 90, 91, 98, 102, 166
Mildenstein S. 27, 31
Milska, Gau S. 13, 14, 25
Minkwitz S. 27
Mittweida S. 48, 119, 157, 177–179, 189, 191, 192
Moritzburg S. 102, 154, 155
Moskau S. 128
Mügeln S. 11, 28, 78
Mühlberg S. 46, 64, 71, 119, 203
Mutzschen S. 44

Naumburg S. 12, 13, 24, 47, 48, 49, 65, 76, 119
Neschwitz S. 102
Neusalza S. 88
Neuwernsdorf S. 88
Niederauerbach S. 129
Niederwartha S. 14
Niesky S. 191, 210, 212
Nisan, Gau S. 11, 13, 14, 24, 25
Nischwitz S. 102
Oelsnitz S. 47, 177, 179, 189, 191, 202, 210
Ossegg S. 46
Osterland S. 30, 31 47, 49, 54, 64
Osterwin S. 24
Panschwitz-Kuckau S. 221
Pausa S. 77, 119
Pegau S. 47, 61, 71, 193
Penig S. 42, 44, 119, 130, 191
Pesterwitz S. 26
Pfalz S. 111
Pirna S. 30, 47, 48, 50, 62, 71, 99, 108, 119, 137, 177–179, 183, 186, 189, 191, 193, 196, 197, 210, 212
Plauen S. 24, 27, 28, 31, 42, 44, 48–50, 77, 91, 105, 119, 137, 141, 177–180, 188, 189, 191, 193, 196, 197, 210, 220, 224
Pleißenland S. 26, 28–31, 34, 36, 47, 54
Pockau-Görsdorf S. 194
Pöhlde S. 11
Polkenberg S. 13
Pommern S. 88
Prag S. 11, 16, 44, 45, 47, 58, 73, 79, 130, 154, 200, 201, 203, 205, 220
Pressburg S. 49, 116
Pretzsch S. 104, 105
Püchau S. 10
Pultusk S. 96
Purschenstein S. 83
Rammenau S. 102
Rawa S. 96
Reichenau S. 179, 206, 207
Reichenbach S. 44, 134, 137, 157, 177–179, 197, 210
Remse S. 25, 130
Riesa S. 24, 177, 193, 210, 212
Riesenburg S. 46
Rochlitz S. 12, 13, 25, 33, 45, 49, 62, 64, 71, 119, 189, 191, 210
Rochsburg S. 44, 130
Roßbach S. 108
Rötha S. 102, 103
Russland S. 93, 96, 100, 108, 124, 128, 134, 136, 145
Sachsenburg S. 71, 77, 189, 190, 195
Sagan S. 58
Schellenberg S. 42, 71
Schkeuditz S. 12, 194
Schlesien S. 42, 43, 58, 86, 94, 98, 99, 224

Schneckengrün S. 188, 189
Schneeberg S. 56, 58, 59, 76, 210
Schreckenberg S. 59
Schwarzenberg S. 62, 177, 183, 186, 210
Schweden S. 74, 80, 93, 96, 97, 100, 134
Senftenberg S. 49, 71
Seußlitz S. 28
Sorau S. 58, 119
Stollberg S. 44, 189, 210
Stolpen S. 28
Storkow S. 58, 60
Strehla S. 11, 13, 24, 28, 45, 46, 183
Sybillenort S. 146
Tangermünde S. 42
Tharandt S. 71, 128, 129, 154, 155
Thorun S. 26
Thüringen S. 27, 28, 30, 31, 33, 34, 36, 54, 61, 88, 168, 218, 221, 224–226
Torgau S. 24, 38, 42, 58, 99, 105, 108, 119, 122, 183, 193, 198, 203, 210, 216, 221, 224
Vogtland S. 34, 36, 44, 75–77, 83, 106, 138, 157, 166, 172, 188, 190, 196, 201, 203, 220, 224, 225
Voigtsberg S. 77
Waldenburg S. 44, 131, 138
Waldheim S. 105, 193, 198, 203
Warschau S. 98, 99, 101, 124, 128, 129, 134, 203
Wechselburg S. 25, 29, 122
Wehlen S. 115, 122
Weida S. 26, 27, 28, 42, 44, 49, 77, 105, 119,
Weißenfels S. 26, 28, 44, 71, 80, 90, 91, 99, 119
Welfesholz S. 24
Werdau S. 178, 179, 210
Wien S. 75, 82, 106, 136
Wiesa S. 178
Wildenstein S. 49
Wilsdruff S. 108
Wittenberg S. 48, 54, 55, 60, 63, 64, 72, 91, 108, 120, 154
Wolkenstein S. 60, 61
Woz S. 13
Wurzen S. 24, 28, 29, 63, 78, 129, 179, 193, 210
Zagost, Gau S. 25
Zeitz S. 11, 12, 18, 21, 90, 91, 97, 119
Ziegenrück S. 77
Zinna S. 81
Zittau 28, 30, 43, 44, 59, 68, 105, 108, 119, 134, 137, 177–179, 189, 193, 206, 210
Zöthain S. 10
Zwenkau S. 11, 193
Zwickau S. 22, 24, 26, 31, 36, 42, 47, 48, 60, 61, 86, 91, 105, 119, 130, 137, 141, 155, 156, 157, 166, 177–179, 188, 189, 191, 193, 194, 197, 210, 222, 224, 225, 228,
Zwota S. 88

Sachbegriffe
Augsburger Religionsfrieden S. 65, 72
Bauernaufstände S. 61, 81, 111, 112, 115, 122, 123, 138
Bayerischer Erbfolgekrieg S. 111, 115
Befreiungskriege S. 134, 138
Burgwarde S. 9, 11–13, 15, 18, 19, 23, 68
Calvinismus S. 78
Deutscher Bund S. 124–127
Deutscher Orden S. 26–29
Dohnaer Fehde S. 46
Dresdner Konferenz S. 127, 131
Eisenbahn S. 130, 157, 158, 159, 217
Ekkehardinger S. 12, 20, 21, 68
Erbverbrüderung S. 78
»Euthanasie« S. 183, 186
Exulanten S. 74, 88
Fabriken S. 104, 106, 141, 142, 157, 158, 162
Freundbrüderlicher Hauptvergleich S. 81
Frieden von Altranstädt S. 96, 97
Frieden von Bautzen S. 12
Frieden von Hubertusburg S. 95, 108, 109, 114, 118, 119, 154, 193
Frieden von Posen S. 124, 128
Frieden von Pressburg S. 116
Fürstenabfindung S. 167
Gelehrte Gesellschaften S. 120
»Grumbachsche Händel« S. 76
»Gruppe der 20« S. 140, 201
Hohe Kolonisation S. 22, 25, 34, 35, 68
Hussiten S. 48, 49
Industrialisierung S. 104, 110, 118, 119, 141, 144, 150, 156–158, 194
Juden S. 29, 31, 40, 42, 43, 44, 47, 49, 126, 138, 174, 178–180, 182, 184–186, 190
»Kipper- und Wipperzeit« S. 79
Kirchenkampf S. 184, 185
Konkordienformel S. 77, 78
Landesaufnahme S. 78
Manufakturen S. 94, 97, 98, 104, 105, 110, 114, 117–119, 141
Markgrafen S. 10–15, 18–20, 24–31, 36, 42–44, 46–48, 52, 54, 64, 83, 178
Münzvergleich S. 81, 82
Naumburger Fürstentag S. 76
Norddeutscher Bund S. 127, 132, 152
Nordischer Krieg S. 92, 96, 97, 100
Packsche Händel S. 62
Parteien und politische Vereine S. 132, 138, 144, 146, 152, 166–168, 170–172, 180, 181, 184, 188, 198, 199, 202, 206, 220, 226, 227
Pfälzischer Erbfolgekrieg S. 82
»Pillnitzer Deklaration« S. 112, 113, 115
Pönfall S. 64, 68
Prager Fenstersturz S. 73, 79

Prinzenraub S. 49
Reformation S. 36, 57, 60–63, 86, 102, 200
Reichsexekution S. 164, 167
Restaurationskommission S. 110, 114, 118
Rheinbund S. 112, 124, 128, 134
Rüstung S. 165, 183, 186, 190–192, 194, 196
Sächsisch-polnische Union S. 86, 92, 100, 101, 108, 124
Schlesische Kriege S. 94, 98, 99
Schmalkaldischer Bund S. 57, 62–64
Schoah S. 178, 182
Schönburgischer Bauernkrieg S. 81
Schöppenstuhl S. 77
Sekundogenituren S. 74, 80, 90, 91, 97–99
Siebenjähriger Krieg S. 95, 99, 100, 108, 114, 118, 121
Slawen S. 6, 8–10, 24, 163
Sorben S. 8, 10, 11, 13, 16, 136, 143, 147, 163, 221, 224
Teschener Frieden S. 111, 115
Universitäten und Hochschulen S. 40, 47, 54, 60, 72, 78, 82, 120, 147, 154, 155, 182, 185, 219, 221, 222
Verfassung S. 11, 23, 36, 49, 70, 115, 125, 130, 131, 132, 139, 140, 152, 154, 164, 166, 184, 202, 206, 216, 220, 221
Vertrag von Eger S. 50
Visitation S. 61-63, 65, 76
Wahlen S. 125, 126, 130, 131, 152, 153, 162, 166, 167, 168, 170–172, 180, 184, 185, 188, 199, 201–204, 206, 210, 212, 220–222, 226, 227
Wahlrechtsreformen S. 126, 131, 132, 144, 147, 166, 170
»Weidaischer Abschied« S. 77
Westfälischer Frieden S. 74, 80, 90
Wittenberger Kapitulation S. 64, 83, 85, 154
Zeithainer Lager S. 98

Literatur

Atlas zur Geschichte und Landeskunde von Sachsen, hg. von der Sächsischen Akademie der Wissenschaften zu Leipzig, Leipzig/Dresden 1998 ff.
Bahlcke, Joachim (Hg.): *Geschichte der Oberlausitz. Herrschaft, Gesellschaft und Kultur vom Mittelalter bis zum Ende des 20. Jahrhunderts,* Leipzig 2001.
Billig, Gerhard: *Pleißenland – Vogtland. Das Reich und die Vögte. Untersuchungen zu Herrschaftsorganisation und Landesverfassung während des Mittelalters unter dem Aspekt der Periodisierung,* Plauen 2002.
Blaschke, Karlheinz: *Geschichte Sachsens im Mittelalter,* Berlin 1990.
Bünz, Enno (Hg.): *Ostsiedlung und Landesausbau in Sachsen. Die Kührener Urkunde (1154) und ihr historisches Umfeld (Schriften zur sächsischen Geschichte und Volkskunde 23),* Leipzig 2008.
Bünz, Enno: *100 Jahre Landesgeschichte. Leipziger Leistungen, Verwicklungen und Wirkungen (Schriften zur sächsischen Geschichte und Volkskunde 38),* Leipzig 2012.
Czok, Karl (Hg.): *Geschichte Sachsens,* Weimar 1989.
Eigenwill, Reinhardt (Hg.): *Zäsuren sächsischer Geschichte,* Beucha/Markleeberg 2010.
Forberger, Rudolf: *Die Manufaktur in Sachsen vom Ende des 16. bis zum Anfang des 19. Jahrhunderts,* Berlin 1958.
Forberger, Rudolf: *Die industrielle Revolution in Sachsen 1800–1861,* Berlin 1982–1998.
Groß, Reiner: *Geschichte Sachsens,* 4. Aufl. Leipzig 2012.
Helbig, Herbert: *Der wettinische Ständestaat. Untersuchungen zur Geschichte des Ständewesens und der landständischen Verfassung in Mitteldeutschland bis 1485,* Münster/Köln 1955.
Hermann, Konstantin (Hg.): *Sachsen seit der Friedlichen Revolution,* Beucha bei Leipzig 2010.
Junghans, Helmar (Hg.): *Das Jahrhundert der Reformation in Sachsen,* Berlin 1989.
Karlsch, Rainer / Schäfer, Michael: *Wirtschaftsgeschichte Sachsens im Industriezeitalter,* Dresden/Leipzig 2006.
Keller, Katrin: *Landesgeschichte Sachsen,* Stuttgart 2002.
Kiesewetter, Hubert: *Industrialisierung und Landwirtschaft. Sachsens Stellung im regionalen Industrialisierungsprozess Deutschlands im 19. Jahrhundert,* Köln 1988.
Kötzschke, Rudolf / Kretzschmar, Hellmut: *Sächsische Geschichte,* Dresden 1935.
Lämmerhirt, Maike: *Juden in den wettinischen Herrschaftsgebieten. Recht, Verwaltung und Wirtschaft im Spätmittelalter,* Köln/Weimar/Wien 2007.
Lässig, Simone: *Sachsen im Kaiserreich. Politik, Wirtschaft und Gesellschaft im Umbruch,* Weimar 1997.
Leisering, Eckhart: *Die Wettiner und ihre Herrschaftsgebiete 1349–1382. Landesherrschaft zwischen Vormundschaft, gemeinschaftlicher Herrschaft und Teilung,* Halle 2006.
Menzhausen, Joachim: *Kulturgeschichte Sachsens,* Leipzig 2008.
Naumann, Günter: *Sächsische Geschichte in Daten,* 3. Aufl. Berlin/Leipzig 1998.
Posse, Otto: *Die Wettiner, Genealogie des Gesamthauses, mit Berichtigungen und Ergänzungen der Stammtafeln bis 1993 von Manfred Kobuch,* Leipzig 1994.

Richter, Michael: *Die Bildung des Freistaates Sachsen. Friedliche Revolution, Föderalisierung, deutsche Einheit 1989/90,* Göttingen 2004.

Richter, Michael: *Die Friedliche Revolution. Aufbruch zur Demokratie in Sachsen 1989/90,* Göttingen 2009.

Rogge, Jörg: *Herrschaftsweitergabe, Konfliktregelung und Familienorganisation im fürstlichen Hochadel. Das Beispiel der Wettiner von der Mitte des 13. bis zum Beginn des 16. Jahrhunderts,* Stuttgart 2002.

Schirmer, Uwe: *Kursächsische Staatsfinanzen (1456–1656). Strukturen – Verfassung – Funktionseliten,* Stuttgart 2006.

Schirmer, Uwe: *Sachsen im 17. Jahrhundert. Krise, Krieg und Neubeginn,* Beucha bei Leipzig 1998 (Schriften der Rudolf-Kötzschke-Gesellschaft 5).

Schirmer, Uwe: *Sachsen 1763–1832. Zwischen Rétablissement und bürgerlichen Reformen,* 2. Aufl. Beucha bei Leipzig 2000 (Schriften der Rudolf-Gesellschaft 3).

Schlesinger, Walter: *Kirchengeschichte Sachsens im Mittelalter,* 2 Bde., Köln/Graz 1962.

Schmeitzner, Mike / Wagner, Andreas (Hg.): *Von Macht und Ohnmacht. Sächsische Ministerpräsidenten im Zeitalter der Extreme 1912–1952,* Beucha bei Leipzig 2006.

Schubert, Thomas: *Wahlkampf in Sachsen, eine qualitative Längsschnittanalyse der Landtagswahlkämpfe 1990–2004,* Wiesbaden 2011.

Streich, Brigitte: *Zwischen Reiseherrschaft und Residenzbildung. Der wettinische Hof im späten Mittelalter,* Köln/Wien 1989.

Szejnmann, Claus-Christian: *Vom Traum zum Alptraum. Sachsen in der Weimarer Republik,* Leipzig 2000.

Vollnhals, Clemens (Hg.): *Sachsen in der NS-Zeit,* Leipzig 2002.

Zaunstöck, Holger: *Gelehrte Gesellschaften im Jahrhundert der Aufklärung, Strukturuntersuchungen zum mitteldeutschen Raum,* in: Döring, Detlef / Nowak, Kurt (Hg.): Gelehrte Gesellschaften im mitteldeutschen Raum (1650–1820), Teil 2, Stuttgart 2002.

Es werden nur ausgewählte Grundlagenwerke und einige wenige eingeflossene jüngere Spezialarbeiten aufgeführt. Weitere Literaturangaben sind dort zu finden.

Die Autoren

Dr. Konstantin Hermann   Fachreferent für Geschichte an der Sächsischen Landesbibliothek – Staats- und Universitätsbibliothek Dresden, Mitglied der Historischen Kommission der Sächsischen Akademie der Wissenschaften zu Leipzig

Dr. André Thieme   Leiter des Bereichs Museen der Staatlichen Schlösser, Burgen und Gärten Sachsen gGmbH, Mitglied der Historischen Kommission der Sächsischen Akademie der Wissenschaften zu Leipzig

Bildnachweis

Archiv Konstantin Hermann: S. 187 u., 213

Sächsisches Staatsarchiv – Hauptstaatsarchiv Dresden: S. 155, 205, 223

Thomas Schmidt: S. 31

SLUB Dresden / Deutsche Fotothek: S. 39, 82, 89, 90, 109, 113, 117, 121, S. 135 o., 149, 161, 187; 14 (Herbert Boswank); 87 (Roland Handrick); 107, 103, 135 (Regine Richter); 139, 229 (Martin Würker); 133 (André Rous); 169 (Kurt Beck); 195 (Klaus-Dieter Bernstein); 209 (Erich Höhne und Erich Pohl); 215 (Gerd Danigel); 225 (Uwe Gerig); 229 (euroluftbild)

Staatliche Kunstsammlungen Dresden, Gemäldegalerie Alte Meister: S. 65

Staatliche Schlösser, Burgen und Gärten Sachsen, Foto Frank Höhler: S. 21

Wikimedia, GNU, Bild: Julian Nitzsche: S. 69

Vorlagen für Karten und Grafiken

Baganz, Carina: Erziehung zur »Volksgemeinschaft?« Die frühen Konzentrationslager in Sachsen 1933–34/37, Berlin 2005: S. 191

Billig, Gerhard: Die Burgwardorganisation im obersächsisch-meißnischen Raum, Berlin 1989, Kartenbeilage: S. 15

Blaschke, Karlheinz: Bevölkerungsgeschichte von Sachsen bis zur industriellen Revolution, Weimar 1967: S. 50

Blaschke, Karlheinz: Ereignisse des Bauernkrieges 1525 in Sachsen. Der sächsische Bauernaufstand 1790, Berlin 1978: S. 123

Blaschke, Karlheinz: Geschichte Sachsens im Mittelalter, Berlin 1990, S. 303: S. 69

Blaschke, Karlheinz: Die wettinischen Länder von der Leipziger Teilung 1485 bis zum Naumburger Vertrag 1554, in: Atlas zur Geschichte und Landeskunde von Sachsen, Dresden 2010: S. 67

Christl, Andreas: Der Weg Meißens zur Bürgerstadt, in: Die Frühgeschichte Freibergs im regionalen Vergleich, hg. von Yves Hoffmann/Uwe Richter, Halle 2013, S. 65–76: S. 39

Czok, Karl (Hg.): Geschichte Sachsens, S. 74 (Karte von Hans Walther): S. 17

Groß, Reiner: Geschichte Sachsens, 4. Aufl., Leipzig 2012: S. 84/85, 91, 101, 137

Forberger, Rudolf: Die Manufaktur in Sachsen vom Ende des 16. bis zum Anfang des 19. Jahrhunderts, Berlin 1958: S. 105, 119

Konstantin Hermann: S. 151, 155, 159, 160, 173, 175, 177, 179, 189, 193, 197

http://www.regionen.sachsen.de/download/Bevoelkerungsumfrage_Sachsen_2013.pdf (30.08.2013).; http://www.standortkampagne.sachsen.de/23692.htm (30.08.2013): S. 233

Kiesewetter, Hubert: Die Industrialisierung Sachsens. Ein regional-vergleichendes Erklärungsmodell, Stuttgart 2007: S. 156

Leisering, Eckhart: Die Wettiner und ihre Herrschaftsgebiete 1349–1382. Landesherrschaft zwischen Vormundschaft, gemeinschaftlicher Herrschaft und Teilung, Halle 2006, Kartenbeilage: S. 51

Posse, Otto: Die Wettiner. Genealogie des Gesamthauses, mit Berichtigungen und Ergänzungen der Stammtafeln bis 1993 von Manfred Kobuch, Leipzig 1994: S. 32, 53

Schirmer, Uwe: Kursächsische Staatsfinanzen (1456–1656). Strukturen – Verfassung – Funktionseliten, Stuttgart 2006., S. 301, 426, 558, 911: S. 66, 71

Schlesinger, Walter: Kirchengeschichte Sachsens im Mittelalter, 2 Bde., Köln/Graz 1962, Kartenbeilage: S. 19

André Thieme: S. 19, 21, 33, 35, 37, 39